図画工作・基礎造形
―― 美術教育の内容 ――

[編著] 辻 泰秀

建帛社
KENPAKUSHA

はじめに

　描いたりものをつくる造形活動は，楽しいものである。その基礎をわかりやすく学びたいと考えている人は，多いはずである。造形や美術といっても，絵画・彫刻・デザイン・工芸などいろいろな分野がある。平面と立体，具象と抽象，世界と日本，古典と現代といった広がりもある。そして，表現活動に加えて，美術作品などを見る鑑賞活動も取り入れられており，造形・美術についての入門書が求められている。

　本書は，主に教員養成大学・短大で小学校，中学校，高等学校，幼稚園や保育園の先生をめざしている学生の皆さんのテキストとして編集された。教員養成大学・短大では，「小学校教科専門・図画工作」「基礎造形」「造形演習」「図画工作科教育法」などの名称の授業があり，描いたりつくったりすることの基礎的な学習が行われている。しかし，造形・美術の内容や方法は多様なため，限られた授業時間や指導スタッフによって，一通りの学習を提供できるのかについて課題の克服が模索されている。

　また，将来，子ども達の造形・美術の教育にたずさわるにあたって，ぜひ理解しておいてほしい内容がある。造形・美術を学ぶ楽しさや喜びを知り，その体験を子ども達に伝えてもらいたい。そのため，大学・短大での授業を充実させる，学生の皆さんの自学自習に役立てるという気持ちから，本書の編集が始まった。また，学校の先生の教材研究や社会人の方が生涯学習において造形・美術を学習するときにも活用できるようにしたいと考えた。

　本書をはじめから順に学習する，講義や実技実習の内容に応じて当該ページを学習するといった，いろいろな活用の方法が想定される。けれども，全体にわたって造形・美術に関して初心者の方でも理解しやすい内容，将来子ども達を教えるのにいかせるような内容にした。読むとともに，材料・用具・表現技法などに関して，実技実習をしていただくことが望まれる。

　本書の執筆者は，全国各地の教員養成や美術教育に携わる大学で，図画工作・美術・造形に関する科目を担当している。そして，学生への指導とともに，いろいろな場や機会に自ら制作活動や教育実践を行っている。執筆者の専門分野は，絵画，彫刻，デザイン，工芸，美術理論，図画工作・美術科教育等の分野にまたがっているが，それぞれの特徴や経験をいかすように心掛けた。本書を通して，造形・美術への興味を深め，その内容や方法を熱心に学んでいただけば幸いである。

2016 年 3 月

編者　辻　泰秀

目　次

第1章　図画工作・美術の学び　　　　　　　　　　　　　　　2〜11

 1-1　アートを生み出したヒト　脳と認知 …………… 2
 1-2　アートによる学び　見ることと表現すること ………… 4
 1-3　アートの楽しさ・喜び　感性を育む …………… 6
 1-4　アートと子ども　子どもが魅力を感じること ………… 8
 1-5　アートの制作体験　実体験から学ぶこと …………… 10

第2章　絵画の学習　　　　　　　　　　　　　　　　　　　12〜45

 2-1　楽しく描く　描くことの意味を広げる …………… 12
 2-2　描く試み　リンゴで喜怒哀楽を表現する …………… 14
 2-3　見て描く　静物，人物などを中心に …………… 16
 2-4　人を描く　自己をみつめる …………… 18
 2-5　観察から表現へ　視点をかえ，焦点をあてる ………… 20
 2-6　想像をかたちに　想像画の制作 …………… 22
 2-7　抽象画に挑戦　行為やイメージから生まれる表現 …… 24
 2-8　自在に描く　土や墨で描く …………… 26
 2-9　モダンテクニックの技法 1 …………… 28
 2-10　モダンテクニックの技法 2 …………… 30
 2-11　鉛筆で描く　鉛筆を使った実践 …………… 32
 2-12　色鉛筆で描く　基本から応用へ …………… 34
 2-13　クレヨン・パス・コンテで描く …………… 36
 2-14　絵の具に親しむ　絵の具遊び，色遊び …………… 38
 2-15　水彩画・アクリル画の表現 …………… 40
 2-16　絵の具を使って　絵手紙の制作 …………… 42
 2-17　油彩画を描く　絵の具の使い方と心得 …………… 44

第3章　版画の学習　　　　　　　　　　　　　　　　　　　46〜57

 3-1　版画の技法と材料　版画表現を楽しむ …………… 46
 3-2　紙版画の制作　技法と実践例 …………… 48

目 次

 3-3 木版画 一版多色刷り木版画の実践例 …………… 50
 3-4 銅版画・ドライポイント …………………………………… 52
 3-5 孔版画・平板画 ステンシルやデカルコマニーなど… 54
 3-6 スチレン版画の制作 技法と実践例 …………………… 56

第4章 彫刻の学習   58〜87

 4-1 粘土の感触 土遊びから造形へ ……………………… 58
 4-2 粘土でつくる1 土粘土でケーキをつくる ………… 60
 4-3 粘土でつくる2 テラコッタ，加工粘土 …………… 62
 4-4 粘土でつくる3 紙粘土による作品づくり ………… 64
 4-5 実物にせまる 写実的な立体表現 …………………… 66
 4-6 生命を表す 人体や動物の表現 ……………………… 68
 4-7 抽象彫刻に挑戦 土，石，木を使った抽象作品 …… 70
 4-8 木を彫る 木彫の手順や方法 ………………………… 72
 4-9 石を削る 石彫，大理石などのカービング ………… 74
 4-10 石膏でつくる 型への流し込み，直づけなど ……… 76
 4-11 レリーフの表現 半立体表現の試み ………………… 78
 4-12 紙でつくる 紙をつかった立体表現 ………………… 80
 4-13 発泡スチロールでつくる
     オブジェ，モニュメントの制作 ……………… 82
 4-14 金属でつくる 鋳造技法による低融合金作品 ……… 84
 4-15 環境造形へ 環境や空間と響き合う造形 …………… 86

第5章 デザインの学習   88〜113

 5-1 色と形を発見する 「見立て」の平面構成 ………… 88
 5-2 文様を描く アイヌ文様を中心に …………………… 90
 5-3 デジタルカメラで文字をつくる ………………………… 92
 5-4 身の回りのデザイン マークの意味と機能 ………… 94
 5-5 目の錯覚 だまし絵や錯視の体験 …………………… 96
 5-6 デジタル機器でポスターをつくる ……………………… 98
 5-7 小型絵本をつくる コラージュ絵本の制作 …………100
 5-8 装　飾 デザインを工夫し，身の回りを飾る ………102
 5-9 新聞紙でファッションショー ……………………………104
 5-10 立体構成へ 行為からはじまる構成的な活動 ………106
 5-11 日用品のデザイン ユニバーサルデザイン …………108
 5-12 楽しくデザイン 実用品への応用を試みる …………110

5-13 公園や遊具のデザイン　音を使って……………112

第6章　映像メディアの学習　　　　　　　　　114〜123

6-1 コマ撮りアニメーションを体験する……………114
6-2 写真による表現　映像を体験する……………116
6-3 コンピュータに挑戦　白黒写真のカラー化…………118
6-4 CGで立体作品をつくる　制作の実際………120
6-5 映像メディア表現の可能性………………………122

第7章　工作・工芸の学習　　　　　　　　　　124〜159

7-1 工作のすすめ　つくる楽しさと工夫……………124
7-2 工作の用具　主な用具の種類と使い方…………126
7-3 自然の材料に親しむ　材料体験を楽しむ………128
7-4 自然の材料でつくる　木育による作品づくり…………130
7-5 ハサミやカッターの使い方………………………132
7-6 紙で表現する　造形行為を通して発想を広げる………134
7-7 紙ひもを使って　紙の素材の活用………………136
7-8 木工の材料と用具　木工の基礎を学ぶ…………138
7-9 木でつくる　「水中翼船づくり」の実践…………140
7-10 木工の実践　「カオス玩具づくり」の実践………142
7-11 陶芸の基礎　粘土，釉薬，かま…………………144
7-12 陶芸の実践　土がなじむ感覚を習得する………146
7-13 陶芸の可能性　現代陶芸への継承と発展………148
7-14 ビニールでつくる　ポリ袋を使った実践………150
7-15 プラスチックでつくる……………………………152
7-16 発泡スチロールを使って…………………………154
7-17 家庭の中にある天然染料を使った染色…………156
7-18 光のアート　ガラスを使って光を表現する……158

第8章　鑑賞の学習　　　　　　　　　　　　　160〜187

8-1 美術鑑賞のねらい　授業設計の視点……………160
8-2 リテラシーの育成　美術鑑賞の醍醐味…………162
8-3 美術鑑賞の魅力　絵と彫刻の鑑賞から…………164
8-4 モネ，ゴッホに挑戦　模写に挑戦………………166
8-5 ピカソから学ぶ　鑑賞から創作へ………………168

目次

- 8-6 **琳派の鑑賞** 風神雷神図屏風の比較 …………………170
- 8-7 **浮世絵鑑賞** 北斎と広重 ………………………………172
- 8-8 **伝統工芸に着目** 伝統工芸品を学ぶ …………………174
- 8-9 **現代アートの鑑賞** 現代美術をどう見るか …………176
- 8-10 **鑑賞の学びが深まるプロセス**
  鑑賞する力の発達を理解する ………………………178
- 8-11 **比較をしながら見る** 仏像の様式を感受する …………180
- 8-12 **対話をしながら見る** 鑑賞を深める ………………182
- 8-13 **鑑賞の手引き** セルフガイドの作成と活用 …………184
- 8-14 **アート・ゲーム** ゲームを通した鑑賞活動 …………186

第9章 美術活動の広がり　　　　　　　　　188〜205

- 9-1 **美術館と学校の連携** 方法とポイント …………………188
- 9-2 **美術館での教育普及活動の実践** ………………………190
- 9-3 **場の広がり** 児童館でのワークショップの実践 ………192
- 9-4 **ワークショップ** 新しい学びの実践 …………………194
- 9-5 **人のつながり** 人，作品，環境のコラボレーション …196
- 9-6 **社会への発信** アートイベントの試み …………………198
- 9-7 **自然とアート** 自然環境の中での造形活動 …………200
- 9-8 **現代アートの体験** インスタレーションの試み ………202
- 9-9 **地域の特色を活かす** 伝統文化の活用 …………………204

参考文献・資料 ……………………………………………………206
索引 …………………………………………………………………207

図画工作・基礎造形
――美術教育の内容――

第1章 図画工作・美術の学び

1-1 アートを生み出したヒト　脳と認知

■ ホモ・ピクトル（絵を描くヒト）

　ヒトの歴史のなかで，文字をもたない文化は少なくないが，絵や彫刻などのアートをもたない文化はほとんどない。現存するなかで人類最古の絵が描かれたのは，旧石器時代の終わり頃だが，当時の人々が洞窟や岩面に描いた動物の絵は，その生き生きとした姿を現代にまで伝えている。それから3万年以上もの間，ヒトは絵を描き，彫刻やレリーフを刻み，装飾品をつくり続けてきた。その表現は多様だが，時代や文化を超えた普遍性もある。

　脳神経科医の岩田誠は，絵などのアートこそが他の動物にはないヒトを特徴づける性質だとして，私達ホモ・サピエンス（理性のヒト）を，「ホモ・ピクトル（絵を描くヒト）」と名づけた。ヒトはなぜ，絵を描くようになったのだろうか。

■ チンパンジーとの違い

　実は進化の隣人であるチンパンジーも，絵筆を与えれば，絵を描くことができる。特別な訓練や食べ物による報酬は必要ない。紙に絵筆が接することで描線が生まれる。動かしかたによって，描線が変化していく。自らの行為が，目に見える軌跡として現れることが面白いらしく，自発的に絵筆を動かす。慣れてくると，筆づかいに個性が表れ，描いた絵から作者がわかるほどだ。

　しかし，ヒトとチンパンジーの絵で決定的に違うことがある。それは，チンパンジーが「なにか」を表した絵を描かないことだ。バナナの絵を描いたり，チンパンジーの顔を描いたりすることはない。かれらの絵は，子どもの描く「なぐり描き」のようであり，ときには画家の描く抽象画のようでもある。

　その違いを生み出すのはなにか。研究から明らかになってきたのは，そこに想像力がかかわっているということだ。画用紙の上にあらかじめ顔の輪郭だけ描いておく。ヒトの場合は，3歳以上になると，「あ，おめめない」などと言って，そのなかに自発的に目や口を描き入れる。しかしチンパンジーは，顔の輪郭を器用になぞることはしても，ない目や口を補って描くことはしないのだ。

　進化の過程で，ヒトは「いま・ここ」にないものを想像する力を手に入れた。だから丸を並べるだけで顔を描けるし，描線に様々な物の形を見立てて，こんなにも多様な表現を生み出してきたのだろう。

■ 描く脳

　私達が目の前の物を「なにか」と認識するとき，脳の中では次のような処理がなされている。目に入った光の情報は，網膜から視神経を通り，脳の第一次視覚野に送られる。そ

こで光の配列として届いた情報が，次の領域に伝わる過程で，傾きや曲率，単純な図形のパターン，複雑な図形のパターンと，順番に処理されていく。その形の特徴とこれまでの知識や記憶とを照らし合わせて，最終的にそれが「なにか」を判断する。ヒトの場合，少ない情報やあいまいな手がかりからでも，形の特徴に近い条件を満たす「なにか」を検索しようとする。そのおかげで，ヒトは，月にウサギを見たり，柳に幽霊を見たりする。

「なにか」として認識するということは，脳の中で言葉に置きかえるということでもある。そうして情報化（概念化）しておけば，記憶からも取り出しやすく，他者にも伝えやすい。進化の過程で，ヒトは言葉を手に入れた。そのことが，私達の豊かな想像力を生み出した。そして，アートを生み出したのだろう。

しかし一方で，このヒト特有の物の見方が，デッサンや写生など，物を写実的に描く時には足かせとなっている可能性もある。一度，脳の中で「なにか」として認識すると，「なにか」として処理する前の光の配列や傾き，曲率などの一次的な視覚情報にアクセスするのがむずかしくなるからだ。だから，物の形を写実的にとらえるデッサンのトレーニングでは，実は技術的な問題よりも，物の見方への気づきの方が重要かもしれない。概念にとらわれた物の見方をいったん解体して，ありのままの形に目を向けられるようになりたい。

（齋藤亜矢）

チンパンジーのパルが描く様子
出典：齋藤亜矢，ヒトはなぜ絵を描くのか-芸術認知科学への招待，岩波書店，2014，口絵3．
© 京都大学霊長類研究所

チンパンジーのアイの絵
出典：齋藤亜矢，ヒトはなぜ絵を描くのか―芸術認知科学への招待，岩波書店，2014，p.34．
© 京都大学霊長類研究所

顔の輪郭が描かれた紙に3歳2ヵ月のヒト幼児が描いた絵（左）とチンパンジーの描いた絵（右）
出典：齋藤亜矢，ヒトはなぜ絵を描くのか―芸術認知科学への招待，岩波書店，2014，p.34．
© 京都大学霊長類研究所

第1章　図画工作・美術の学び

1-2　アートによる学び　見ることと表現すること

　ハーバード・リードは，芸術に含まれる主な原理として「形の原理」と「創作の原理」の2つをあげ，形は「知覚」の働きであり，創作は「想像力」の働きであるとしている。また，ヴィクター・ローウェンフェルドは，知覚したり，考えたり，感じたりすることがどのような創作活動の中でも等しく重んじられるものであり，美術は子どもの知能と情緒との釣り合いをうまくとることができるものであるとしている。二人は，芸術と美術というそれぞれ異なる背景を拠り所としながらもアートによる学びのイメージをとらえるヒントを示している。アートは表現する者の身体や心の働きを人が知覚できる形にする営みであり，また，そうした表現と出会う者との間に生じる経験そのものでもある。私達は，日々の生活の中で様々な出来事に触れ，それらに意味を与えたり価値を見出したりしている。それは，自らを取り巻く環境とかかわり合うことで世界のあり方を新しくとらえ直していく人間らしい経験といえる。アートは，そのような私達に刺激と活力を与え，知覚や感覚，思考や想像に洗練や広がりをもたらしてくれるものである。

　アートを学びの視点から見た時，自ら表現してみたり表現されたことと出会ったりすることを通して物事を深く見つめ，考える姿勢や創造的な挑戦に向かう姿勢，また，そうした経験から手に入れた感性や認識など，表現にまつわる知識や技能だけにとどまらない資質や能力の獲得が期待できる。これらは，人々が生涯にわたっていきいきと生活するために求められるものであり，アートによる学びを通してより一層高めていきたいものである。 古 より人は自らの智慧を開く方法としてアートを実践し，今日も多くの試みが行われている。それは，人の感性と知性に裏打ちされたこの営みが，私達にとっていかにかけがえのないものであるかを示してくれるのである。

■ 表現の大切さ

　造形表現は人が自らの身体を働かせながら環境に変化を与え，形にしていく行為であり，表現する者の願いや思い，試みなどを自他に伝えるメッセージとしていくものである。また，人は様々な材料や用具，場所や人などといったその人を取り巻く環境とかかわり合う中からインスピレーションを得て即興的に表現をすることもある。このように造形表現の中で見られる表現者と環境との関係は，単に表現者から環境への一方的な働きかけだけではなく，環境から表現者への作用が表現者の思考や行動に変化を与えるといった両者の相互作用によって成り立っている。環境は時に人の思いとは違った反応を返したり，思わぬ美点を見せてくれるが，人はこうしたやり取りの中で環境への認識を深め，それらとのかかわり方として試行錯誤やそれに伴う柔軟な考え方に慣れ親しみ，偶然や曖昧さをも享受していく。それは，生きる者として外界と交流しながら成長する私達ならではの知的で現実的な学び方といえる。

　このような造形表現は，子どもにとってより切実な行為である。なぜなら，それが遊びに浸りながら夢中になって対象に自らを重ね，感じ，考え，行動するという，子どもにとっ

て最もリアリティーのある学び方の具体的な姿だからである。子どもは，造形表現の中で身体の感覚や運動機能をいっぱいに働かせながら，出会ったことに集中し，味わい，試し，探究する。そして，その過程で，抱いた思いを表現したり，偶然起こった出来事に驚きながらそれらを関係づけることを学んでいく。子ども達にとって表現することは，自分と自分を取り巻く多様な出来事や人々を結びつけ，その意味を自分なりに見出す方法であり，また，自他のあり方の尊重にも通じる偏りのない眼差しを手に入れる道でもある。子どもの表現はその発達過程によっても変化していくが，指導にあたっては，その要因となる身体の働きや認知の様子，生活のあり方などに留意しながら，子どもが主体的に表現に取り組めるようにしていきたい。

■ 見ることから学ぶ

見るという行為は，自分の外側にある物事や自らの内面に生まれるイメージに意識を向ける能動的な行為である。私達の視覚そのものは，機能として見えるものを受け止める受動的な働きをし，その結果として私達は体の動きにしたがって変化する周囲の様子や自らの位置，動き，ものの形や大きさ，色や明るさなどを感知する。見る行為は，そのように感知された物事に意識を向けることで体の感覚と視覚との関係を把握したり，感情や経験と視覚的なイメージを結びつけたりする。その過程では，対象を観察したり比較したりすることでその特徴をとらえ，自らの経験と照らし合わせながら新たな考え方や視点，疑問が生み出されていく。さらに，そうして生み出されたことは，より広く深い思考や判断へと自らを誘うきっかけとなって働く。物事をよく見ることは，表面的に見えていることを超えて，物事にまつわる様々な背景に目を向けたり，部分的な表現を関連づけて考えることである。さらには自らのあり方をも見つめたりといった多面的で重層的な見方へと私達を促し，学びを生み出していく。

見ることは表現することと切り離せない行為でもある。表現が生まれる時には，同時に表現を見つめ，読み解き，想像するといった活動が起こっている。そして，その想像は次の表現へと続いていく。このように表現と見ることは相互にきっかけとなる協働的な関係となりながら人の学びをかたちづくっている。表現することが子どもにとって切実な行為であるならば，子どもにとって見ることも同様に欠くことのできない行為といえる。子どもの発達や興味・関心に沿いながら，見ることから学ぶ経験を十分に味わえるようにしたいものである。（名達英詔）

表現の大切さ：夢中になって絵に表す子ども

見ることから学ぶ：絵（対象）をよく見る子ども

第1章　図画工作・美術の学び

1-3　アートの楽しさ・喜び　感性を育む

　休み時間になっても，図画工作の授業で取り組んでいる粘土のモンスターづくりをやめようとしないA男がいる。美術の授業でのB子は，自分が納得する表現ができるまで失敗を繰り返して試行錯誤しながら自分の表現を追求している。

　こうした子どもの姿には，まさにアートの「楽しさ・喜び」が特徴的に示されている。ここでは，こうした子どもの姿がどのようにして生まれるのかについて考えてみたい。

作品づくりに集中する

■ 遊戯する存在としての人間

　「アートの楽しさ・喜び」について考えるとき，自ずと人間とはどのような存在なのか，という哲学的な問いに触れる必要がある。古代ギリシアにおいては，人間が「ホモ・サピエンス」と定義されていた。この定義においては人間が「英知をもつ」存在として自然に君臨するものとされている。さらにアンリ・ベルグソンによれば，人間は道具をつくり，環境に働きかける存在であるとして「ホモ・ファーベル」と定義され，人間が創造活動を行いながら文明を発展させてきた証でもあるという。一方でヨハン・ホイジンガは，人間を「ホモ・ルーデンス」と定義し，「遊ぶ」という行為は，日頃の生活における規則とは関係なくそこに「楽しさ・喜び」を見出すことができ，実質的にはそうした行為が文化を豊かにしてきたとして，「遊戯する」ことにおける「楽しさ・喜び」こそが，人間が人間足る証であるとしている。アートも「遊ぶ」「遊戯する」ことと同様に，人間が根源的に行ってきた営みであると同時に，日常とは違った契機を人間に提供することで新たな文化を創造してきたことを考えるならば，「楽しさ・喜び」はアートの基底となる要因である。

■ 図画工作・美術科にみる「楽しさ・喜び」

　小学校図画工作科，中学校美術科の教科目標には，1977（昭和52）年の改訂以降，一貫して「表現の喜び」「創造活動の喜び」「つくりだす喜び」が位置付いている。つまり，実に40年に渡り，「楽しさ・喜び」がその学習の基底に据えられてきている。

　そうした「楽しさ・喜び」とは，これまでの学習指導要領における解釈によるならば，感性を働かせながら作品などをつくったり，見たりすることそのものであり，また子ども達一人一人が表現や鑑賞の活動を通して，主体的，個性的に自己を発揮したときに味わうことのできるものである。図画工作・美術科の学習活動においては，このような「楽しさ・喜び」を具体的に想定していくことが求められるのである。

■ どのような「楽しさ・喜び」なのか　―発見，思いを形に

　それでは，そうした「楽しみ・喜び」とは，どのようなものなのであろうか。

1-3 アートの楽しさ・喜び

「ためにする（do it for）」という考え方がある。ここからは，何らかの目的があらかじめ設定されていて，それに向けて直線的に物事を行っていく様子が想起される。この「do it for」という考え方は，学校の授業にも見受けられるものであるが，図画工作・美術科の授業における子ども達の「つくる・描く」という営みを眺めてみると，必ずしもそうではないことがうかがえる。そこではむしろ，「したいからする（want to do it）」という考え方が中心にある。冒頭であげたA男の姿は，何かから要請された目的があって出現しているというよりも，まさに彼の「want to do it」の姿であるといえるだろう。

図画工作・美術科の教科目標に「つくりだす喜び」「創造活動の喜び」が位置付いていることは先に述べたが，このことが実現されている状態とは，学習指導要領の内容に位置付けられている「共通事項」の内容が実現されていることである。すなわち「自分の感覚や活動を通して形や色などをとらえる」，「とらえたことを基に自分なりのイメージをもつ」ことが実現されていることである。先のA男は，「want to do it」という状況の中で，「粘土の感触（形や色などの変化）に親しみながら，そこから次々に生み出されるイメージに面白がっている」のであり，それが彼の「つくりだす喜び」なのである。自身の感覚を通して発見したことを基に，それを目に見える形として具現化しているそうした姿を，私達教師・大人は大切にしてやらなければならないのである。

■ 自己や他者との交流へ

学校の教室では，複数の子どもがいて学習が成立している。最近では，授業を「オーケストレーション（響き合い）」の過程になぞらえることもある。図画工作・美術科の授業では個性が尊重されるが，この個性とは，上記の「響き合い」の過程において，どのように位置付くものなのだろうか。

「みんなちがって，みんないい」

これは，金子みすずの詩「わたしと小鳥と鈴と」の，あまりにも有名なフレーズである。しかし，このフレーズを言葉としては知っていても，その意味を実感するのはなかなか難しい。実は，図画工作・美術科の授業において子ども達が描いたりつくったりすることは，この意味をみんなで実感し合うことでもある。同じ題材，つまり学級・学年の共通テーマで絵をかいたり，ものをつくったりしても（例えば，「雲の上の世界」を想像して描こう，というテーマで絵を描いたとしても），描く人の思いや感じ方，考え方などによって，表したいことは十人十色であり，必然的にそこにかかわる内容は「みんなちがって」いるものとなる。また子どもにとっては，個人で描いたりつくったりしていても，教室の中で行われるそれは，「みんな」の中で行っていることとして自覚されている。このことは，絵を描くのが苦手な子が隠しながら描こうとするのも，そのような「みんなの中にある自分」という関係をはっきりと認識しているからである。したがって，彼らにとっては自分らしさを発揮すること，すなわち個性とは，周りの友達との関係性の中に位置付くものなのである。つまり図画工作・美術科の授業，そしてアートの実践で大切なのは，「みんなちがって」を前提に表現することができる「場」をつくりだすこと，そして子ども達が「みんないい」と思えるような「感性」を育んでいくことなのである。（大泉義一）

第1章　図画工作・美術の学び

1-4　アートと子ども　子どもが魅力を感じること

◾ 子どものつくる・描く活動のはじまりに学ぶ

（1）子どもが造形活動をはじめるとき

まずはじめに考えたいことは，子ども達が描いたりつくったりするといった造形活動を行うのはどの時かということである。例えば，「お城をつくりたい」という衝動が，造形活動の始まりかといえば，必ずしもそうではなく，行為を楽しんでいるうちに「お城がつくりたくなる」ことがある。つまり，造形活動が常に「〇〇をつくろう」や，「〇〇を描こう」，と決めてからはじまるわけではない。

最もわかりやすい例として考えられるのは，子ども達が砂浜で行う活動であろう。子ども達は，「〇〇をつくろう！」という意思をもって砂浜に行くわけではない。波打ち際に腰を下ろして，海水に浸った砂をすくい上げて積み上げたり，海水で柔らかくなった砂を掘り下げたりしているうちに，寄せる波をせき止めたくなったり，高い塔をつくってみたくなったりする。そうして，波打ち際に何層にもわたる防波堤をもったお城ができあがる。このように材料に触れているうちに，「つくりたいもの」や「やってみたいこと」が浮かんでくるような造形活動の始まりがある。これは，小学校の学習指導要領の内容に通じているといえる。

（2）子どもの姿から学ぶ姿勢

私達大人が造形的な活動に取り組むのは，「〇〇をつくろう」，「〇〇を描こう」といった機会が多く，逆に，材料に触れながら表したいことをはっきりとさせていくような活動の機会は非常に少ないのかもしれない。そのために造形活動に取り組む時には，最初に「〇〇をつくりましょう」「〇〇を描きましょう」というような，つくったり描いたりするものやテーマを決めないと活動が進めにくいと感じてしまう。

しかし，造形活動において，材料に触れてることを通して表したいことを見つけていくといった「つくる・描く活動」が，もう一つの大きな柱なのだということを，子ども達の活動の姿から改めて学ぶことができるであろう。

このように，教師は造形活動の内容や方法を，自身の感覚からだけではなく，子どもの実態から改めて学ぶという姿勢をもつことが大切である。

◾ 子どもの造形表現と"ものやこと"

（1）子どもにとっての意味や価値を大切に

子ども達にとって身近にある材料はとても魅力的である。私達大人にとっては何気ないものであっても，子ども達にとって特別な意味や価値をもったそれらは，宝物のような存在となる。例えば，右の写真に写っているものは見てわかるとおり石である。ただし，ある子どもにとっては，とても"いい石"，つまり特別に価値のある

子どもが見つけた「いい石」

石なのである。この石のどこに価値があるのかは、その子どもに尋ねてみないとわからない。例えばこの石は、「形」「手ざわり」「重さ」「色」がそれを見つけた子どもにとって"いい感じ"、つまり価値がある。こうした特別に価値を見出された材料は、それを見つけた子ども達にとって宝物となり、残しておきたくなるものとなる。

　こうして、子ども達は、大人からみれば無価値に思えるようなものをたくさん集めてきては、しばしば大人を困らせる。しかし、私達大人は、ただいつも困ってばかりでいいわけではない。なぜなら、造形活動は、意味や価値をつくりだす創造活動であり、何気ない材料の「形」や「色」、「手ざわり」などに着目し、そこに自らの意味や価値を付与する行為は、その大切な第一歩といってよい。先に述べたとおり、材料とのかかわりは「つくる・描く活動」の大切な柱である。つまり、こうした材料とのかかわりの中で、子ども達がどのような時にその材料に意味や価値を見出し、かかわりを求め、「つくり・描く活動」へと向かっていくのかを学ぶことが教師にとって大切なことなのである。

（2）子どもが価値を感じる"ものや行為"をさがして

　例えば、材料のもつ、心地よい手ざわりは、行為を導き、その行為が表現活動へと導くことがある。柔らかく、ひんやりとした粘土は触れているだけで心地よい。そして、その粘土をひねる、つまむ、けずるといった行為を導き、表現活動へと導いていく。また、透明な色水は、光にかざして見ているだけで心地よく、それらを混ぜることで新しい色をつくり出したいという衝動を引き起こすだろう。そうして表現活動へと導かれていく。下の写真は、粘性を高めた水糊に食紅で色づけをした材料を基にした造形活動である。粘土の特性と、色水の特性を併せもったこの材料は、特別に子ども達を魅了する。そのひんやりとして柔らかな手ざわりを楽しみつつ、透明な材料を光に透かしてみながら、それの色を混ぜ合わせては、また光に透かしてみるという行為を繰り返しながら、より美しい光の様子をつくりだそうと工夫を重ねていく。

　もちろん、ここで用いられている材料は、これまでに述べてきたような何気なく身近にある材料とは異なる特別に準備された材料である。ただ、そこで特別に準備したのは、子ども達が材料に求めている魅力であり、子ども達が感じる価値があるからである。このように教師は、子ども達が材料に感じるこうした価値を、日常の子ども達の姿から学び、それを生かして、常日頃から、子ども達が魅力を感じる、価値を感じる"ものや行為"を見つけたり、つくりだしたりして、日々の造形活動に備えることが大切ではないだろうか。

（山田芳明）

材料を光にかざしてみる

光にかざすときれいだね

キラキラと光る様子が海みたいだね！

第1章　図画工作・美術の学び

1-5 アートの制作体験　実体験から学ぶこと

■ 実技制作のすすめ

　教師が常に表現者として実技制作を続けるということは，指導上実に大きな価値を有することになる。一つに教師が子ども達と同様に「表現者」になるということである。どんな作品をつくろうかというところから始まり，材料や用具使用上の問題点，完成までの意志持続など，完成の度合いは違うが同じ立場としての追究がそこにはある。

　また一つに，教師が制作を実践しているのであれば，子ども達もその保護者も教師の美術に対する評価能力をより信頼するようになることである。図画工作や美術における評価は数値化が難しく，客観的に不明瞭に捉えられがちであり，教師自身が美術を実践することはその評価に対する信用へとつながる。

　アートという美的表現活動は人間のもつ根本的な欲求の一つである。実技制作を続ける教師の意欲自体が，子ども達へ向けた美的表現活動への誘いを真なるものにする。

■ 実技制作の例

　美術が専門である人は現在の表現をずっと追究すればよいし，美術を専門としない人でも，美術活動への門戸を開けられたらよい。時にはテレビでやさしい絵画などの趣味講座が放送されることがあり，また，書店に行けば絵画，彫刻，デザイン，工芸などに関する実技制作の図書も多い。思い立ったら始めることが一番だが，現在，美的表現活動が無理であっても心配はない。将来教師になった時に，図画工作・美術科の授業や美術部などの指導の中で，ゲストティーチャーを呼ぶことも一つの方法である。例えば，絵手紙指導のゲストティーチャーを美術部で招き，子ども達と一緒に自分も挑戦してみればよい。しかも，子ども達への実技指導のテクニックまで学べることとなり，まさに一石二鳥となる。

　美術的な表現が不得意な人には，先ほどの絵手紙や俳画，簡単な手びねり粘土による工作などがお勧めである。絵手紙や俳画は大胆な線描と着色による表現が指導されており，「上手く描く」ことより「楽しく描く」ということを大切にしているからである。ここに，割り箸ペンで墨描きしたものに着彩した絵と簡単な粘土によるおひなさまの立体作品例をあげるが，教師になったらこのような実技指導が地域の教育委員会や図画工作・美術研究

「リンゴとポンカン」緒方信行，2012.

学生作品例「おひなさま」

団体によって開催されることがある。将来，このような研修に参加することを是非勧めたい。そこで出会った講師に以降も指導を乞うという発展にもつながるからである。現在美術を専門としている人でも，講師招へいや研修参加などいろいろな経験をぜひ実践して欲しい。表現の幅，指導の幅がより総合的に広がることになる。

描く・つくる体験を教育に生かす

美的表現活動の体験は下記のようないろいろな場面で教育に活かされていく。

① **子どもと同じ立場となる**：制作体験を通して，制作過程や制作上の技法やコツがわかり，指導の力量が増す。また，成し遂げるという価値や到達感という満足感，作品への愛情など美的表現活動の真の喜びを共有することができる。

② **制作上の課題がわかる**：子ども達の制作活動でのつまずきがどこにあるか，自分自身が制作するという実体験によって会得することができる。その課題を解決する指導法を見つける可能性が生まれ，子ども達のつまずきを助けることへとつながる。

③ **評価に役立つ**：図画工作・美術科の4観点である「関心，意欲，態度の場面」「発想や構想の場面」「創造的技能活用の場面」「鑑賞の能力に関する場面」などが理解できるようになる。また，例えば何が技術的に高度なのかもわかってくるようになる。

④ **評価への安心感を生む**：子ども達の評価に自信をもつとともに，制作に挑戦する教師に対して子ども達や保護者の信頼が生じ，評価に対しても安心感を抱かせることになる。もし個展や公募展での発表を行うならば，その信頼はさらに増す。

⑤ **教師自身を高めていく**：描く・つくる体験を通して，何よりも自分自身の心が豊かになり，美術的技術ばかりでなく，総合的に自分自身が高められていく実感をもつ。

まとめと発展

子ども達が図画工作・美術で学びとる大きな一つの能力は，実材を使い，自身の生身の体を使って解決するという体験から学び取る力である。また一つに，最初の段階で，途中の過程から完成までのイメージをもつことができるという先を見通す能力であり，課題提示の瞬間に頭の中ではイメージとして完成像が見えるようになる。この教科の枠を越えた場面でも活用できる美術の大きな能力を大切に育てていきたいものである。

何よりも教師自身が，描く・つくる表現を楽しむ心をもたねばならない。課題が生じた時には，その原因は何か，どのようにしたら解決できるのかなど，身をもって対処することが大切である。このこと自体が教師としての役割であり，さらに教師の力量となってくるのである。（緒方信行）

実制作の例「異邦人」 緒方信行, 2009.

第2章 絵画の学習

2-1 楽しく描く　描くことの意味を広げる

■ 記すことの楽しさから

　子ども達の表現を考えるとき，子どもは生来描いたりつくったりすることに楽しさを感じるのだという前提に立つことは，当たり前であるがとても大切なことであろう。

　子ども達は2歳前後になると，スクリブル（なぐり描き）と呼ばれる表現行為を行うようになる。ここで重要なのは，その行為がまったく自発的に行われるとされていることである。誰かにこのように描きなさいと言われたわけではなく，そこにペンのような描くものと画用紙のような描かれるものがあれば，彼らは自発的にその行為を行う。ただしこれはペンや画用紙でなくとも，描くという行為を行った痕跡が残るものであればよいのである。つまり子ども達にとっては自らが行為した痕跡が残ること，すなわち記すことが楽しいのだといってもよいだろう。ここで大切なことは，このように子ども達が描くということに快の感情を抱くことから始まるのだということを教師が知っておくことである。なぜなら，教師が子ども達に投げかける多くの題材が，何を描くか，何に描くか，どのように描くかということが，すでに決まっているものが多いからである。そこで，改めて「描くことを楽しむこと」と，それを充足させる造形活動について考えたい。

■ どこに描くか，何で描くか

　絵を描く活動と聞くと，どのような準備物を思い浮かべるだろうか。パス，絵の具と筆，といった描画材と，四つ切りや八つ切りの画用紙（こうした描く対象となるものを支持体と呼ぶ）というのが最も多いのではないだろうか。ある意味それは当然のことで，学校において描く活動の多くは，それらの描画材と支持体を使用した活動である。ただ，本来描くということはそうした活動だけにはとどまらない。

　私達が幼児の頃に初めて記すという行為を楽しんだとき，その行為を行うための支持体は決して画用紙といった小さな空間だけにとどまってはいなかったはずである。床や壁，本棚に並んだ本の背表紙を支持体として，ペンやパス，時にはフォークなどの描画材で，広く自由な空間に自らの行為を記すことを楽しんでいたのではなかったろうか。そこで，改めて描く活動における支持体について考えてみたい。例えば紙に描くとしても，教室いっぱいの大きさの紙や布，ビニルシートに描く活動なども考えられるであろう。ただ大きいところに描くというだけで，楽しいし，描きたいものも変わってくる。ただ，大き

アスファルトにどんどん描く

2-1 楽しく描く

な紙や布を準備するのは大変である。そこで，もっと柔らかな発想で支持体を考えてみる。例えば，中庭や，校舎の周りや通路を覆っているコンクリートやアスファルトを支持体にした描画活動が考えられるだろう。広い自由な空間に存分に大きく描くことができる。蝋石（ろうせき）などで，描いた経験がある人もいるだろう。そこで例えば，教室で短くなったチョークを集めておくとカラフルな絵を描くこともできる。

地面にひもをならべて絵を描く

　また，グラウンドや，築山といった地面も支持体として面白い。もちろん，木の枝や釘などでひっかいて跡を付けるように描くこともできるが，さらに，ひもやスズランテープなどを使って，スルスルと一筆書きのように，形を描き出すこともできるだろう。このように，支持体との関係で描画材も様々な広がりをもって考えることができる。

■ 絵を描くことの意味を広げて

　さらに，絵を描く楽しさを考えるときには，描画材と支持体の工夫に加えて，子ども達が描きたくなるような要素を取り入れるということも考えてみたい。例えば，身近にある様々な場所の形や色，模様などから発想して，それを

身近なものの模様や色を見つけて

自分の絵の一部分に取り込んで表現するというような活動が考えられる。描きたい絵の様子から，それにあった形や色の場所を見つけることもあれば，見つけた場所にあった絵を描くこともある。このように，見ることと描くことが呼応して，身近な場所の形や色，質感といったものを改めて見つめ直しながら，その場所と一体となった描く活動を楽しむことができる。

　また，思い思いの形に切った画用紙を，学校内の場所において，その場所とそっくりな模様や色合いを描いていくことで，画用紙を風景の中に隠してしまうような活動も考えられる。こうした活動の中では，子ども達は自ら進んでその場所の色や形をしっかりと見て，混色を工夫したり，描き方を工夫する。

　このように，子ども達の描く活動を，教師の側から固定的にとらえずに，子ども達の関心の置き所を，しっかりととらえて指導に活かしていくこともまた大切である。（山田芳明）

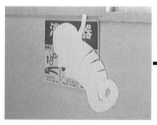 →  →
身近な場所にそっくりに描くと，だんだんと画用紙が隠れていく

第2章　絵画の学習

2-2　描く試み　リンゴで喜怒哀楽を表現する

■ 形にとらわれない表現に挑戦

　絵を描くことに苦手意識が出てくるのは，小学校の高学年や中学生ぐらいだろうか。大学生や大人にもなると，むしろ苦手だという人の方が多いかもしれない。理由を尋ねると，「うまく」描けないからという答えが返ってくる。

　描くことは，見た物の形を写すことだと思いこんでいないだろうか。形を写す場合，見本の形に近いかどうかで，「うまさ」が決まってしまう。何を描いてもいいと言われると，マンガなどのキャラクターを描こうとする人も多い。それは単純な線で構成されていて，形を写しやすいからなのだろう。しかし絵の魅力は，物の形を写すことでも，「うまさ」でもない。1枚の絵に感動するのは，そこに「表現」があるからだ。

　そこで，この課題では，形にとらわれない表現に挑戦する。表現するテーマは喜怒哀楽の感情だ。かといって，いきなり白紙にむかって感情を表現するのはむずかしい。そこで，モチーフをリンゴにしてみた。最もシンプルでありふれた形だからだ。

　リンゴは赤くて丸いという既成概念をいかに打ちこわせるか。自分自身の喜怒哀楽の感情を思い起こして，気持ちをぶつけるように手を動かしてみよう。なぐり描きをする子どものように，思うままに手を動かすうちに，不思議なことに気持ちまですっきりしてくる。概念にとらわれずに表現することの可能性や面白さを感じてほしい。

■ 課題：リンゴで喜怒哀楽

（1）方　法

　画用紙を4つに区切り，それぞれの区画にリンゴで喜怒哀楽を表現する。区切り方は，そのときの自分の気持ちと相談して決める。好きな画材を使ってもよいが，クレヨンやパスだと，子どものなぐり描きのような大胆な表現がしやすく，気持ちをぶつけやすい。

（2）制作の手引き

① 喜びのリンゴは，どんな色でどんな形だろうか，怒りのリンゴはどんな色でどんな形だろうか。喜んだ時の自分の気持ち，怒っている時の自分の気持ちを思い出しながら，画用紙に気持ちをぶつけるように，筆圧やタッチなどを工夫して描く。

② はじめから完成図を考えず，なぐり描きのように描きはじめると，だんだんイメージがわいてくる。アーティストになったつもりで大胆に描く。

④ リンゴだけではなく，背景も考えて描くと表現しやすい。

⑤ 喜怒哀楽は，喜び，怒り，哀しみ，楽しみの4つの感情だが，表現しにくい場合や，他に表したい感情があれば，別の感情を入れてもよい。

■ 様々な「表現」の可能性

　できあがったら，鑑賞会をする。なぜそのような表現をしたのか，互いに説明し合うと，自分とは違う発想への気づきがあって盛り上がる。例えば，同じ「怒り」でも，外側に発

散する怒りもあるし，うちに秘めた怒りもある。リンゴという単純なモチーフなのに，4つの異なる表現ができること，同じテーマでも十人十色の表現があることに気づく。

　この課題を応用して，感情以外のものを表現することもできる。例えば「リンゴで自画像」という課題である。はじめに「〇〇な自分」というテーマで，自分の性格を表す言葉を思いつく限り書き出す。そこから4つの性格を選び，やはりリンゴで表現する。リンゴなら自画像でもはずかしくないし，お互いにどんな性格を表しているかを予想し合うのも楽しい。

　創造力を身につけるには，想像力が必要だ。そして豊かな想像力は，既成概念の枠にとらわれない柔軟な心から生まれるのだと思う。今回の「リンゴ」のように，あえて簡単な枠を与えることで，枠をこわす面白さに気づいてもらいたい。(齋藤亜矢)

学生作品例「リンゴで喜怒哀楽」

第2章　絵画の学習

2-3　見て描く　静物，人物などを中心に

■「見る」ことの大切さ

　造形表現において「見る」という行為は必要不可欠なことである。絵画においても同様で，これまで様々な技法が画家などによって試みられてきたわけであるが，「見る」そして「描く」という行為は単なる表面上の問題ではなく，自分自身を見つめる行為にもつながる。現代の絵画ではあらゆる表現が試みられているが，やはり「見て描く」ことは基本であるといえる。

　身の回りには様々なものが存在している。何をどのような視点で「見る」のか，またそれをどのように「描く」かという導入が重要なポイントである。

■主題選びと教師の提示

　様々な材料と用具で絵画表現が可能である。ここでは，鉛筆，木炭，絵の具（水彩，油彩，アクリル）を使って，画用紙，木炭紙，水彩紙，キャンバスなどへの表現を扱う。

　主題は，静物（木，金属，石，石膏，果物，花など），人物（子ども同士，家族など），自画像とする。

　静物は，モチーフ台に教師がセットする場合，どの方向から見ても絵になるようなセットの仕方が望ましい。様々な材質をよく観察して描き分けることを目的とするのであれば，できるだけ幅広くモチーフをそろえた方がよい。子ども自らモチーフを用意する場合には，各自の生活の中で絵になるモチーフを見つけることも重要である。

　人物は学校の授業であれば子ども同士でモデルを交互に務めたり，教師がモデルになることでも対応できる。また，家族をテーマにする場合，自宅での生活の中での接し方から「見る」という行為を考えるとよい。

　自画像を課題とする場合，鏡を使用して描く。筆者は生きているということを実感するため，自分で自分を撮影した写真を使用するのは避けている。

　風景を課題とする場合も，馴染みのある場所（学校内，家の近所，通学路など）を選ぶようにする。

① 静物デッサン（鉛筆・木炭）

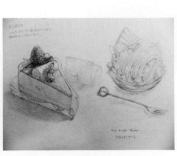
② 身近なもののスケッチ

③ 人物デッサン

2-3 見て描く

主題への取り組み

　静物を描く場合，セットしたモチーフでは①のような組み合わせが想定できる。これらは鉛筆や木炭で描いており，モチーフの質感の違いを描画材料の濃淡を利用してどこまで表現できるかを目的とする。形態の把握，色調（濃淡）の幅，質感表現などに留意する。構図を考える上で，何を中心に描きたいかを考える。

　②のように身近なものを描く場合，モチーフ選びから各自の感覚を優先する。教師の支援としては，選んだモチーフのよさを最大限に引き出すような構図で描くようにする。

　人物を描く場合，③のようなポーズを描くのが一般的である。その際，あまり不自然なポーズは選ばず，生活の中で普段目にするようなポーズを観察する。顔の表情をはじめ，手の表情や衣服の特徴などもよく観察する。

　④は，自画像を連続して描いたものである。絵の裏側には，日々あった出来事を日記のように書き留めている。一枚一枚は5分から30分程度の描画時間であるが，自分の顔を毎日見つめることで，昨日とは違う自分を発見できたりもする。上手に描くということが第一の目的ではなく，自分自身の気持ちの変化などを読み取り，継続することで絵に現れている自分の変化を見つけることが可能になる。

　ここまではいわゆるデッサンを取り上げたが，⑤は身近な風景を水彩で描いたものである。特に演出をするわけではなく，自分の色に対する感覚を大切にして身の回りのものを見つめる。自然との共生も感じながら，植物であればその呼吸さえも意識しながら描くという行為を考えることができる。単なる写生とは異なる課題が設定できるのである。

　⑥は，セットされた静物モチーフを油彩で描いたものであり，自身が感じた静物を躍動感あふれる色彩とタッチで描いている。このように絵の具の表現では，デッサン以上に各自の個性が発揮できるはずである。

まとめと発展

　指導上の留意点：デッサンでは実直にものを「見つめる」ということを強調し，それを単色の濃淡でどこまで表現できるか。水彩および油彩では，写生という概念にとらわれず，「見て描く」ことを基本としながらも絵の具の特性を活かした自由な表現を支援したい。

　発展表現：静物，人物，自画像を描く場合，各自でモチーフを組んだりポーズを決めることも学習できる。（井坂健一郎）

④ 自画像スケッチ

⑤ 風景（水彩）

⑥ 静物（油彩）

第2章　絵画の学習

2-4 人を描く　自己を見つめる

■ 実践のねらい

　美術は人の精神活動の反映である。そのことは先史時代の造形，また神話や宗教を基盤にした彫刻や絵画に明らかに見てとれる。近代に至り，宗教的な思考の枠組みから離れて自然や人間を見つめ，その美しさや豊かさ，あるいは自らの卑小さを表すようになっても，そのこと自体が，そこに生きる人々の心を映しだしてきた。いずれにしても人の姿や活動そして心の探求は，芸術の一大テーマといえよう。

　また子ども達の好奇心や幅広い探求心を育むことは，教育の大きな課題である。そして諸外国に比し，わが国の児童生徒における自尊感情が低いレベルに留まっていることも大きな問題とされている。子ども達がそれぞれの発達段階において，人と人の多様なかかわりに気づくとともに，自らを肯定し，より深く見つめる機会を提供することは重要な課題といえよう。図画工作や美術科の授業において，「人を描く」や「自己を見つめる」を，そのような視点からとらえることもできるだろう。

　また一口に「人を描く」，「自己を見つめる」といっても，そこには様々な方法や目的があって，さらにその「描く」そして「見つめる」行為自体が，描かれる対象への理解や共感の深まりをもたらすはずである。

■ 材料と用具

　材料と用具という視点から「人を描く」や「自己を見つめる」という課題をとらえると，すべての絵画材料と技法があげられよう。逆にいえば，鉛筆や水彩絵の具ないしアクリル絵の具といった画材があれば，十分ともいえるだろう。

　ここでは，大学教員養成学部の授業において制作された鉛筆デッサンと水彩画，そして油彩画，さらにコラージュ的な要素を取り入れた作品を例示するとともに，小学生が描いた水彩による自画像を示したい。

■ 様々な課題と手法

　①から④までは観察と描写に力点をおいた作品である。⑤・⑥は心象表現に挑んだ自画像で，⑦は写実と心象表現を重ね合わせた自画像である。

① 「自画像」
鉛筆デッサン
学生作品

② 「裸婦」
鉛筆デッサン
学生作品

③ 「着衣人物」
透明水彩画
学生作品

④ 「着衣人物」
油彩画
学生作品

18

さて、①は鏡を見て鉛筆で描いた自画像であるが、その前に二段階が踏まれている。まず鏡を見ないで「写実的」に描く、次に手の触覚で顔の形を探りながら「写実的」に描くという試行である。不自由なプロセスをあえて課すことで「見る」という行為を際立たせ、その活性化を図った。②は造形的な観察力と描写力を十分に身につけた学生による鉛筆デッサンの作例である。

③と④は、透明水彩と油彩との技法の違いはあっても、ともに、着衣モデルを描いた人物画である。時間的には、いずれも集中講義3日間という限られた枠内で制作を試みた。

⑤は、「表現主義」という美術用語を掲げての自画像で、固有色から大きく逸脱した色彩や、形態を意図的に歪曲することで喚起される感情や想像力の開放を求めた。制作終了後、互いの作品について意見交換するフォーラムでは、作者の予想を越える深い読み取りがしばしばあるなど、楽しくまた刺激的な時間になっている。⑥は、コラージュと混合技法を課題とした授業において制作された作品である。鉛筆によって写実的に描いた自画像にパラフィン紙を張り重ね、ベールに包まれたような神秘的な雰囲気をかもし出している。⑦は小学校6年生が、夏休みに行きたくて行けなかった沖縄の海と、家で飼育している南島の大ヤドカリを重ね合わせた自画像である。立体感など、リアルな描写に挑みつつ心象が表現されている点に注目したい。

まとめと発展

人を主題とした絵画には、美術史において、また小学生の描く作品では運動会や家族旅行など、「ある場面」のなかで「複数の人物」のかかわりを描き表すことが少なくない。

そのようなことを念頭におき、大学の授業で「人と人とのかかわり」を「自己肯定感」の表現に結びつけた課題を提示した。そこでは、画材や描き方は個々の学生に委ね、これまでに出会った他者とのかかわりを描き表すことが目指された。そのことで、表現内容に最も適した絵画技法やスタイルが模索され、また自分自身を深く見つめ直す機会となっている。例えば、⑧の作品では、写真を参照しながらも、ぬくもりのあるイラストタッチの描線で、連想のおもむくままにイメージが紡ぎ出されている。子ども時代に住んでいた家や思い出の場面のなかで、「過去の私」と「今の私」、そして「今の私の中に潜んでいる私」が夢幻的なつながりを見せる。いずれにしても、「人を描く」、「自己を見つめる」といった課題は、小学生だけでなく中学生であっても、また大学生でも、その時々の姿や心のあらゆる局面に向けて多様な展開ができるだろう。（白井嘉尚）

⑤ 「自画像」
油彩画
学生作品

⑥ 「001」
鉛筆とコラージュ
学生作品

⑦ 「夏休みの思い出」
水彩画
小学校6年生作品

⑧ 「中と外」
黒インクとカラーインク
学生作品

第2章　絵画の学習

2-5　観察から表現へ　視点をかえ，焦点をあてる

■ 見て描くこと

　図画工作・美術科において対象を見て描写することは，昔も今も変わりがないが，目的には相違が見られる。印刷や写真の技術がまだ進歩していなかった時代には，描写力の向上は，産業振興のための実用的な目的が強かった。けれども，デジタルカメラやビデオカメラが普及している現代では，瞬時に簡単な操作だけで対象を正確に撮影できるので，対象を見て描写することの意味は変容している。見て描くことを通した自己表現という目的が顕著になっている。古今東西の画家達も，モチーフを描きながらも，個性的な造形表現をしてきたが，現代では，対象の写実的な描写のみならず，描きながら自分なりの見方や表現をすることが求められている。

　独自の見方ということで想起するのが，美術教育研究者であるヴィクター・ローウェンフェルドのいう触覚型（非視覚型）である。著書 "Creative and Mental Growth"（邦訳『美術による人間形成』黎明書房，1963）などにおいて，見えるまま写実的に描写しようとする視覚型に加えて，対象を感じたままに主観的に表現する触覚型を位置付けようとした。

　子どもは，興味のあるもの，描きたいと思うものを，画面の中に大きく詳しく描くことがある。教科書でも，風景の中で一つの花が大きく描かれていたり，お気に入りの自転車の車輪が手前に大きく描かれ，その向こうに景色が広がっているという作品を目にする。人の感じ方や表現の意図によって，観察画であっても個性的な表現が展開される。

■ 顔や手を描く

　顔や手は最も身近なモチーフであり，それらを描くことは多い。顔の表情には，喜怒哀楽の感情が表れるので，いろいろな自分の気持ちを顔に託して表現することを試みる。目や口の動きを強調する，顔の装飾（メイキャップ）を工夫する方法もある。顔が似ていることよりも，見て描くことをきっかけとして，内面的な心情を顔に託して表現するように心がける。同様に，手にも表情があるはずである。手の形をよく見て，動作や組み合わせを工夫することで感情を表現する，背景も描いて不思議な世界にする展開が考えられる。

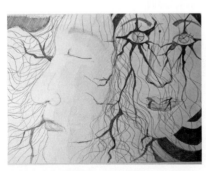
「仮面」　中学生作品

「手の表情」　中学生作品

見方をかえる ―ゆがみや反射を表現する―

絵画作品では，しばしば鏡や水面にまわりの光景が映っている様子が描かれる。鏡には，室内の様子が映る。水面には，水の表面に加えてまわりの景色，太陽の光の反射，水中や底などの様子が現れる。モネは睡蓮を描きながら，水面の色や映像の変化に引き付けられたのであろう。鏡のゆがみや水面の反射に着目して描く。

「スプーンにうつった顔」　中学生作品

焦点をあてる ―線の追究―

身の回りには線の並び方が面白い，線の組み合わせに変化があるといったモチーフがある。そのような線の様子を観察することをきっかけとして，ドローイングの表現をする。通常はモチーフ全体を画面の中にほどよく入れることや，細部を描く前に，大きな明暗や量感をつかむことが優先される。ここでは，むしろ線の形に焦点をあてるようにして，細部の線の並びや組み合わせに着目する。モチーフとして，キャベツや白菜の断面，指紋，麦わら帽子や畳，波紋などがあげられる。（辻　泰秀）

 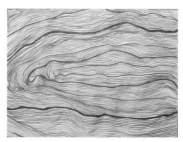

「指紋の線から」　中学生作品　　　　「木目」　中学生作品

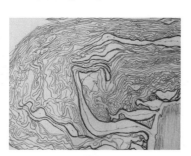 

「キャベツの断面」　中学生作品　　　「トンボの羽根の線」　中学生作品

第2章　絵画の学習

2-6 想像をかたちに　想像画の制作

■「見て描く」からの応用

人にはそれぞれ大きな夢がある。こうしたい，こうなりたいなど様々であろう。美術ではそれらを色や形で表現することが可能である。絵画でもあらゆる技法や材料で実現できる。ここでは想像を視覚化することをねらいとした実践を提案したい。

夢で見た世界，未来に向けての希望や願望，図画工作や美術以外で学んだことなどをイメージのもととすることが可能である。「見て描く」という実践で学んだことを応用する指導も次のように考えられる。

　a．画面上で近景，中景，遠景など，具体的な空間設定ができる。b．人物や動物など，具体物を想定し，色，形（構造），材質をイメージ通りに表現できる。c．その他には，完全な空想や抽象画としても表現できる。

■ 発想と技法

具象および抽象の絵画表現が可能である。ここでは，絵の具を使った表現をはじめ，鉛筆によるイメージデッサンも取り上げる。その他にコラージュ（素材の貼り付け）を使ったミクストメディア（混合技法）の事例も含む。

教師が選択したテーマから発想を広げ，画面上でイメージを重ね合わせる方法がある。その際，何をどのように描くか，どのように構図として配置するかを考える必要がある。また，それをどのような描画材料を選んで表現するかも同時に考えていく。

上記は具体的なものをイメージする場合であるが，抽象的な形態をイメージする場合もある。その際，モダンテクニックの体験を応用することもでき，キュビスム（立体派）のような色面構成も表現上ありえる。

■ 想像をかたちにした様々な表現

ここでは，絵の具（水彩，油彩，アクリル），ペン，鉛筆を使ったキャンバス，画用紙などへの表現を扱う。

① 油彩（イメージ）　　② アクリル（イメージ）　　③ 油彩（イメージ）

①は，「自然と人工」をテーマに描いた油彩画である。テーマに基づいて自身で資料収集を行う。資料は宇宙（地球），動物，植物の写真がそれぞれ掲載されている図鑑などである。それをもとにしてエスキース（下絵）を重ね，部分的にシルエット的な表現をするなど抽象形態を組み込む。色彩は，固有色にこだわらず自身の解釈で表現する。

②は，自身の興味のある世界（トランプや占星術のカード）をもとに，平面化と装飾性のある画面づくりをアクリル絵の具で試みている。制作者の「和」の文化への興味も組み込みたいという意図も表現されている。

③は，ユーモアあふれるオリジナルの人物キャラクターと夢を喰うバクを描きたいという想いを油彩画にしている。作者は幼いころから植物や動物に関心があり，それを自身が好きな画家の画風を学びながら「自分らしさ」を確立している。ただ単に想いを絵の具で表現するのではなく，それによって「自分らしさ」を発見することも想像画の制作からえることができる。

④は，夢に見た世界を題材にしたペン画である。ペンは文字を書き記すだけではなく，細かい描写を必要としたい場合に有効な描画材料となる。

⑤は，少女時代の想いを鉛筆に託し，濃淡を利用して想いの輝きを表したものである。身の回りにいる少女のスケッチを通して女の子らしい仕草を観察し，それを活かして画面構成している。

⑥は，暮らしてみたい部屋を想像し，写真のコピーをコラージュ素材として使用し鉛筆と重ね合わせる方法で描いている。現実と非現実が混在することで，不思議な画面づくりに成功している。

まとめと発展

指導上の留意点：想像画といっても，ただ闇雲に色や形を組み込むのではなく，日頃，風景や，人物，動物，植物などにどのような想いで接しているかを認識する必要がある。その上で，自身がどのような絵にしたいか，何を大事にして伝えたいかを考える。

発展表現：どのようなテーマで，どのような材料を使っても表現が可能である。絵の具や鉛筆などに限らず，あらゆる描画材料から選んだり，木の枝や葉，石，砂，土，金属などを使って想いを伝える絵画制作も考えられる。（井坂健一郎）

④ ペン（イメージ）

⑤ 鉛筆（イメージ）

⑥ 鉛筆（イメージコラージュ）

第2章　絵画の学習

2-7 抽象画に挑戦　行為やイメージから生まれる表現

■ イメージの発生

　絵画は大きく具象画と抽象画に分けられる。具象画には具体的な事物や風景を見て描いたり，事物をモチーフとして取り上げて描いたりする方法などがあり，抽象画には線や幾何学的な図形を用いて描いたり，行為から生まれる線や形を基に描いていく方法などがある。抽象画において表される表象は，具象画と異なり見る側にとってわかりにくいが，具体的な事物で表されないためイメージが限定されず，それ故イメージが広がっていく。また，具体的には見えない対象や見えにくい主題を表していく方法として有効である。本事例では大きく，行為をもとにして生まれる表現と，イメージをもとにした表現について取り上げる。特に行為をもとに生まれる色と形は，瞬間的で感覚的な痕跡となって表現されるため，そこに生きる表現者の生が伝わる内容となって表される。また，イメージから生まれる表現は目に見えないものや，気持ちなど作者の内面や主題とかかわりながら表現を広げていくことができる。

■ 材料と用具

　絵の具，墨，画用紙，和紙，筆，筆洗，絵の具容器

■ イメージを広げる

(1) 行為から生まれる抽象表現

　導入では，まず筆を動かしたり，絵の具をたらしたりしながら，オートマチックに線や形を新聞紙や広告紙の裏などに表現してみる。次に，鑑賞活動として，ジャクソン・ポロックのドリッピングの作品や日本の墨象による作品を鑑賞し，筆の動きや線の質によって生まれる表現について鑑賞し，表現方法について理解を広げていく。このような表現抽象主義の表現では，線や形に見られる「動と静」など線がもつ意味や感じ方の違いに子ども達は気づいていくことができる。

① 墨象　　　② つなげる　　　③ たらす

制作では，例えば各個人に和紙を用意し，墨を用いて線の動きや線質を工夫しながら表現してみる（①）。墨は色がないため，線の太さや筆を動かす速さなど，描く行為に集中しながら表現を深めていくことができる。さらに，にじみの効果や水の分量を変化させ墨の濃淡の表現を広げていくことができる。

また，②のように大きなロール紙に絵の具で，それぞれが場所を見つけ形を描き，描いた線や形を例えば「つなげる」という行為によって仲間の線や形とつなげながら表現していくなど，表現された色や形をもとに一つの行為から新たな線や形を表現していくことができる。③では，ポロックの絵を鑑賞した後，黒いロール紙に蛍光絵の具を用い絵の具を「たらす」という行為によって，子ども達はその表現を宇宙に見立てながら表現している。

これらの表現では，絵の具や墨という描画材をもとにした感覚的で身体的な表現が展開していく。

（2）イメージから生まれる抽象表現

子どもの生活や他教科とのかかわりから，目には見えにくい主題や観念的な主題を表現していく上で抽象表現は有効な方法となる。例えば，④は，社会科や理科，環境教育で学んだ「水」を主題にして展開した事例である。導入では，これまでに学習した水について深めた考えや気持ちを言葉で交流し，水に対する自分のイメージを深めた。次に，水を表現した参考作品を鑑賞し，透明で形のない水にも多様な表現があることを知り表現の豊かさについて理解を深め，自分のイメージを表現していった。作者は，全体を大きな海に見立て，「大きな海はキレイです。でも，つなみが来たら，人の命をさらっていきます。だから，色のつかい方に気をつけました」と語り，クレヨンで池に水がたれたときにできる輪を白で表し，水に映る太陽をモネの作風を真似て赤い丸で表し，ブラッシングで水を表現しようとしている。自分の経験や感じたことをもとに水のイメージの全体を色と形で表している。

■ 心の中の世界

水の表現に見るように，子どもは色と形によって意味をつくりながら自分のイメージを生成している。

⑤の事例では「心の世界」を，⑥の事例では，音楽を聴いて「音のイメージ」を，子どもの生活とのかかわりや切実感のあるトピックから主題を見つけ，授業の中でその内容に対する見方や感じ方を抽象的な表現において深めている。（磯部錦司）

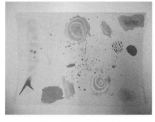
④　水のイメージ

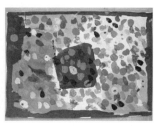
⑤　心模様

⑥　音楽を絵にする

第2章　絵画の学習

2-8　自在に描く　土や墨で描く

■ 絵画表現の広がり

絵を描くときにクレヨンやパス，水彩絵の具，色鉛筆などの色彩的な描画材料を使うことが多い。ここでは，通常の色彩的な描画材料ではなく，あえて土や墨を用いることによって，表現の可能性を広げることをめざす。どろどろねちねちとした土の感触や，墨の濃淡によって，自在な造形表現を引き出すようにしたい。

■ 材料や用具

土で描く：粘土（色味の違う数種類の土粘土），木工用ボンド，バケツ（混ぜる容器），黒の色画用紙，乾燥スペース（乾燥棚），手拭き用古タオル

墨で描く：水墨画用の墨（水を加えて濃淡を出しやすい墨），太さの異なる毛筆と刷毛，水墨画に適した和紙，墨を入れる容器や梅皿，乾燥スペース，下敷き，新聞紙

■ 土で描く―土の感触を活かしたフィンガーペインティング―

幼児は土や泥で遊ぶ。そして，小学校以降も彫塑の材料として粘土を使うことはあるが，描画材料として土を使うことはほとんどない。どろどろの土を指や手につけて塗り広げたときの感覚や筆跡（指の動きの跡）は魅力的である。

まず，テラコッタ粘土に水を加えて，描きやすい軟らかさにすると，どろどろねちねちとした黄色味をおびた「絵の具」になる。そのままだと乾燥したら画面からはがれるので，木工用ボンドを混ぜて，乾燥後も画面に定着しやすくする。そして，土の感触に親しみながら描けるように，手や指を使って描いてみる。指を筆のように動かして線描をする，土をたくさんつけてテクスチャーをつくる，土の上に指で跡をつけるといったように描き方を工夫したい。モチーフも生きもの・花・風景をはじめ具象表現から，土の質感や指の動きを活かした抽象表現まで，個性に応じたモチーフや描き方を選択できる。陶芸用の土粘土でも赤いような土，灰色や茶色をした土など色味が違う。3～5種類の色の違う土を準備して，いずれかの色の土を選択したり，色の違う土を併用したりして描く。黒色の色画用紙を使うと，描いた部分が引き立って，土の色や指使いが美しく感じられる。

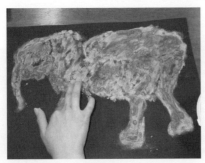

土で生きものを指で描く（小学校5年）

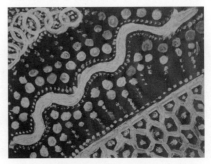

土で模様を描く（小学校5年）

墨で描く

墨は書写のときに使う印象がある。けれども，古くから水墨画の表現があり，現代では墨の濃淡や筆の動きを活かした墨象画と呼ばれる抽象的な表現もある。ここでは，墨や筆の特徴を体験しながら，抽象に近い表現を試みる。墨は黒色一色のように見えるが，水の入れ具合によって，微妙な色味の違いが出てくる。墨の種類にも青色っぽい青墨，赤っぽい赤墨もある。複数の容器や梅皿を使って，墨を薄める水の量を変えて，いろいろな濃さの墨を準備する。紙に描くとにじんで，濃淡の違いを活かした造形表現になるはずである。書道の毛筆や，太い幅を塗るときには柔らかい刷毛が使いやすい。筆の動かす方向や速度，線の太さや力の入れ具合，にじみやかすれなど線の変化を工夫する。紙は濃淡を出すのに適した水墨画や版画用の和紙を使用するとよい。わらをひもで束ねるなどして，手作りの筆で描いてみるのも面白い。（辻 泰秀）

濃い墨で強く描いてみる（小学校6年）

にじみとしたたりを体験する（小学校6年）

筆の勢いや動きを工夫する（小学校6年）

墨の濃淡の変化を意識する（小学校6年）

大学での教材研究の作品①

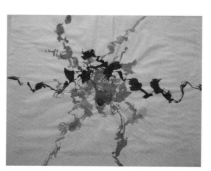

大学での教材研究の作品②

第2章　絵画の学習

2-9　モダンテクニックの技法1

■ 実践のねらいと展開

　モダンテクニックの技法のうち，ここではドリッピング，スパッタリング，デカルコマニー，スクラッチについて，ねらいと展開を紹介する。

（1）ドリッピング（たらし絵）

　雨のしずくのように色水が飛び散った軌跡によって生まれる，偶然の色の重なりや線の不思議な形を楽しむことで，描くことへの新たな興味・関心を引き出すきっかけとしたい。絵の具を多めの水で溶かした色水をたっぷりと筆に含ませ，紙の上にたらす（①）。筆をたたくあるいは振り下ろすなどして勢いをつけて飛ばす（②）。細めのストローを使い，画面にたらしたしずくにむけて息を強く吹くと，生き物のような不思議な形ができる（③）。しずくをたらした後に，紙を傾けると絵の具が流れて線が重なり合う。スポンジや筆を用いて紙に水をたっぷりと含ませ，乾かないうちに筆にたっぷりと含ませた色水をたらすと，紙の繊維を伝って広がり，美しいにじみとなる。

（2）スパッタリング（吹き付け）

　色と色の重なりや，濃淡の差をつけることでグラデーション状の変化が美しい技法である。スパッタリング用の金網に，絵の具を水の量を多めにして溶いた色水を筆で表面につけ，それを歯ブラシでこすると，霧状の細かいしずくが飛ぶ。根気よく作業を繰り返すと，スプレーを吹き付けたような効果が表れる。市販の霧吹きに色水を入れて飛ばすこともできる。

（3）デカルコマニー（あわせ絵）

　画用紙を二つ折りにして開き，片側に絵の具をたらす。画用紙を閉じて，上から手のひらで押さえたのち再び画用紙を開くと，左右対称の形が表れる。色数，色の置き方や配置，量など工夫するとよい。チューブから直に紙の上に絵の具を出したり，少量の水で溶いた絵の具も利用すると，質感などに変化のある効果が生まれる。また，別紙に写し取るのも面白い効果がある。上から手で押さえる際に，紙をスライドさせる，ひねるなどの実験を行うと思いがけない効果が期待できる（p.55参照）。

（4）スクラッチ（ひっかき絵）

　まず，画用紙に明るい色のパスで地塗りを行う。たくさんの色を厚めに塗った方が，後に削った時に美しい線となって現れる。次に地塗りの上から暗色で厚めに塗り重ねる。黒や藍色などの濃色同士を混色しながら塗り重ねるのも面白い。その上から割り箸や竹串，楊枝や粘土ヘラなどを用いてひっかいて削り，絵や模様などを描く。このように上に塗った暗色の層を削ると，下に塗った明色の層が出てくるので，線の太さに変化をつけたり，線と線を重ねて削るなどの工夫をすると効果的である。

■ コラージュ技法による作品制作への活用

　コラージュとは，20世紀に入りパブロ・ピカソやジョルジュ・ブラックが行ったパピエ・

2-9 モダンテクニックの技法 1

コレという技法から発展し，マックス・エルンストによって完成された現代絵画の技法である。自然物や人工物などの様々な素材から色や形，模様や質感を手がかりに，面白い形や不思議な形を見つけて切り取り，貼り合せて表現する技法である。

これまでに紹介したモダンテクニックによって生じる色や形から，面白いと感じるところや興味のある部分を，手でちぎったり，はさみで切り取り（⑦），コラージュのための貼り合せる素材として活用し，その特徴を活かしながら部品を構成して組み合わせ，台紙に貼る（⑧）。（堀 祥子）

① ドリッピング作品
色水を筆に含ませて上からたらす

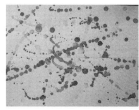

② ドリッピング作品
色水を含ませた筆を勢いよく振り下ろしてたらす

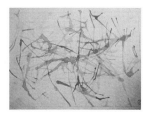

③ ドリッピング作品
①の状態の色水のしずくに息を吹きかけて飛ばす

④ スパッタリング作品
型紙をあらかじめ配置してその上から絵の具を吹きつけた作品である

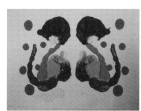

⑤ デカルコマニー作品
絵の具が押されて混じり合い，思いがけない形となった作品である

⑥ スクラッチ作品
上層の暗色と下層の明色の対比が美しい作品となる

⑦ コラージュ作品 1

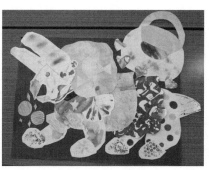

⑧ コラージュ作品 2

第2章　絵画の学習

2-10　モダンテクニックの技法2

■ 技法の遊びから感じる

　モダンテクニックの技法のうち，ここでは，フロッタージュ，バチック，スタンピング，マーブリング，ローリング，ストリングについて紹介する。モダンテクニックは絵画表現の技法遊びであり，その活動のなかで，偶然にできた色や形を楽しんだり，身の周りの環境を触って感じたり，友達と感じたことを話し合ったりする。これらの行為は，色や形から自分なりに感じとる力，環境の中で造形の感覚を働かせる力，感じたことを言葉によって伝え合う力を培うことへとつながる。

■ 技法ごとの材料や道具

フロッタージュ：コピー用紙などの薄手の紙，色鉛筆，クレヨン，パス
バチック：画用紙，クレヨン，パス，水彩絵の具，筆，筆洗
スタンピング：画用紙，スタンプの素材，スタンプ台，水彩絵の具
マーブリング：マーブリング用の絵の具，画用紙，バット，パレット，水，筆，櫛など
ローリング：画用紙や空き箱など，ビー玉，水彩絵の具，パレット，筆，筆洗
ストリング：画用紙，タコ糸，水彩絵の具，パレット，筆，筆洗

■ 技法の実践

（1）　フロッタージュ（こすり出し）

　形や凹凸面を写しとる技法である。普段，目で見ている身近なものでも触って感じてみることで，自分の周囲にある凹凸を通した触覚の世界を新たに発見することができる。自然物，図工室の道具，自分の持ち物などに紙をあてて，色鉛筆，クレヨン，パスなどですり出すと，様々な凹凸の模様が現れる。場や素材に触覚で働きかけ，自分なりに感じたことを友達と話すなかで，環境とのかかわりから感じとる力や，伝え合う力を育む。フロッタージュを施した紙を利用して，新しい作品を制作することもできる。

（2）　バチック（はじき絵）

　インドネシアの島々で作られていたロウケツ染めから生まれた技法である。はじき絵ともいう。クレヨンやパス，ロウで力を入れて描いた上に，水で溶いた水彩絵の具をのせると，ロウが水彩絵の具をはじくので，その具合を楽しむ。

フロッタージュ 制作　　フロッタージュ 作品例　　バチック 制作　　バチック 作品例

（3） スタンピング（型押し）

様々な素材をスタンプして遊ぶ技法である。スタンプ台に水彩絵の具をつけ，木，布，段ボール，野菜などの身近な素材をスタンプして楽しんでみる。その際，角度を変える，断面をつくるなど，対象に働きかけて素材とのかかわりを大切にする。

（4） マーブリング（墨流し）

マーブリング用の絵の具を水面に浮かべ，紙などに写しとる技法である。技法名は，でき上がる模様が大理石（マーブル）に似ていることに由来している。バットに水を張り，筆でマーブリング用の絵の具を水面に浮かべる。櫛や箸などで静かにかき混ぜたり，息を吹きかけたりすると模様の変化を楽しむことができる。

スタンピング 制作　　スタンピング 作品例　　マーブリング 制作①　　マーブリング 制作②

（5） ローリング（ころかし絵）

ビー玉などの転がる素材に絵の具をつけ，紙の上で転がして軌跡を楽しむ技法である。転がし絵ともいう。空き箱の底に紙を敷く，画用紙を箱型に組み立てるなどして，水彩絵の具をつけたビー玉を中に入れる。ビー玉の数や色数を増やしてみると，複雑な軌跡を楽しむことができる。

（6） ストリング（糸ひき絵）

絵の具をつけた糸によって偶然にできる形や色合いを楽しむ技法。糸ひき絵ともいう。水彩絵の具をつけたタコ糸を紙にはさみ，糸を引き抜くことで，偶然にできる形や色合いを楽しんでみる。できあがった図柄を利用して見立て遊びを楽しむこともできる。

   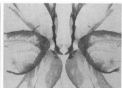

ローリング 制作　　ローリング 作品例　　ストリング 制作　　ストリング 作品例

行為のなかで感覚を働かせる

モダンテクニックには，上に述べたような多様な技法がある。技法の力によって色や形に対する自分の感覚に気づかせてくれることが，モダンテクニックの魅力である。その活動は，色や形に対する自分なりの見方を養う能力を培い，友達に感じたことを伝え合う活動へと発展させることができる。技法の種類について学ぶことを通して，絵画技法の多様性について知ることも大切だが，行為のなかで色や形の魅力に親しみ，自らの感覚を働かせるような視点をもつことが重要である。（水谷誠孝）

第2章　絵画の学習

2-11 鉛筆で描く　鉛筆を使った実践

■ 鉛筆の特徴

　鉛筆は，筆記・書写・描画・製図などに幅広く使用される。安価，暑さ・寒さ・水濡れに強い，消せるといった利点がある。ただし，消しゴムで消せるため，数年経つと輪郭がぼやけ，かすれた感じになる。色の濃い鉛筆の芯ほどすれやすく，フィキサチーフのような定着液を使用している。鉛筆削りが普及する前は，肥後守などのナイフで削るのが一般的だったが，画材として使う場合は今でもナイフの使用が多い。鉛筆では，線描による整った表現の他に，微妙な濃淡が表現できる。一般に幼稚園や小学校低学年頃までは，クレヨンやパスで描くことが多いが，中学年頃から鉛筆で下描きをし，絵の具で彩色させる題材が増えてくる。また，小学校の高学年頃からは，スケッチ（素描）として鉛筆を主体に使う課題も増えてくる。

淡 ←─────────────→ 濃

鉛筆の濃淡

■ 鉛筆を使った実践

　鉛筆に特化した教材や題材は，それほど多くあるわけではない。多くは絵の具などで彩色するための下描きとして使われるが，人物や顔のクロッキー（速写），植物や風景など，身近なものをモチーフにした素描が一般的で，絵の具などで彩色することも多い。また，鉛筆やペンなどは，一本線描法や酒井式，キミコ方式といった方法論で使われることもある。

　ここでは，鉛筆を使った題材を2つとりあげる。

（1）フロッタージュによる表現

　マックス・エルンストが考案したフロッタージュ（こすり出し）は，鉛筆で楽しくできる技法のひとつである。凹凸のある面の上に紙を置き，その紙を鉛筆などでこすって，凹凸の模様を紙の上に浮かび上がらせる。色鉛筆でもできるが，鉛筆でやると渋い表現になり，趣のある作品ができる。

〔作業の手順〕

① 葉っぱを集め（平べったい葉っぱのほうがやりやすい）。
② 葉っぱの上に紙を置き，なるべくたいらになるように押しつけ，鉛筆で輪郭や葉脈の部分をていねいにこする。
③ 違う種類や大きさの葉っぱにも挑戦してみる。
④ エルンストの作品を鑑賞し，エルンストが木の葉やら木に紙をかぶせ，模様をすり出し，現れた形や模様をよく眺め，見えたものに仕上げたことを説明する。

「葉の習性」
マックス・エルンスト，1925.
出典：ジムフェレール B., 現代美術の巨匠へMAX ERNST, 美術出版社, 1990, 作品番号59.

⑤ いくつか葉っぱを組み合わせて,葉っぱ以外の別のモチーフを表す作品に挑戦する。

紙はコピー用紙や薄い画用紙などがよい。鉛筆はHBでよいが,柔らかい4Bの鉛筆などを使うと,少し感じが変わる。HBよりも硬い鉛筆はうまくできない場合がある。フロタージュがガタガタになり,緻密で美しい葉脈の筋が表れないことがあるが,その場合多くは,葉っぱが立体的になっていることが原因である。また,柔らかい葉っぱは,強くするとつぶれることがあるので注意する。

(2) 人物画のクロッキー

鉛筆で「一本線でゆっくりと」人物を描く実践である。ねらいは,① 対象をよく見て描く,② 線の美しさを体験する,である。このようなねらいの背景には,子どもの多くは,① 思い込み・概念で描く,② 腕の動きの惰性で描く,という実態がある。

例えば,シャッシャッと何本も重ねた線で描くなどである。いわゆる漫画絵を描く子に多く見られ,なんとなくうまく描けたような気になる。ただ,複数の線の中によいものが混ざっていれば,そうでないものもある。しかも,何本でも引けると思って対象をよく見ず思い込みで描いて,線が甘くなる。そこで,「一本線でゆっくりと」描かせることで,必然的に,対象を見て,これぞという線になるのがねらいである。

学生作品例　人物画のクロッキーで人物画を描く

■ 描画材料としての鉛筆に慣れ親しませるために

ここでは2点述べておきたい。一つは,消しゴムを使いすぎないことである。年齢を重ね表現の個別化が進むにしたがい,子どもによっては描いては消して…繰り返してしまい,自らの表現の幅を狭めてしまう場合がある。その結果「うまくできなかった」という思いから,鉛筆で描くことへの苦手意識をもつ。そのため,課題によってはあえて消しゴムを使わないことも必要となる。"間違った線や形"でも,何かをつけ加えていくことで新しい表現との出会いがあり,「失敗への恐怖心」が「新しいものに出会えるワクワクする気持ち」に変わることを感じさせたい。

もう一つは,鉛筆を自分で削ることである。① 左手に鉛筆を,右手にカッターを持つ(鉛筆にカッターをあて右手は支えるだけで動かさない),② 左手の親指でカッターナイフを前方に押し出すように鉛筆を削る(力を入れ過ぎず,左手の親指だけを動かして削る),③ 一度に削ろうとしないで,ゆっくり少しずつ削る(指に入れる力加減が調節しやすくなる)。ぜひ,ていねいに取り組んでほしい作業である。(池永真義)

第2章　絵画の学習

2-12　色鉛筆で描く　基本から応用へ

■ 気軽に楽しめる画材

色鉛筆は，顔料と蝋（ろう）などを固めた芯を，木製や紙巻きの軸に収めた画材である。欧米では，1920年代頃から美術用の60色程度のものが登場した。日本では明治時代，国定教科書「新定画帖」に基づき，小学校の教育用画材として用いられた。色鉛筆の作品には油絵や水彩画に劣らない魅力があるが，次の特徴があり，授業でも比較的短時間で取り組める。

① **気軽に楽しめる**：趣味・特技として，年代を問わず人気がある。
② **奥の深い表現**：柔らかで温かな描写から力強い作品まで，奥深い表現を可能にする。
③ **応用がきく**：ペンや水彩絵の具との相性がよく，併用でより豊かな作品が描ける。

■ 色遊びと具体的なテーマによる表現　―基本から応用へ―

（1）色鉛筆遊びで基本を学ぶ

色鉛筆は，基礎的な使い方を学ぶことでより豊かな色彩表現を可能にする。そこでまず，具体的なテーマで取り組ませる前に，次のような「色鉛筆遊び」をしながら基本を学ぶ。

① **グラデーション（濃淡）**：「どれくらい，長く色の変化をつくれるかな？」
区切らないように，流れで調整しながら塗る。濃い色から次第に薄くしていく。
最初は力を入れて，次第にゆっくり力を抜いていくようにする。場合によっては練り消しゴムを使うとよい。「青空」，「夕焼け」といったテーマで，イメージするとよい。また，色鉛筆の持ち方でストローク（ひと描きの幅）が変わることを教えるとよい。2～3色を用いるのもよいだろう。
　・低い位置で持つ：力が入る。　・高い位置で持つ：コントロールしやすい。

② **球体を描く**：「どれくらい，まあるく見えるかな？」
画用紙にあらかじめ円を印刷しておき，色鉛筆で塗られた球体の見本を見ながら，円の中を1色で塗る。ボーリングの球などの画像を見せてもよい。円の中央や端の一部は紙の白をそのまま残しておくように言っておくと，塗り過ぎないように注意して描くだろう。

③ **リンゴを描く**：「どれくらい，美味しそうに見えるかな？」
上記活動の応用である。形の正確さは気にせず，色の塗り方に集中する。

　　グラデーション　　　　　　　球体　　　　　　　　　リンゴ

（2） クリスマスカードの制作

以上の活動を終えたら，具体的なテーマで色鉛筆による作品に取り組む。ここでは一般的な題材「クリスマスカードの制作」を示す。手順は以下のとおりである。

① 色鉛筆を使った作家の作品を鑑賞し，興味を喚起する。

② 持参した資料やアイデアスケッチをもとに，鉛筆で下描きをする。

③ 全体的に影をつけていく。下描きの線に沿って色鉛筆で影をつけていく（カラーペンを併用してもよい）。

④ 色の違いや濃淡を工夫する。

⑤ 相互鑑賞会を開き，お互いの作品のよいところや自分の作品について説明する。

学生作品例 色鉛筆で彩色し装飾を加える

より深みを出すための色の混ぜ方のポイントは，「混色する時は濃い色から塗り，その後で薄い色を重ねていく」ことである。理由は，調子をみながら調整しやすくなるからである（例：青と水色の場合，青を先に塗る）。これは，色鉛筆は一度塗ってしまうと上に色が塗りにくい特性があるため，先に濃い部分を塗った方がよいということがある。しかし一方で，逆に「薄い色を先に塗り，濃い色を後から塗っていき影をつけていく」ことが推奨される場合もある（例：紫陽花などで，先に水色で塗り，その後で青や紫を塗っていく）。

初心者や小学生の場合，自然と後者の塗り方になる場合が多いようだが，この場合でも後の色がのらなくならないよう，先に塗る薄い色を塗り過ぎないように注意する必要がある。ただ，完成作品が全体的に薄くなる傾向のある場合には，影がシャープになるよう，濃い色から塗っていくとよい場合もある。

■ 水彩色鉛筆による発展

色鉛筆として，水を加える水彩色鉛筆もある。水彩色鉛筆には，「塗る」（普通に色鉛筆として使ったり，塗った部分に水ブラシで溶かすなどもできる），「濡らす」（先を濡らして柔らかい感触で，溶かしながら描く感じ。色鉛筆の上を水彩でなぞったような筆跡になる），「削る」（パレットの上で削って，削った色を水ブラシで溶かして水彩絵の具のように使うなど）といった使い方のバリエーションがある。普通の色鉛筆画のように，紙に描いてから筆で延ばし広げる使い方が一般的だが，あらかじめ濡らした紙の上に芯をこすりつけたり，筆で芯から直接色をすくい取り，固形水彩絵の具のように使うと楽しくできるだろう。（池永真義）

第2章　絵画の学習

2-13　クレヨン・パス・コンテで描く

■ 実践のねらい

　幼稚園，小学校でよく使われ，子ども達に親しまれているクレヨンやパスは，その組成材料の特徴を押さえた教材化が重要である。一般にクレヨンはワックスを多く含んでいてパスより硬く，線描きに適している。またパスは，油分を多く含んでいてクレヨンより柔らかく，面塗りに適しているといった特性がある。このような基本的な特性を活かして，パスで色を塗り重ねることによる美しさを体験したり，クレヨンやパスで描いた上に水彩絵の具を塗り，はじく効果を楽しむ方法は，本書のモダンテクニックの項目（p.28〜31）にも紹介している。

　一方で近年はさらに新しい表現の可能性や技法が開発され，教科書でも採り上げられている。例えば，クレヨンは紙材だけでなく，ガラスやペットボトル，セロハン，プラスチック，ビニールなどにも描くことができ，ティッシュで簡単に消して修正することができる。こうした透明な素材に描くことで，まだ三次元的な表現に至っていない年少の子ども達の空間感覚が刺激されるという効果もいわれている。また，複数の画材を組み合わせて用い，子どもの発達に応じた活動にしたり，表現を豊かにしたりする工夫はこれまでも行われてきた。ここでは，複数の画材を用いる表現の中で，それぞれの画材の特性が段階的に現れ，活かされる技法を紹介する。

■ 材料と用具

　画用紙（八つ切り），白のクレヨン，コンテ（数色），スパッタリング用の網，新聞紙（机の上に敷き詰めるため）

■ 実践の展開　―「わたしが可愛がっている魚」を描こう―

① 八つ切りの画用紙に，白のクレヨンで，「わたしが可愛がっている魚」を題材に絵を描く。白い画用紙に白のクレヨンで描くので，自分が描いている線が見えにくいが，しっかりと描いたり塗ったりする。魚には名前をつけ，楽しいイメージを膨らませる。

② ①で描いた絵の上で，コンテをスパッタリング用の網でこすり，粉をかける。コンテは2色以上の色数を使う。この時，コンテの粉がかなりたくさん落ちるので，先に机の上に新聞紙を敷き詰めた上で活動し，画用紙も絶対に動かさないように注意する。

③ 画面全体が様々な色のコンテの粉で覆われたら，立ち上がって画用紙を両手で持ち，左右に振る。画用紙の上の粉は落ち，白いクレヨンの上だけに定着することで，魚の姿が現れてくる。魚が見えてきたら画用紙を置き，新聞紙の上に散らばった粉を集めて捨てる。

④ 指に水をつけてコンテをのばし，魚の絵をさらに仕上げる。

以上の一連の活動において，造形表現上の要点がいくつかある。

①では，白のクレヨンで絵を描くが，後にコンテの粉がその上に定着し，絵が浮き出

くることになるので，しっかりとしたタッチで太めの線や面を描くよう留意する。また，描く題材（ここでは魚）は，個々で多様なイメージが湧くようなものを提案する。

②では，後に白のクレヨンの線がはっきりと浮き出てくるように，単色ではなく，数色のコンテを網でこする。また，数色のコンテの粒子が重なり合うことで新しい色ができる様子も体験できる。

③では，白で描かれて見えなかった絵が現れてくる驚きを，その場の全員に一斉に体験させたいため，同時に一斉に立ち上がり，画用紙を振る。

④では，コンテに水溶性の凝固剤が用いられている点を利用し，指に水をつけてコンテの色をのばしたり溶かしたりし，さらなる表現につなぐ。

まとめ

画材の組成材料の性質を知り，表現の可能性を探ったり，複数の画材を組み合わせて教材化することはこれまでにも行われてきたが，本実践は，見通しをもち，タイミングを配慮した指導を行うことで，材料体験がより効果的に行われる点が特徴的である。（日野陽子）

協力：ぺんてる株式会社

① 白のクレヨンで絵を描く

② コンテを網でこすり，粉をかける

③ 紙を振ると絵（魚の姿）が現れる

④ 水をつけコンテをのばし，仕上げる

第2章　絵画の学習

2-14　絵の具に親しむ　絵の具遊び，色遊び

　絵の具は，顕色材と呼ばれる，顔料または染料に色を定着させる展色材を混ぜてつくられたものである。展色材の種類により絵の具の種類も決まり，水で溶く水性と油で溶く油性がある。小中学校では水彩絵の具を使って描くことが多いが，絵の具を描く材料だけでなく，造形遊びの手立てとしても使うことができる。遊びの中から，絵の具や筆の使い方を習得して描くことを楽しめるように指導したい。また絵の具は水を使うため，準備や後片付けに時間がかかることも留意して，遊びや制作を計画していくことが望ましい。

◼ 絵の具と道具

（1）絵の具の種類

　水彩絵の具には，透明水彩絵の具と不透明水彩絵の具があり，小中学校では主に不透明水彩絵の具を使う。ポスターカラーは，不透明度が高く塗りムラが出にくいため広い面を塗ることができる。アクリル絵の具は，乾燥すると耐水性になり何度でも塗り重ねることができる。それぞれの題材によって使い分けるとよい。

（2）筆

　丸，平，面相などの種類がある。まずそれぞれの筆で描いてみて，その筆跡を見ながら描くことを楽しむ工夫が必要である。それぞれの主な特徴は以下のとおりである。**丸筆**：伸びのある線を描く。**平筆**：面を塗りつぶす。ムラになりにくい。**面相筆**：境界をはっきり描く，細かい表現に適している。

丸筆・平筆・面相筆

（3）筆以外の材料で描く

　また筆以外の材料で描くことも楽しい体験である。大きな紙にスポンジやデッキブラシなどで描いたり，指，手，足など体全体を使って描くことは，画用紙に絵を描く活動とは異なり，ダイナミックな描画体験となる。身近にある様々な材料を提示して，自分の好きな材料を選択する余地を残す。子ども達は，描きながら筆とは違う筆跡から，想像力を膨らませ工夫を重ねながら，その材料の特色など

手足でたたくように描く

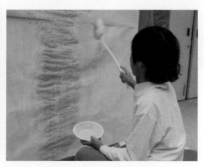

そうじ用スポンジで描く

2-14 絵の具に親しむ

を発見し，表現方法を獲得していく。

■ 色水遊び

透明の容器の中で色水をつくり，それらを使って造形遊びを展開する。色の三原色を基本色として，色水を混ぜることから，絵の具の混色を理解する手立てとする。混ぜる割合を工夫して色水のグラデーションをつくる。

色水を透かして光を感じる

① 透明プラカップに水を2分の1入れる。② 絵の具をチューブから1cmほど（小指の爪くらい）出してカップに入れる。③ 筆を使ってかき混ぜる。④ 色水を見比べる。窓際や晴れた屋外で透明な容器を通る光が，画用紙などの上に映る。光や色を感じる造形遊びへと展開できる。

ペットボトルでも同様の活動ができる。その際，炭酸飲料のペットボトルは側面に凹凸が少ないために，色の透過性をより楽しむことができる。その場で色水を混ぜて遊ぶ活動を展開することもできるだろう。

■ シャボン玉色水から発想しよう

シャボン玉はふくらましても弾けて消えてしまうが，絵の具を混ぜてシャボン玉色水にすれば，弾けた跡が模様になる。画用紙の上で思い思いにシャボン玉をふくらませ，弾いた色水の痕跡でできた模様から，様々に発想してクレヨンやパスなどで描く。3，4人のグループで四つ切り画用紙で描く実践は以下のとおりである。

① ストローの先に深さ2cm程度の切り込みを4ヵ所入れる。切り込みから外に折って広げる。② 紙コップに好きな色を1cm程入れる。② 食器用洗剤をスプーン1杯程度入れてストローでよく混ぜてシャボン玉色水をつくる。③ 切り込みをシャボン玉色水に浸して，画用紙の上で吹いて弾けるまでふくらます。しずくがたれないように，ストローを画用紙に近づけるとよい。④ 様々な色水の模様ができあがり，その模様から着想したアイデアをクレヨンやパスで描き加えていく。グループ制作は，個々の計画通りに進まない分，それぞれの思いを伝え合う機会になり，できあがりを見ながらその絵の制作過程を聴くことが重要である。（江村和彦）

シャボン玉色水で画用紙に色をつける

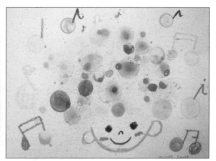
学生作品例「カラフルシャンプー」

第2章　絵画の学習

2-15　水彩画・アクリル画の表現

■ 面白さや綺麗さを見出す

　ここでは，水彩絵の具とアクリル絵の具を使った描き方の実例を紹介する。

　一般的には様々な水彩画およびアクリル画の技法書がある。子どもを対象にした指導書もある。人には個性があり，それぞれの持ち味がある。それを絵の具に託すことができた時，描く楽しさを感じるのである。

　水彩絵の具やアクリル絵の具で表現することが苦手あるいは嫌いであるという理由としては，筆に含ませる水の量が多いために起こる絵の具のはみ出し，たれ，にじみ，それに様々な色同士が混ざり合うということに違和感や不快感を覚えるという声がよく聞かれる。

　このような絵の具の現象は起こりうることであるが，あえてそれを失敗とはせず，絵の具の表情の面白さやきれいさを見出す方向で指導にあたった方がよい。

■ 苦手意識から絵の具の味わいへ

　水彩画では，水彩絵の具と紙（画用紙，水彩紙など）という関係で偶然起こる絵の具の表情も大切に扱いたい。アクリル画では，乾くと耐水性になるという特徴から，水彩画にはない「塗り重ね」を味わえる。それぞれの絵の具の特徴の違いを意識しつつ，描いていくような導きが必要である。

　水彩絵の具には透明水彩絵の具と不透明水彩絵の具があり，その他に子ども用の半透明水彩絵の具がある。これは絵の具を溶く水の量を調整することで，透明にも不透明にもできるようにしたものである。前述のような苦手意識をもたずに描くには，この半透明水彩絵の具を使うのもよい。透明，不透明，それぞれの特徴を兼ねそなえ，子どもには扱いやすい。例えば，水の量を調節することにより透明にも不透明にもなり，水を多く含めば，にじみやぼかしが可能になる。水を少なくして塗り重ねれば，下の色を覆い隠すことができるので，描きたい方向に近づくことができる。

　アクリル絵の具にも透明のものと，アクリルガッシュのような不透明のものとがある。

① 水彩（植物）

② 水彩（イメージ）

③ 水彩・アクリル（イメージ）

2-15 水彩画・アクリル画の表現

これらはちょうど透明水彩絵の具と不透明水彩絵の具のような関係である。

描く題材は,身の回りのもの,人物,動物,植物,風景をはじめ,想像によるものでもよい。

■ 水彩画とアクリル画の様々な表現

①は,植物をクローズアップして,その細かな葉の表情を描いたものである。透明水彩絵の具を多めの水で溶いて使い,ぼかしやにじみを生み出すことで植物の瑞々しさを描き出している。下塗りをし,乾燥させたあとで下地と混ざらないように上塗りを重ねている。それによって緑色の濃淡に深みを与えている。

②は,作者の趣味の世界をモチーフにして,さらに擬人化を加えて描いたものである。この作品は透明水彩絵の具を丹念に重ね,モチーフである猫の毛並みなど柔らかい表情を描き出している。それに対して画面下部の積木を不透明に塗り重ねることでシャープな表現に成功している。このように絵の具に含ませる水の量を変えることで質感の表現の違いにつながる。

③も擬人化した絵である。作者が想定した空間設定の中で,透明水彩絵の具を薄めに溶いてグラデーションをつくっている。繊細な色の移り変わりは,画面に奥行きを与えている。それに加えて,アクリル絵の具でやや濃い色を重ね合わせることにより,重厚感や存在感を増している。

④は,いわゆる淡彩と呼べるものである。画用紙の白地を最大限に利用し,場の空気を感じながら慎重に透明水彩絵の具を画面に塗っている。

⑤は,あらかじめ紙に水を含ませておき,その紙を机上に水平に置いて透明水彩絵の具をたらし込むように重ねたものである。偶然性に頼るにじみをつくりだしていく。

⑥は,アクリル絵の具で下塗りをし,乾くと耐水性になるという特徴を利用して,ヴェールを重ねるようにアクリル絵の具を重ねてできた作品である。単純な造形行為にも見えるが,奥行きを感じながら慎重に重なり合う色を選ぶ必要がある。

■ まとめと発展

指導上の留意点:絵の具によるにじみ,ぼかし,混ざり合いを失敗とするのではなく,独特の表現として価値付ける。

発展表現:どのようなテーマ設定も表現可能であるが,テーマやそれによって選んだモチーフ,構図を活かすような絵の具の使い方を心がける。(井坂健一郎)

④ 水彩(風景)

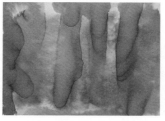
⑤ 水彩(イメージ)

⑥ アクリル(イメージ)

第2章　絵画の学習

2-16　絵の具を使って　絵手紙の制作

■ 水彩絵の具について

　水彩絵の具は，水で溶かして使う絵の具である。用具の扱いや手入れなどの難しい油絵の具に比べ，簡易で誰でも取り組むことができ，幼児教育から大人の社会教育まで幅広い需要がある。水彩は不透明水彩と透明水彩とに大別される。不透明水彩はガッシュと呼ばれる。中学校のデザインの授業で使われることが多いポスターカラーは，不透明水彩の代表といえる。透明水彩は水を加えると透き通った爽やかな発色となる。

　子どもの水彩絵の具との出会いの場面は，直接絵の具を手に付けて遊ぶ「ぬたくり」かもしれない。まずは，ぬるぬるした感触をしっかり楽しむことが肝要である。次に，水加減の調節に気を使うことのないスポンジペンで描き，そして筆へ移行していく。子どもにとって筆の先に付けた絵の具を画面に着彩していく活動は，簡単なものではない。用具の扱いに十分慣れることで自分の思いを表現することが可能になっていく。

■ 絵手紙の教育的意義

　ここでは，誰でも取り組みやすい絵手紙を取り上げる。心を伝える効果的な方法の一つである。絵手紙を美術教育で取り上げる意味は，具体的な相手に対する表現意識をもち，心を込めて描くことにある。伝えたいことがあり，伝えたい人がいて，伝えたくなるような表し方を見つけると，子どもはより感性を働かせながら絵を描き，言葉を添え，表現する喜びを味わう。絵手紙の教育的意義として，次の三つがあげられる。① 心を込めることは表現する上で最も大切なことであり，これは美術に限らず音楽的表現や身体表現など様々な表現にも共通する。②「へたでいい，へたがいい」というコンセプトは，絵に対する苦手意識をもった者でも，安心して取り組める。③ 実際に絵手紙を描くことを通して，そのおもしろさを実感し生活の中に絵手紙を取り入れることができれば，生涯学習としての美術へとつながる。

　実践例として，葉書（葉書大の画用紙）に描く絵手紙を取り上げたい。葉書の大きさは「これなら，ちょっと描いてみようか」という気持ちになれる。切手を貼って相手に送ること

絵手紙にチャレンジ

線描きを実践

作品例（線描き）

が容易であることも利点である。

材料と用具

モデル（植物や果物，貝殻など），葉書（葉書大にカットした画用紙），郵便番号枠のゴム印，丸筆（14〜16号ぐらい），墨汁，水彩絵の具または顔彩，消しゴム印，切手

絵手紙を描いてみよう

① 本来は和画仙紙に描くと，墨色，絵の具の発色がよくなるが，ここでは，日常的に使う画用紙を準備する。画用紙を縦14.8 cm×横10 cmの葉書大にカットする。四つ切画用紙から11枚カットできる。

② 文具店で市販されている郵便番号枠のゴム印を押す。

③ 伝えたい人，伝えたいことについて想像をふくらませる。絵手紙は，描き手の気持ちが重要である。伝えたいできごとや思いがなければ絵手紙にならない。心を込めることができれば，読み手に感動を与える。

④ 墨汁で線描きする。筆は，書道用の小筆か，画筆（先の尖る丸筆14〜16号ぐらい）を用意する。輪郭線や言葉をかくためのものと，着彩するためのものが各1本ずつあればよい。墨汁は水を少量加えて濃くなり過ぎないようにする。線描きは筆の一番上をつまむように持つと描きにくく，絵手紙らしくなり，画面からはみ出すようにすると迫力が出るなどと言われるが，これらにとらわれることなく自分らしさが表現できるようにしたい。

⑤ 心の言葉を添える。伝えたい思いを短い言葉にし，心を込めて描く。余白を埋めるように大きく描くとよい。

⑥ 水彩絵の具または顔彩で，線描きから少々はみ出すくらいに着彩する。水加減で濃淡を出したり，水彩絵の具特有のにじみやぼかしの効果を出したりすることで味わいが出る。

⑦ 落款（らっかん）は，消しゴムで自作のはんこをつくるとよい。朱肉で押すと画面がひき締まる。

⑧ 絵手紙はコミュニケーションである。実際に切手を貼って投函し，気持ちを伝える，通い合わせることが大切である。

まとめと発展

何枚か葉書に描いていくと，自分なりの表現が自由にできるようになる。自信が生まれてくれば，ぜひ大きな用紙にチャレンジしたい。（藤原逸樹）

作品例2（着彩）

作品例1（着彩）

第2章　絵画の学習

2-17　油彩画を描く　絵の具の使い方と心得

■ 油彩画の歩み

　油彩画の技法は15世紀にフランドル地方で確立された。その後，欧州各地に広まり，各時代において，視覚芸術の中心的な技法として発展を遂げてきた。19世紀中頃に，今日私達が使うチューブ入りの油絵の具が開発されることで，印象派のような戸外での制作が可能になり，やがてアマチュアなど多くの人々に開かれた画材となった。また幕末から明治にかけてわが国に移入されることで，新たなものの見方がもたらされた。すなわち描く対象を正確にとらえ空間的に把握しつつ事実に迫るという見方である。またその後19世紀末から20世紀にかけて欧米の美術状況の激変や，わが国では幕末から明治初年にかけて油彩技法が導入されて後，1世紀余りの時の流れを刻んで今日に至る。

■ 材料と用具

画　材：油絵の具，溶き油（乾性油と揮発性油），筆，パレット，ペインティングナイフ，油つぼ，ブラシクリーナー，画用木炭，フィクサチーフ（下絵定着液）
支持体：主にキャンバス
その他：イーゼル，道具箱，ボロ布，古新聞，石けん

　油絵の具は，顔料を乾性油で練り上げてつくられている。乾燥は遅く，成分や厚さにもよるが，表面で数日を要し，中まで固まるには10日以上かかる。油彩画を支える画溶液は，リンシードオイルなどの乾性油である。乾性油は顔料を画面に固着させる役割を担い，空気中の酸素に触れることで酸化し固化する。次に欠かせない画溶液はテレピンなどの揮発性油であり，絵の具の粘度を調節する役割を担う。

　なお，筆やパレットは使用後の手入れが欠かせない。特に筆は正しい手入れを怠ると，絵の具が固まり棒のようになってしまう。まず古新聞とボロ布で絵の具を十分に落とす。次にブラシクリーナーで絵の具を溶解する。筆についたブラシクリーナーをボロ布で拭って，最後に石けんと水を使い油分を取り除いて作業を終える。

■ 実践の展開

　油彩画の基本は「fat over lean：上により多くの油分を」で，乾性油と揮発性油の混合

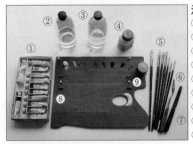

油彩画の各種道具
① 油絵の具
② 揮発性油
③ 乾性油
④ ブラシクリーナー
⑤ 筆
⑥ ペインティングナイフ
⑦ パレットナイフ
⑧ パレット
⑨ 油つぼ

① 「静物」
学生作品

② 「静物」
小学校5年生作品

比の変化を指している。すなわち，描き出しはほぼ揮発性油のみを用い描画の進行につれて「fat」すなわち乾性油の割合を徐々に高めていくことが原則である。

さて，油彩画の基本「fat over lean」は，描画対象と向き合い，ある程度長期間にわたって描き重ねる場合に必要な原則といえよう。例えば，①の作例は，教育学部1年次に設定した油彩画の基本を扱う授業で描かれた作品だが，次のような手順で制作が進められる。

a. スケッチブックで構想を練る。b. 画用木炭によるキャンバスへの下描きとフィクサチーフによる定着。c. イエローオーカー他，1・2色程度に絵の具を限定し，溶き油はほぼ揮発性油のみを用いたおつゆ描き。d. 絵の具の濃度と乾性油の割合を徐々に上げ，また絵の具の種類を徐々に増やしながらの描き込み。e. 完成。

②は，小学校5年生が描いた作品である。山羊の頭骨といった，日常生活では目にすることのない題材に向き合い，その特色を鮮明に描き表している。また，油絵の具をたっぷりとのせた伸びやかな筆づかいから，溌剌とした心が見てとれよう。

自分自身との対話という観点では③の作例を紹介したい。「表現主義」ないし「心象」によって自画像を描く，との課題で描かれた作品であるが，週1回，12週にわたる期間において毎回ほぼ全面的に描き直すという過程を辿った。まずは心の中を内観するように未分化な形態が浮かんでは消え，次いで画面中央に奇妙な小人のような姿が現れ，それもまた背後に退くとともに画面右上に母性のようなイメージが浮上して筆が置かれた。このような，心の中を幾重にもスキャニングするような探求ができるのも油彩画の特色といえよう。

まとめと発展

油彩画の大きな特色は，西欧に誕生し世界各地に広まり，かつ数百年にわたって主要な絵画技法であり続けてきたことにある。19世紀中葉に写真術が発明されることで重大な挑戦を受けるが，写真では写すことのできない生身の知覚，あるいは感情や想像力など新たな表現領域を切り拓いてきた。いずれにしても美術史に残る数々の名作は，表現に際し心と技が一体になった時の輝き，またその限りない多様性を示している。そしてそれは必ずしも力作や大作ばかりではない。④・⑤は，いずれも100号という比較的大きな画面であり，またその画風は異なるが，それぞれのやり方で，私（達）が「今，表したいものは何か」という問いに真摯に向き合っているように思う。発展の可能性は，いたずらに新機軸を求めることではなく，大画面に走ることでもないだろう。何よりも，描き手が自らに向ける問いの純度であり，そこに発見と発展が潜んでいる。（白井嘉尚）

③「日々，愛情をもって」
学生作品

④「静物―ひまわり」
学生作品

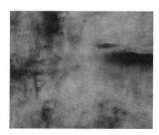
⑤「還る」
学生作品

第3章 版画の学習

3-1 版画の技法と材料 版画表現を楽しむ

　版画とは版による絵画制作であり，制作過程には絵画や彫刻，工芸的な内容を含んでいる。版画の原理は，版に絵を描き，刷り取ることである。版が介在することで作品の複製が可能となること，水彩や油彩の直接的な描写表現とは違う味わいをもつことが特徴である。モダンテクニックのデカルコマニーやスタンピングなど，容易に版表現の特徴を味わうことができる技法から，材料や設備などの手軽さを利点とする木版のように教材として広く実践されている技法もある。また，シルクスクリーンエッチングのように専門的な用具や技法を要し，工業的に活用されるものもある。多様な技法とそれによって生み出される表現は幅広い可能性をもっている。

■ 版の種類について

　版画は版の仕組みが違う4種に大きく分けられる。それぞれの特徴を次頁の図表に示す。
　① **凸版**：凸部にインクをのせて刷る形式。紙版画，木版画，スチレン版画，スタンピングなど。② **凹版**：版材をひっかくなどしてつけた傷，すなわち凹部にインキを詰め，プレス機を用いて刷る形式。エッチング，ドライポイントなど。③ **平版**：版材に凹凸をつけるのではなく，平らな面にインクなどで描かれたものをそのまま刷り取る形式。原画にそのままインクをのせて刷る。リトグラフ，モノプリント，ローラー版画，マーブリング，デカルコマニーなど。④ **孔版**：版材に図柄をもとに切りぬいて穴をあけ，その上からインクを刷り込む方法や，原稿を墨描きして感光剤を塗った絹やテトロン布の上にのせて，光を当てて感光させて穴をあける方法などがある。シルクスクリーン，ステンシルなど。

■ 版の材料について

　版の仕組みに応じた版の材料があるので，技法に応じて使い分ける必要がある。
　① **凸版**：木版には桜や朴の木，桂などに加えて，サイズの自由さと安価であることからシナベニヤも多く用いられる。木のように繊維の方向性がなく，均一な材質で彫り易いリノリウム版やソフトセラミックス版も用いられる。これ以外に紙や芋，スチロール版，粘土板など凹凸がつけやすい素材や，野菜などの切り口や容器のキャップなどの材料を直接用いる場合もある。② **凹版**：エッチングは，銅板や亜鉛版，アルミ板など，金属版の表面を加工し，腐食させたり直接彫って版とする。ドライポイントには取り扱いが容易な樹脂版が用いられる。③ **平版**：リトグラフは石灰石の板を用いるが，一般的に価格や簡便さから，亜鉛やアルミの板に特殊な表面加工したものを用いる。④ **孔版**：ステンシルではステンシルペーパーや柿渋を塗った型紙を用いる。シルクスクリーンには布目の大きさが各種ある絹やナイロンおよびテトロン，その他には，感光紙やニス原紙などがある。

3-1 版画の技法と材料

版種	凸版	凹版	平版	孔版
代表的な版画	紙版画 木版画	銅版画 （エッチング・ ドライポイント）	石版 （リトグラフ）	シルクスクリーン ステンシル
刷り方	バレン	凹版用プレス機	平版用プレス機	スキージー ヘラ
紙と版の関係				

版の仕組みと特徴

■ 版画用絵の具について

　版画用の絵の具やインクの保管の際は乾燥や異物が混入しないよう注意し，使用した用具は放置しないで速やかに絵の具やインクを拭き取り洗っておく。

　① **水性絵の具，水性インク**：主に凸版で使用する。水性絵の具は，顔料をアラビアゴムや膠，糊で練ったものであり，水溶性である。透明水彩絵の具，不透明水彩絵の具，ポスターカラー，アクリル絵の具，墨汁などがある。水性インクは速乾性があり，紙や布ににじみやすく目詰まりを起こしやすいので，専用の防止液を用いるとよい。② **中性インク**：水と不乾性の油が乳化した状態のインクである。乾燥の心配がなく作業が容易である。インクが付着しても洗いやすいので教材に適している。③ **油性インク**：凸版，凹版，平版，孔版に幅広く用いられるものから，それぞれにあわせた練り具合や顔料の密度，光沢などの特性を備えたものがある。小学校では，水性の絵の具やインクが使いやすい。

■ 版画紙について

　紙には，コウゾやミツマタなどの植物繊維で漉いた薄くて丈夫な和紙と，木材パルプ，コットンなどを主な原料とした洋紙に大別できる。紙の性質によっては同じ版で刷っても風合いが異なるため，その選択は重要である。

① **和紙**：教材用としては鳥の子紙や奉書紙が主として使われる。にじみ止めにドーサ液を塗布することを，ドーサ引きという。

② **洋紙**：薄手のものは凸版，厚手のものは凹版に適している。画用紙が一般的であるが，ケント紙や上質紙も技法によって使用できる。製造過程で松脂などを混入して，にじみ止めをしている。（堀　祥子）

第3章 版画の学習

3-2 紙版画の制作 技法と実践例

■ 紙版画について

　木版画は，彫刻刀による彫り跡の変化があり，魅力的な造形表現である。ところが，木の板を彫ることは，幼児や小学校低学年の子どもには適していない。凸版としては，木の板よりも厚紙の方が軟らかいので，木版画よりも紙版画の方が手軽である。紙版画では，貼り重ねた厚紙が凸の部分になり，そこにローラーでインクをつけて刷る。バレンなどでこすると，インクのついた部分が転写され，まわりの平らな窪んだ部分が白く残る。図案の発想，版つくり，刷りといった過程を通して，形の工夫，色のコントラスト，図案の左右反転，表面の表現効果（テクスチャー），複数印刷といった版画の特性を体験できる。

■ 材料・用具などの準備

　厚紙（片面がコーティングしてある白ボール紙が望ましい。適度に厚みがあると版になりやすくコーティングによりインクのつきがよい），ハサミ，カッターナイフ，カッターマット，木工用速乾ボンド，ローラー，インク（水性インクが扱いやすい），インクをのばす容器，版画和紙，バレン，新聞紙，乾燥スペース（乾燥棚），ぞうきん，技法や過程についての参考資料や作品，図鑑などの図案資料，インクで汚れても大丈夫な服装

■ 造形活動の内容

（1） 図案，版つくり

　いろいろな形の厚紙を重ねることで，版になることを理解する。台紙に貼ると版が安定する。厚紙を2枚準備して1枚に図案を描き，もう1枚は台紙にしている。モチーフは，動物・魚・人物・花・風景など形に変化があるものが適している。図案は細かい線描よりもコントラストを活かす面的なものがよい。図案の輪郭線にそって厚紙を切り，台紙に貼りつけて凸版にする。切るときはハサミを使い，くりぬく部分にはカッターナイフも使用する。インクをつけると描いた線は消えてしまうので高さの違いで表す。厚紙は数枚重ねても大丈夫である。台紙を自在に切って版全体の形を変えることも試してみたい。

（2）刷り

　版ができたら，ローラーでインクをつけて版画和紙に刷る。伝統的には黒色インクを使った白黒版画が多いが，数種類の色のインクを準備し，いずれかの色を選択できるようにするとよい。汚れるのであらかじめテーブルや床に新聞紙を敷いておく。トレー（樹脂などの容器）にインクを出してローラーを転がし，ローラーを使って版にインクをつける。塗り残しやインクの量に気をつける。インクの量が少ないと後でかすれるし，多すぎると細部が目詰まりする。刷る位置に留意し，版と版画和紙を合わせる。版画和紙はつるつるの面が表であり，裏面をバレンなどで力をいれて念入りにこする。頻繁に新聞紙を交換して，版画和紙の余白の部分を汚さないように心がける。

3-2 紙版画の制作

厚紙を貼り重ねた版

刷ると左右が反転する　凸部のまわりが白くなる

台紙を切り，版の外の形を工夫する

インクのつく所と白地との変化をいかす

🔲 留意点

　幼児や小学校低学年では，ハサミやカッターナイフを使う際に，発達状況や先行経験を考慮する。

　切ることに加えて，ボンドを塗り広げる，ローラーでインクをつけて版画和紙に刷るといった活動でも支援が求められるときがある。ティームティーチングなどを取り入れて人的な環境を整え，子どもの実態や個性に応じるようにしたい。

🔲 材料や技法の広がり

　厚紙に加えて，身の回りにある材料を貼り合わせると，コラグラフと呼ばれるいろいろな種類の材料を使った凸版画になる。貼る材料として，レース，ネット，波形ダンボール，麻，ひも，毛糸，和紙，プチプチシート（梱包用マット），落ち葉，ござなど，表面に変化があるものがあげられる。木工用速乾ボンドやメディウムを使って凸部分をつくることも可能である。表面の材質感の変化を工夫するようにしたい。具象表現から抽象表現まで個性的な表現を試みる，材料の収集や選択から取り組むといった展開になる。

　また，貼り重ねる凸版ではなく，カッターナイフやハサミで厚紙に穴をあけて，その形にスポンジや刷毛で色をつけて形を写し取ることで，孔版のステンシルになる。

　版画の場合には，複数回刷れる。そこで，大きな紙に並べて刷って共同作品にしたり，版画のカレンダーをいくつか刷り，校内や地域に飾るといった楽しみ方が考えられる。

（辻　泰秀）

第3章 版画の学習

3-3 木版画　一版多色刷り木版画の実践例

■ 実践のねらい

　木版画の下絵制作で身近にある凸凹した素材をフロッタージュ（写し取り）し，それを切り貼りしたコラージュ作品（貼り絵）を利用する。そのことで，絵画表現の「うまい」「へた」といったことに縛られることのない，個の表現を発揮できる下絵の作成とそれを活かした一版多色刷り木版画制作ができる。また，この方法で制作した一版多色刷り木版画の仕上がりは，自然とやや抽象に近い版画表現となる。このような制作活動から，子ども達が抽象表現を身近に感じる体験へとつなげたい。

■ 制作の手順

（1）　フロッタージュ（こすり出し）技法で素材を採集する

〔材料と用具〕身近にある凸凹した素材（葉の葉脈，板目，壁の凸凹，掲示看板文字など），クレヨン，薄手の紙

　自分の身のまわりの凸凹した物をさがし，凸凹した物の上に薄手の紙をのせて，その上からクレヨンで凸凹を写し取る（①）。クレヨンはなるべく横にねかせて弱い力で写し取った方がきれいに写せる。

（2）　フロッタージュ素材を切り貼りしてコラージュ（貼り合わせ）制作をする

〔材料と用具〕のり，ハサミ，カッターナイフ

　フロッタージュ技法で採集し，形にそって切り取った物を台紙の上で画面構成して，のりで貼る（②）。画面構成に際して，形同士の重なりなどに工夫をする。

（3）　コラージュ作品を下絵として一版多色刷り木版画制作をする

〔材料と用具〕版木（ベニヤ版標準判 225 × 300 × 4 ㎜厚），カーボン紙，鉛筆，彫刻刀，ガムテープ，不透明水彩絵の具，パレット，筆，バレン，黒い和紙（もしくは黒画用紙）

　a．**コラージュ作品（下絵）を版木に写す**：下絵を版木にテープで固定し，版木と下絵の間にカーボン紙を挟み込み，下絵の上から絵を鉛筆などでなぞり，下絵を版木に写す。下絵の中に文字がある場合は，刷り上がりが反転するので注意する。

① フロッタージュ技法で素材を集める

② フロッタージュ素材を切り貼りしたコラージュ作品

b．**彫り**：カーボン紙で下絵を写した線に沿って彫刻刀で彫る。線彫りの線を少し深く太めに彫ると，刷った際に黒く力強い線と，色面の対比が効果的に表せる。線彫りには，丸刀と三角刀を使って彫り進める。丸刀は，曲線を彫りやすく，柔らかい線を彫ることができる。また，広い面積を彫りやすい。三角刀は，直線的な線を彫りやすく，堅い線を彫るのに適しており，鋭い感じの細い線や点を彫ることができる。このように，彫りたい線のイメージに合わせて彫刻刀を使い分けられる（③を参照）。

下絵の細かい模様は，彫れる大きさに拡大したり省略した形に修正して彫り，クレヨンで写し取った下絵の線の特徴を活かして彫るとよい。彫りを行う際に，刀が進む方向に版を押える手を置くと，刀がすべった時に押えの手をけがすることが多いため，刀の前に手を置かないように注意を促す。

c．**刷り**：版木の一辺にテープで黒い和紙をしっかり貼る（何度も多色刷りを重ねるため，刷りの途中でテープがとれて版がずれないように注意する）。版木に彫ったパーツごとに絵の具をのせて，和紙を重ね，紙の裏からバレンで刷る。手首に力を入れ，やや体重をかけて，押えつけるように刷る。パーツごとに刷る工程を繰り返して，画面全面を刷りとる（④）。

〔注意点〕

刷りの際に，版には少しずつ絵の具をのせて刷る。版木が乾燥しているので，一度に広い面積に絵の具をのせるとかすれて刷れてしまうことがある。また，絵の具に少し白を入れると黒い和紙に刷った際の刷り上がりの色の明度が下がるのを防ぐことができる。そして，絵の具の水分が多いと，彫った溝に絵の具が入り，輪郭がきれいに刷れなくなるため絵の具の水分は少なめにしたほうがよい。

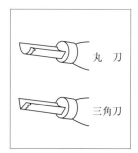

③　彫刻刀の種類

④　一版で何度も刷りを重ねる

⑤　一版多色刷り木版画作品例

鑑賞のポイント

完成した版画作品を鑑賞する際には，フロッタージュ技法で偶然に身近で発見した形の組み合わせや自分では思いつかないような形の面白さに注目する。また，木版画特有な絵の具のかすれやにじみの美しさや彫刻刀や彫りの違いによる線の多様な表現を見つけ，制作体験を通して気づいた版画表現の面白さやよさを，お互いの作品鑑賞を行う中で共有していきたい。（勅使河原君江）

第3章　版画の学習

3-4　銅版画・ドライポイント

■ 銅版画の魅力

　銅版画の魅力とは何だろう。それはまず繊細な線と，その集積によって深さや力強さが生み出される表現の幅広さといえるだろう。しかしその代表的な技法であるエッチングとなると，作業工程が増える上に，取り扱いに注意が必要な薬品を使うため，図画工作の授業で扱うことは難しい。ただ銅版画の技法の一つ，ドライポイントであれば薬品を使うことなく，また版材として樹脂板を使うことも可能で，教材として銅版画的な凹版の魅力の一端にふれることができるだろう。

■ 材料と用具

　銅版画技法は大きく直接法と間接法に分けられる。直接法は版面に直接，凹部を刻み込む技法であり，ドライポイントやメゾチントなどを含む。間接法とは腐蝕法すなわちエッチングのことである。間接法には，ベーシックなエッチング以外にもアクアチントなどの多様な技法が開発されている。

　ほぼ全ての銅版画技法に共通する材料・用具として，以下のものをあげることができよう。銅板（ドライポイントであればPETなどの樹脂板でも可），ニードル（鋼鉄の針），銅版画インクとゴムベラ（ローラーでも可），インク練り板，ウォーマー（柔らかいインクを使う場合は不要），寒冷紗，ボロ布，リグロインなどの溶解剤[*1]，エッチングプレス機とフェルト，版画用紙。また多くの銅版画技法で使われることの多い材料・用具としてはバニッシャー付きスクレーパーがあげられる。

　エッチングに必要な材料としては，上記に加え，（液体）グランド，黒ニス，平筆，濃度を調節した腐蝕液（硝酸あるいは塩化第二鉄溶液）[*2]，腐蝕用バットなどがあげられる。なおエッチングにはアクアチントほか，各技法ごとに異なる材料が必要になるが，紙幅の関係で割愛させていただきたい。＊1：部屋の換気に注意する。　＊2：廃液を下水に流すことは厳禁。

■ 制作の流れ

　まず直接法について述べる。ドライポイントは，銅板や樹脂板といった版材にニードルを用いて絵を刻み込む技法である。メゾチントは，版面に無数の点を刻むベルソーといった用具を用い，きめ細かなささくれを全面に施し，それをスクレーパーなどの用具で凹凸を制御することで階調の変化をつくり出し，絵を描く技法である。

　間接法すなわちエッチングは，硝酸や塩化第二鉄といった腐蝕液を用い銅板などの金属板に作用させ製版する技法である。その制作の工程は概ね以下のとおりである。

① 　金属板の裏面を黒ニスや塩化ビニールシートなどで覆うことで防蝕性の皮膜をつくる。そして表面をよりデリケートな防蝕性のニス，すなわちグランドの皮膜で覆う。

② 　下絵をトレーシングペーパーに転写し，裏返して，カーボン紙を用い版面に写す。

③ 　製版としての描画は，版を刻むのではなく，ニードルをグランドに当てて線を引き，

銅板を露出させるだけで足りる。

④　一通り描き終えたら版を腐蝕液に入れ，求める深さ・太さの線が形成されるまで腐蝕する。

⑤　腐蝕終了後は十分に水洗いし，リグロインなどの溶解液を使ってグランドを落とす。
刷りの工程における最初の作業は，版にインクを塗りつけることと余分なインクを拭き取ることである。固く練られた銅版画インクを塗りつけるために，版を温めるウォーマーという器具の上で作業する。

⑥　版面にゴムベラなどでインクを均一につけた後，寒冷紗を使って粗拭きする。次にウォーマーからおろし，版を冷ましインクを固くしてから寒冷紗を代えて仕上げ拭きをしていく。寒冷紗はよく揉んで手のひらに収まる程度にまるめ，その表面は皺がないように整える。また適宜，新しい寒冷紗に替えていく。

⑦　プレス機については，あらかじめフェルトをセットし，プレス圧を調整しておく。次いで，拭き取りを終えた版をプレス機のベッドプレートに置き，その上に湿らせた版画用紙をのせ，フェルトを重ね，プレス機を通すことで版面のインク，すなわち画像を写しとる。

⑧　より複雑な画面を求める場合には，それを試し刷りとし，版面にグランドを施して加筆し，さらに腐蝕，試し刷りをくり返し，完成度を高めていく。その他エッチングには，アクアチント（面的な描画技法），ソフトグランドエッチング（物のテクスチャーを写しとる技法），ディープエッチ（版面に劇的な凹凸をつくり出す技法）などがある。またそれら技法を適宜組み合わせることで豊かな表現を生み出すことができる。

美術史と銅版画

銅版を主流とする金属彫刻凹版画は15世紀中頃に始まり，1510年代にはデューラーが一連の傑作を生み出した。その後も，17世紀のレンブラント，18世紀末のゴヤなどによってさらなる幅と深みが与えられた。19世紀には実用的な印刷術としての役割を終えるが芸術的な版画技法として命脈を保ち，20世紀に入るとピカソなどの近代美術の巨匠が探求心と情熱を傾けて新たな表現を切り拓いていった。わが国でも長谷川潔など，国際的にも評価の高い版画家は少なくない。そのように，銅版画が美術史に残した貢献や足跡についても関心を高めたい。（白井嘉尚）

ドライポイント
小学校専門図画工作
課題学生作品

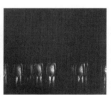
メゾチント
「無題」学生作品

エッチング
「無題」学生作品

アクアチント
「沈相」学生作品

ディープエッチ
「ツタの木」
学生作品

第3章　版画の学習

3-5　孔版画・平版画　ステンシルとデカルコマニーなど

■ 孔版と平版を楽しむ

　孔版は，版にあけた穴を通して，紙面にインクや絵具を刷り込む版画技法である。版には，紙や絹，金属板などが使用される。シルクスクリーン，謄写版，ステンシルなどがある。ここで紹介するステンシルは,穴をあけた型紙を使って図柄や文字を写す技法である。型紙の考案や，その使用法の工夫を通して，多様な形や色彩の組み合わせが生まれる。実践を通して，発想・構想する力を養うことにもつなげたい。

　平版は，凹凸がない平らな版で転写する版画技法である。石版画，オフセット印刷，デカルコマニーなどがある。デカルコマニーという技法名は，「転写する」という意味のフランス語（décalquer）に由来している。紙に絵の具をたらしてガラス板などを押し当てるか，紙を二つ折りにして，絵の具が押しつぶされてできる偶然の形や色彩の濃淡を楽しむ。デカルコマニーによってできた偶然の図を見て，自分がどのように感じたかを認識することで，自分のイメージをもつことや，色や形について思考する力を育むことができる。鑑賞活動では言葉とのかかわりを大切にして，できあがった図をもとにコミュニケーションをとると面白い。浮かんだイメージを言葉にして自分の思いを話したり，友達と何の形に見えるかなどについて話し合ったりしてみよう。

■ 技法ごとの材料と道具

ステンシル：水彩絵の具，ステンシル用の筆やスポンジ，ハサミ，カッターナイフ，カッターマット，型紙となる画用紙や厚紙，鉛筆，パレット，筆洗など

紙型のシルクスクリーン：シルクスクリーン用のインク，スキージ，ハサミ，カッターナイフ，カッターマット，専用のシートまたは紙，画用紙や布など

デカルコマニー：画用紙，水彩絵の具，パレット，筆など

■ 技法の実践

（1）ステンシル（孔版）

① 図案を考案し，型紙となる画用紙や厚紙に下描きをした後，ハサミやカッターナイフで切り抜く。型紙の下に着色する画用紙を敷き，ステンシル用の筆やスポンジに水彩絵の具をつけ，型紙の上から切り抜いた部分をたたくように着色する。

② 型紙を重ねたり，つなげたり，並べたり，ずらしたり，組み合わせたりして楽しむ。

　→　　→　　→　

①　　　　　　　　②　　　　　　　　③　　　　　　　　④

ステンシルの制作

③ 同じ型紙を使っても使用する色彩を変えることで，多様な組み合わせが生まれる。

④ 力の入れ具合や，たたく回数で，色彩に濃淡などの変化をつけることができる。

(2) 紙型のシルクスクリーン版画（孔版）

① 専用のシートや紙を切り抜き，型紙をつくる。型紙の下に着色する画用紙や布などを敷き，型紙の上にはスクリーン枠をのせる。

② スクリーン枠にインクをのせ，スキージでインクを引いて刷る。

① → ②

シルクスクリーン版画の制作

(3) デカルコマニーの実践（平版）

① 用紙に水彩絵の具をつける。このとき水彩絵の具は，チューブを持ってたらしてもよいが，絵の具1：水1程度に混ぜて使用すると乾燥後，ひび割れを起こしにくい。画用紙を二つ折りにし，紙の中の絵の具を延ばすように手のひらでしっかり押さえる。

② 画用紙を広げる。絵の具が押しつぶされてできる偶然の形や色彩の濃淡を観察する。

③ 偶然できあがった形や色彩を利用して，自分なりの見方で見立て，外側を切り抜いてみる。

④ 自分なりの感じ方や見え方について友達と話してみる。

 →  →  →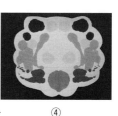

① → ② → ③ → ④

デカルコマニーの制作

版画を通した体験と学び

ステンシルの活動では，発想から構想を練り作品が完成するまでの間，型紙の考案や着彩などの試行錯誤をする段階があり，作品の最終的な仕上がりを想像しながら構成を探求する過程がある。その制作の過程で周りの友達の作品と見比べ，友達と工夫した点や表現について話し合うなどして，良さを学びとり，自分の表現に活かすことにつながる。デカルコマニーの活動では，偶然によってできた図案を通して，自分の感じた思いを広げ，感じたことを言葉にして友達に伝え合う活動を促すのもよい。そのような対話による体験が，自分なりの見方を探しだすことへとつながる。

ここで紹介した事例のほかに，孔版・平版，それぞれの特徴を活かした版画表現を楽しむことができる。実施しやすいものとして，モノプリント（平版）などもあるので試してみるのもよい。

（水谷誠孝）

モノプリント

3-6 スチレン版画の制作 技法と実践例

■ スチレン版画について

　版画表現の手軽な材料として，スチレンがある。スチレンは発泡スチロールのような材質で，通常はボード状で表面が滑らかになっている。生鮮食料品のトレーなどに使われている。版画教材用のスチレンを準備する，または，トレーの底をリサイクルで使う。油性のペンで線を描いて，先のとがったものでひっかく，刻むことで表現する。材料が軟らかくて加工しやすいが，木版画ほど繊細な線にはならない。彫るというよりもへこます感じに近いときがある。版をつくって写す体験や版遊びに適している。カッターナイフを使って版全体の形を変えたり，材料をくりぬくこともできる。

■ 材料や用具

　スチレンボード，油性ペン，カーボン紙，先のとがったもの（ニードル，粘土ベラ，カッターナイフ，デザインナイフ，彫刻刀，フォークなど），版画用の水性インク，インクをのばす容器，ローラー，バレン，版画和紙，新聞紙，手拭き用の古タオル

■ 表現の方法

　(1) 図案の工夫

　どのような図案にするのかを工夫する。直接スチレンボードに油性ペンやボールペンで線を描く。成分によって，油性ペンで描いた部分の表面が少し溶ける，ボールペンの線が版画インクと一緒に転写されることがある。上質紙に図案を描いておいて，カーボン紙で図案を転写する場合もあるが，淡い状態にしか線が写らない。淡い線や筆圧によるわずかな窪みをたよりにしてひっかくことになる。ボールペンや鉛筆の筆圧によっても，スチレンボードの表面が少し窪んで，刷ったときに線が浮き出る。

　(2) 版づくり ―線を刻む・ひっかく―

　スチレン版画は，木版画や紙版画と同様に凸版である。ニードル，カッターナイフ，粘土べらなどの先がとがったものを使って，線をひっかくことで表す。ひっかき方によって，線の跡や表現効果が微妙に異なる。ひっかいた線の部分が窪んでインクがつかなくなるので，刷ると紙の白地がそのまま出る。ひっかかないで残した部分にはインクがついて転写される。大きな部分を白地にしたいときには，カッターナイフで切り取ってインクがつかないようにする方法がある。ペットボトルのキャップなど輪郭線を型取りできそうなものをスチレンボードの上において押さえつけると，へこんだ形が線として残る。

　(3) 刷り ―ローラーとインクによる転写―

　必要な部分をひっかけたら，ローラーでインクをつけて刷る。版画和紙のツルツルの表面の中央付近に位置を合わせて，手で押さえて刷る，または，紙を裏向けてバレンでこする。スチレンでは，版自体が水分を吸い込むことがないので，比較的刷りやすい。ただし，版画インクのかわりに絵の具を使うと，乾燥が早くスチレンボードと紙とがくっついてし

3-6 スチレン版画の制作

まう。ひっかき方やインクの選択によって，表現上の違いや個性が出てくる。作品を並べて，それぞれの創意工夫を発見したい。

スチレンの版とひっかく用具

スチレンの版（上）と
版画和紙に刷った作品（下）

版（上）と作品（下）
模様や抽象表現

版（左）と作品（右）
色味と白地の対比をいかす

■ スチレン版画の広がり —パズル版画やスタンプ遊び—

　いわゆるパズル版画では，スチレンボードをカッターナイフでジグソーパズルのように自在な形に切る。ただし，小さな部分をつくりすぎると，刷るときに大変である。一つひとつの部分をひっかき，刻む。版ができたらローラーでインクをつけて刷る。部分に分かれているので，それぞれの部分につける色を変えると，色彩的に面白い。スチレンボードを切り離す前の位置にもどすだけでなく，刷るときに各部分の方向を変える，一度刷った所に別の色や形を重ねるなどの試みができる。

　手のひらサイズ位のスチレンボードを準備して，図案にそってカッターナイフやハサミで切り取って形を調整し，ひっかくことで手作りのスタンプになる。いろいろな形のスタンプをつくってインクをつけて転写をすると，スタンプ（版）押し遊びができる。（辻　泰秀）

いろいろな形，表面（デコボコ），色を
パズルのように組み合わせて表現する

第4章 彫刻の学習

4-1 粘土の感触　土遊びから造形へ

■ 粘土の感触をみんなで楽しむ

　粘土の素材としての特徴は可塑性である。粘土を握ると,指あとを留めたままの形を保っている。それは力が弱くても容易にできるため,幼児期から粘土は造形遊びや制作の場面で多く使われてきた。粘土は指先,手のひらだけでなく足など全身を使って感触を楽しむことができる。また可塑性は,何度もやり直すことに適している。本実践のねらいは,大きな塊の粘土で全身を使ってダイナミックに遊ぶとともに,繰り返し粘土に触れる中で,素材の特長を感じて発見することである。また共同で遊ぶことの楽しさを味わう。

粘土をみんなで楽しむ

■ 材料と用具

（1）土粘土

　材料である土粘土の種類は様々である。近隣で採れる土を使用することは,地域について知る機会にもなる。天然の土を原料とした土粘土を用いる場合,彫塑用や陶芸用粘土を使用する。20 kg単位以上で大量購入しておくとよい。本実践では,信楽白土を使用した。

（2）用具

ブルーシート：大きな空間での粘土遊びを展開するために,屋外,体育館や多目的室,教室などを活動の場所にするために,ブルーシートを準備する。ガムテープなどでずれたりしないように固定することも,忘れてはならない。

切り糸：粘土を切り分ける道具として,建築用の水糸を加工した切り糸を使っている。50 cmの長さに切った糸の両端をタオルの切れ端などで巻き,握る手がかりとする。

切り糸

■ テーマにみんなで取り組む

（1）ねんどとあそぼう―ひたすらながく,ひたすらたかく―

〔導　入〕① シートを敷いた空間に,グループごとに座った中央に粘土の塊を置く。② 子ども達が持てる重さの粘土を渡し,床に落としてみる。手や体全体で粘土の大きさ

や重さを感じとる。③ 手でたたいたり，足で踏んでみる。飛び跳ねたり，広がった粘土を丸めて筒状にして遊ぶ。各々が自由に粘土で遊ぶ時間にする。

〔ひたすらのばす〕 ④ グループごとに粘土を同量置いて，合図とともに粘土をひも状に延ばしていく。子どもの親指の太さの1本のひもの輪にしていく競争をする。早く細くするために，工夫を凝らしていく。大きい輪，形の面白い輪などそれぞれのグループのいいところを取り上げる。⑤ 一旦，グループごとに粘土をまとめて，塊にする。⑥ グループごとに切り糸を配り，粘土の塊から切りだしていく。大きな塊から共同で細かく粘土を切ることを楽しむ。⑦「ひたすらたかく」細かく切った粘土を積み上げて，グループの中で，どこが一番高く積みあげられるかを競う。

ひたすらのばす

切り糸で粘土を切る

ひたすらたかく

■ 「みんなで遊ぶ」から「個の制作」へ

いきものをつくろう

土粘土を大量に使って広い空間で遊ぶ体験は，粘土が子ども達にとってそれまで以上に身近に感じる機会になる。図工室の机の上の表現から飛び出し，全身を使って友達と共同制作を行うことは，表現意欲の土壌を豊かに養うことになる。それらの経験からつくり出される制作物は，生き生きとして，イメージをのびやかに表している。全身を使った粘土の造形遊びを経験した後の発展制作を考える。「どうぶつさんだいすき」として，ひとり1kgの土粘土で思い思いの好きないきものをつくる。飼っているペットや魚，ザリガニ，恐竜をつくる。伸び伸びと制作した作品は，乾燥させた後，素焼きを経て色釉を施して，本焼き焼成を行う。色釉はどうぶつの凹凸に入り込み，ディテールを際立たせて「いきもの」のいきいきした表現を留めることができる。（江村和彦）

作品例「ワニ」

作品例「恐竜」

第4章 彫刻の学習

4-2 粘土でつくる1　土粘土でケーキをつくる

子どもは土粘土が大好き

　子どもは土や砂を手で触ることが大好きである。砂場では山をつくりトンネルを掘り，川に水を貯めてダムをつくるなど楽しみながら想像力を働かせている姿が見られる。泥団子づくりでは，土選び，水加減，形成，乾燥，磨きなど陶芸家か，あるいは科学者のように目を輝かせて追求する姿が見られる。このような遊びが粘土でつくる基盤となる。

土粘土遊びの様子①

　粘土でつくる表現は直接手で触ってつくる活動であり，ここに大きな意味がある。美術は視覚芸術であるが，触るということを考えると触覚を伴った芸術とも言える。視覚特別支援学校に通う子どもの作品を見たことがあるだろうか。わずかな視力と手の感覚でつくり上げている。

　そもそも粘土は土であるが，土粘土は，紙粘土などの粘土と区別するために「土粘土」と呼んでいる。粘土の中で最も手触りがよく，可塑性に優れ，子どもに最良の素材である。ときにはシートの上に大量の粘土を出して，裸足になるようなダイナミックな活動も計画したい。

　土粘土を使ったケーキづくりは，どの学年の子どもでも楽しむことのできる題材の一つではないだろうか。友達の誕生日に合わせて大きなデコレーションケーキを共同制作する題材や，パティシエのごとく技術を駆使してショートケーキやロールケーキ，カップケーキなどをつくる題材が考えられる。

土粘土と用具

　材料は一人分の土粘土1～2kgを準備したい。学年の実態や学習のねらいによって量を考慮したい。土粘土は彫塑用粘土が粘りが強く，のびがよく，ベタつかない。信楽粘土がよく使われている。色は白っぽいものや黒っぽいものなどがある。

　用具は，粘土板，切り糸，のし棒，粘土の水分を調整するための霧吹きや湿布用タオル，粘土ベラ各種，クッキーの型抜き，空き容器，型を押しつけるための塩ビパイプや油性ペ

土粘土遊びの様子②

土粘土遊びの用具

ンの蓋，作品を置くための紙皿などを準備したい。

◼ ケーキづくり

　購入したばかりの土粘土は既によく練られているので，袋から出して直ぐに使うことができる。しかし，使用した土粘土は乾いて硬くなっている可能性があるので，事前に柔らかさを確かめ，ちょうどよい水分量になるよう練っておく必要がある。

　「ケーキづくり」は，土粘土を団子状にする，ひも状にする，薄く延ばす，くぼませる，つまみ出す，引っかく，くっつけるなどいろいろな技法を楽しみながら体験できる題材である。数人のグループでアイデアを出しながら，大きなデコレーションケーキを共同制作する題材も考えられる。

　小学校低学年の段階で活動の多様性を期待して，数種類のヘラやクッキーの型抜きなどの用具を提示すると，子どもは，それらの用具を使って切ったり，型抜きをしたり，押しつけて跡をつけたりする活動に終始する可能性がある。ヘラや型抜きなどの用具の扱いに気を取られてしまい，粘土の本来の量感（volume）のある造形を楽しむことができない。はじめは，自分の手指でしっかり触り，手指で形づくる活動が大切である。活動の様子を見ながら，必要に応じて各種の粘土ベラやクッキーの型抜き，型を押しつけるための塩ビパイプや油性ペンの蓋などを提示したい。

　「どべ」は，粘土を水でとかしてどろどろにしたもので，粘土同士を接合させる接着剤として使用する。どべを付ける部分には，ヘラなどで傷をつけ，筆でどべを塗って1～2分してから接合すると，一層丈夫になる。これは，小学校高学年ぐらいの段階から取り組むことのできる技法であると考える。また，パティシエのようにケーキの表面に塗るクリームとしてどべを使うこともできよう。

　土粘土は焼成しない限り，保存はできないので，写真を撮り，鑑賞活動が終わると元にもどす必要がある。リンゴ大の大きさに丸めて，清潔なタオルで湿布して厚めのビニール袋などに入れて密封しておけば，次回使いやすい。

◼ まとめと発展

　粘土による表現の魅力は，量感の豊かさや比例（proportion），均衡（balance），動勢（movement）について体感できる点があげられる。そこで，もう一つの題材として「地域の守り神」を提示したい。狛犬やシーサー，スフィンクスなどを例に，子どもがそれぞれのイメージをふくらませながら考えに合った守り神をつくり上げていく。これは「ケーキづくり」同様，様々な技法を駆使してつくる活動も期待できる。（藤原逸樹）

土粘土のケーキ

実技研修会の作品

第4章　彫刻の学習

4-3　粘土でつくる2　テラコッタ，加工粘土

■ テラコッタについて

　テラコッタは，イタリア語で「焼いた土」を意味し，一般的には粘土を約700〜1,000℃で焼成した「素焼き」の総称である。テラコッタの技法は，泥塑が発展したものであり，有史以前から人間にとって最も身近な造形物を得る手段であった。素焼きの造形物は，縄文・弥生時代の土器や埴輪などにも見られるように，古くから土で形成したものを天日干しし，火灰に入れ焼き固めていた。秦の始皇帝の陵墓である兵馬俑や古代エトルリアにおける「夫妻の寝棺」などは，世界的な秀作である。

　テラコッタは，石や木などのカービング素材のように，材料の大きさに制約を受けず，可塑性の高い粘土を素材とすることで，表現の幅や様々な技法も生まれてきた。テラコッタは，粘土へ直接的に働きかける表現方法であり，刻々と変化する粘土のデッサンを焼成することで固定化し，瞬時に実材作品を手に入れられる方法として発展した。本制作の前段階としてつくられる予備的模型を焼成し，様々な方向から形を確認，検証しながら制作が続けられるのも，この素材の利点である。

　テラコッタの作品は，素焼き特有の優しげな色や土そのものがもつ美しく柔らかな肌合いを見せる作品から，様々な描画材で着色された作品など数多く制作されているが，近年では，彫刻領域から生まれたテラコッタと工芸領域の陶磁器の手法が融合され，施釉し高温焼成した，新しい感覚のセラミックアートと呼ばれる作品も登場している。

高度なテラコッタ技術（夫婦の寝棺）

出典：後藤茂樹編，原色世界の美術 第4巻 ヴァチカン美術館ほか，小学館，1969，p.122.

■ 材料と用具

　テラコッタは，一般的に鉄分の多い赤茶色，黄土色，灰褐色などの粘土を使う。適度な粘度のあるものが扱いやすく，耳たぶ程度の軟らかさに調節するとよい。焼成時の割れや収縮を押さえるために，シャモット（粘土を高温で焼成し，粉砕した粉状のもの）を練り込み，粘度を調整する。作品の厚みが不均一であると，乾燥の際に形が歪み，割れ，剥がれが生じるので，時間をかけて徐々に乾燥させる。粘土は焼成の際の気化膨張による破裂を防ぐために，しっかりと練り込み，使用前に空気を抜いておく必要がある。耐火度の高い粘土を低温焼成すると，白色や灰色，ベージュ色になるが，テラコッタの粘土は，焼成すると暖かな赤褐色の色目に焼き上がるものが，古くから好まれている。テラコッタ彫刻は粘土や焼成温度・時間，かまなどの諸条件によってでき上がりの色彩が変化するので注意したい。自分で採取した粘土を使うと楽しさもふくらむので，自然の粘土を使ってみるのも面白い。

　テラコッタの原型を乾燥させ，焼成すると約7〜10％収縮する。焼成後の作品は，原型よりひとまわり小さなものになるので大きさを考えながら，作品をつくるとよい。

4-3 粘土でつくる2

焼成前のテラコッタの内部
「TU1505 ブラック，仮面」，
北川宏人，2015.

着色されたテラコッタ
「荒木真琴」，北川宏人，
2010.

テラコッタの首像
「翠」，佐善圭，2004.

◼ 制作方法

　テラコッタは作品の内部を空洞にしておく必要があるため，作品の大きさや形状により「手捻り」「型込め」「芯抜き」などの技法がある。

　「手捻り」は，陶芸の技法とも共通している。その中で「玉作り」は，粘土の塊の中央に指でくぼみをつくり，延ばしたり押さえたりして，次第に周囲の壁を薄くしながら形成する方法であり，「ひも作り」は，粘土をあらかじめひも状に延ばし，中央に空洞をつくりながら，螺旋状に積み重ねていく技法である。「輪積み」は，リング状の粘土を重ねて形成する技法であり，ひも作りや輪積みは，大きな作品を制作するのに有効的な技法である。「板作り」は，粘土を薄い板状にし，円筒型や円錐型に丸めて形成する技法である。子どもは「手捻り」でつくると失敗が少ない。

　「型込め」は，彫刻原型の雌型を石膏やシリコンなどでつくり，乾燥した雌型に粘土を貼り込む。その後，粘土が半乾燥したところで雌型から粘土原型を外す技法である。「芯抜き」は，彫刻をつくる際に支持体となる芯材を制作後に取り去る技法である。発泡スチロールは，抜き取ったり溶かしたりして空洞を確保し，紙芯などはそのまま焼成して空洞を確保する。

◼ まとめと発展

　かまによる焼成だけでなく，薪ストーブや七輪，ドラム缶などを使い簡単に焼成することもできる。また，焼成に一昼夜かかるが，野焼きでテラコッタを焼成すると，火の勢いや煙の臭いとともに子どもにも印象深い思い出の作品となる。(佐善 圭)

小学校 テラコッタ粘土
での制作

素焼き焼成後のかま

第4章　彫刻の学習

4-4 粘土でつくる3　紙粘土による作品づくり

◾️ 紙粘土という素材

　現在，紙粘土といわれるものには，様々な種類が存在する。パルプやタルク・炭酸カルシウムなどが成分であるパルプ系粘土のほか，樹脂系粘土パルプ系粘土に石粉を混ぜ合わせた石粉粘土，パルプ系粘土と使い勝手が似ている木粉系粘土，などがあげられる。どこまでを紙粘土と分類するか難しいところだが，いずれも乾燥後の保存，着彩もしくは加工しやすい材料といえる。粘土作品の保存において，土粘土は焼成が必要であり，油土は保存が不可能に近い。子ども達の瞬間的表現がそのまま残る点において，紙粘土は優れているといえる。ただ，様々な種類の紙粘土は，使い勝手や表面処理方法・収縮やひび割れがそれぞれ違う。使用目的や表現にあった材料選びが大切である。

　そこで，紙粘土の中でも使用してみて面白い材料であった「超軽量紙粘土」を取り上げる。この紙粘土の特徴は，名前のごとくとても軽量であり，乾燥後も少しの弾力性が残り，破損しにくい作品ができる。また，非常に伸びがよく，接着性にも優れている。直接絵の具を練り込むことで色粘土として楽しむこともできる。この粘土の特徴を活かしながら作品を表現していく。

　そして，この超軽量紙粘土を使用する目的として，「感触を楽しむ」ことにも重点を置きたい。材料の特性・魅力として，とても気持ちいい感触があり，心に影響する素材と考えられる。心の解放による自己表現の広がり，感覚的感動から生まれる造形活動の本質と向き合える機会となることをねらいとする。

◾️ 材料と用具

　教材として存在している超軽量紙粘土はたくさんある。その一つ一つの特徴が微妙に違う。いろいろと試してみて，使用する超軽量紙粘土を選ぶとよい。筆者が使用するものは，伸びと接着性に優れたもので，重量150ｇ，容積約400 mLと表示がある（これも種類によって様々である）。とても気持ちいい感触の材料であるが短所もある。土粘土による彫塑表現は，粘土をつけたりとったり，徐々に肉付けをしながら量感を表現し，表面を整えていくことが可能である。しかし，今回取り上げた超軽量紙粘土は，それに向いていない。伸びや接着性を活かした表現，パーツごとにつけていく表現が得意な材料といえる。

　色粘土をつくるための水彩絵の具，接着を補うための木工用接着剤，芯材としての針金やアルミ線，ペンチや粘土ベラ・ツマヨウジなどを用意する。

◾️ 超軽量紙粘土による作品づくり

　いくつかの題材事例を紹介する。

（1）芯材を使用した立体表現

　針金やアルミ線を使用し，芯を制作する。芯の形や大きさに工夫が必要である。芯材としては柔らかくて加工がしやすく錆びない素材であるアルミ線が優れている。強度が必要

な箇所は太め(2.5〜3㎜)のアルミ線を使用するとよい。紙粘土が乾燥し，固まれば芯材が柔らかくてもさほど支障はない。

手のひらや粘土板の上で転がせば滑らかな表面が得られる粘土だが，芯材につけていく工程では，やはりその表面は得難い。いくつかの色粘土をつくって，貼り重ねていくことで面白い表現につながっていく。

(2) スウィングフィッシュ

軽量である材料の特徴を活かして，細いステンレス棒の先でゆらゆら浮遊する作品を制作する。

土台となる木材に穴をあけ，直径2㎜のステンレス棒(長さは自由だが，長すぎると折れるおそれがある。ここでは約30㎝)を挿す。棒の先には，2㎜の穴を途中まであけた小さな木片をつけ，そこにアルミ線などで芯をつける。木片をつけることにより，棒の先から作品が落ちないようになる。芯材と木片に粘土をつけていく。バランスを考えながら制作を進める。

(3) 様々な素材をコラージュしたレリーフ

木板材やスチロール材をベースにして，超軽量紙粘土をはじめ，様々な素材をコラージュしてレリーフ作品を制作する。各素材をつける接着的用途や，色粘土による描画材的用途として，超軽量紙粘土の魅力的特徴が発揮される活動となる。

素材の特徴を楽しみながら

超軽量紙粘土の特性や魅力を考えながら，造形活動や表現を進めていく上で，感触を楽しみながら，心の解放による感動や興奮，つくりたい衝動が生まれていくことをねらいとした。色粘土による混色や重色，マーブリング模様を楽しむ機会にもつながる。

今後，たくさんの子ども達が素材を楽しみながら制作する共同作品や大きな作品づくりに発展することにより，人とのかかわりや理解，協力する気持ち，他者の表現を受け入れ尊重できる心が育まれると考えられる。

(小島雅生)

芯材を使用した立体表現
小島雅生，2011.

「スウィングフィッシュ」
小島雅生，2013.

様々な素材をコラージュしたレリーフ
小島雅生，2006.

4-5 実物にせまる 写実的な立体表現

■ 量の構成とそこから生まれるイメージ

彫刻（彫塑：sculpture）とは，石などの硬い素材を削ったり（彫造：carving），粘土などの可塑性のある素材を盛りつけたり（塑造：modeling）して，量で表現する芸術領域である。扱う素材や作品は，視覚だけでなく触覚や身体感覚を通し，物理的な存在として知覚される。したがって，公教育での本領域の特徴の一つは，材料の特徴を触って感じとったり，ものの大きさを体の動きによって感じたり，形のもつイメージを実感を伴ってもてたりすることなど，いわゆる実在感にある。他にも，様々な方向から見て考えることが求められるため，多角的な視点での高度な構成力，空間における造形的思考力，プランニング能力などの発達が期待できる領域である。

本実践では，彫刻の表現手法の中でも，写実に焦点を当てる。写実とは，ありのままの対象を写すことであるが，対象物と同じ外形のものをつくる模刻とは一線を画する。対象の外形だけでなく，内部構造や温度，匂い，音，心など様々な要素が集約されてこそ，「ありのままの対象」につながる。そのため，対象と作品への十分な働きかけ（観察や思考）が必要となり，前述の能力以外にも，観察力，洞察力（構造をとらえる力），造形原理などについて深く学ぶことができる分野である。

本実践のねらいは，特に造形原理「量の構成とそこから生まれるイメージとの関連」にある。外形描写に終始せず，量の構成（形状の種類，寸法，位置，方向，組み合わせ）によって形のイメージが変化することを，対象の表層や構造の見え方や，作品の量を試行錯誤することから学んでほしい。実践の対象は，小学校中学年以上である。

■ 材料と用具

塑造用粘土（粘性や可塑性のバランスが良いもの），制作台（板，回転台），心棒（粘土のみで自立しない場合は，木や針金などで組む），塑造用ヘラ，霧吹きやビニール袋（粘土の水分保持・調整），対象物（造形原理を学べる対象としては，良さや美しさを味わいやすい自然物が望ましい。子どもの実態，指導目標・内容，単元の総時間などに応じて，人の手や顔，動物，野菜や貝殻など，柔軟な選定が必要である）

学生作品「サイ」

学生作品「ワニ」

学生作品「ネコ」

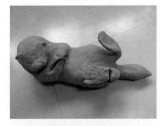

学生作品「ラッコ」

◼ 感じたことを量でとらえる

　本実践では，各制作過程で，子どもが何を感じ思い，表現したいと思ったのかを大切にしたい。例えば，「スッと見える指」と子どもが思ったのであれば，「『スッと』というのは，言いかえるとどんな感じ？　のびやか？　切れがある？　太い？　細い？」など思ったことを深める発問をする。すると，「先に伸びていきそうな感じ」など子どもが感じた生の言葉が生まれる。これこそ形のもつイメージであり，体系的に進展していく造形原理の理解への糸口である。この点を大切にし，「では，先に伸ばしてみるとどうなるかな」などの後押しする指導（支援）が展開されることが望まれる。

制作過程	内　　容
スケッチ	対象を見たり触ったりして感じたことや思ったことを，スケッチを通して整理する。シンキングシートを用意し，「何が（対象）」「どうした（行為）」「どのように（程度や種類）」「それで表したいこと（主題）」を言葉でメモできるようにしておくと，その後の指導や評価の際にも有効である。
造　形	表したいこと（主題）を具体化するために，粘土により造形する。可塑性のある素材で形を試行錯誤することを通して，様々な量のイメージを味わえる時間を確保したい。教師は，スケッチやシンキングシート，発言から子どもの表現意図を読み取り，個に応じた指導ができることが望ましい。
鑑　賞	作品を皆で鑑賞し合う。この際，表したいこと（主題）を具体化するために，どのような工夫をしたかを個々に振り返る時間も確保してほしい。量の構成とそこから生まれるイメージとの関連について発見したことを，箇条書きで振り返ることができるシートを用意しておくのもよいだろう。

◼ 量の構成とイメージの関連の段階性

　量の構成とイメージの関連については，下の表のように段階的に指導され，発展的に学習が展開されることが望まれる。なお，写実期前の発達段階（小学校低学年）では特に，視覚的な形態（外形）を無理に押し付けるのは避けるようにしたい。（永江智尚）

学年		量の構成とイメージの関連
小学校	低学年	造形中の感情や行動と連動した直観的なイメージをもつ。
	中学年	思いや経験に加え，形から想起する具体的なイメージをもつ。
	高学年	外観から立体の構造や空間を想像するなど，具体的な事物の造形的特徴に即してイメージをもつ。
中学校	1年生	いろいろな角度から形体をとらえ，形のもたらす働きや表現の効果（量感[※1]や動勢[※2]）に気づき，形のもつイメージを意識的に考える。
	2・3年生	量感や動勢をとらえ，形のもたらす感情や全体のイメージを意識し，デフォルメなど表現の工夫に活かす。

※1　量感（volume）：重量感や膨張感など，容積のもつ力の感じのこと。
※2　動勢（movement）：静止している量が動いているように感じられること。

第4章　彫刻の学習

4-6 生命を表す　人体や動物の表現

■ 生命の宿る立体表現

　小学校や中学校の美術指導において実体あるものを表現することは基本であり，絵画が風景や静物，人物を対象とするように，彫刻においては人体や動物がその主体となることが多い。

　風景や静物が静的なものであるのに対して，人体や動物は動的なものであり，かつ生命をもつものであるが故に，それらを題材として制作を進めれば，そこには自ずと生命感が生じることになる。また，彫刻は私達と同じ空間に立体として存在するわけであり，実在として佇む彫刻作品には，さらに強い生命感や精神性が感じられることとなる。

　彫刻家が人体の写実表現を行えば，その存在感や生命感はより明確なものとなるが，ここでは，小学校や中学校で扱う動き（動勢）のある対象を中心とした人体や動物の彫刻表現をもとに述べていく。

彫刻作品「秋娘」
緒方信行，2011．

■ 材料や用具の例

　いろいろな素材での制作が可能であるが，小中学生にとって，人体や動物の動きを表すのには，心棒を使用してそれに粘土をつけていく方法が容易で都合がよい。心棒は針金や板で自作することが望まれるが，市販の心棒セットもあり，粘土も加工粘土がそのまま乾燥させて着色までできて便利である。

　用具は心棒の針金を扱うためのペンチ，粘土制作のためのヘラなどがあればよい。

心棒制作例

■ 生き生きした表現をめざして

① **ガイダンス**：人体や動物でどのような表現にするのか，いろいろな参考作品を見せて子ども達の意欲を高め，使用する材料や用具も紹介し，先の見通しを立てさせる。

② **イメージスケッチ**：具体的にどのようなポーズや形にするのか紙に描いて確かめる。この場合，数点候補をあげて検討させるが，動勢に注目し，動作や仕草など明確に動きあるポーズを考えさせる。例えば魚であれば，真っ直ぐな形よりS字にくねらせた形の方が，

動きのある表現

4-6 生命を表す

より生命感やダイナミックさを表現できることなどを指導する。実際に対象を見てスケッチさせることが本来望ましい。

③ 心棒づくり：人体や動物の形における長さの比率や、ポーズなどを確認しながら、輪郭ではなく骨格としての心棒づくりを心がける。水で湿らせた新聞紙を心棒に付けて糸で巻いて固定すると、大まかな形が確認できて、その分の粘土の節約にもなる。この時点で、心棒制作例のように、すでに生き生きした仕草などが感じられるようになってくる。心棒は制作全体の先行きを決定する。

④ 粘土づけ：初めは粗づけで大まかにつけていき、だんだん細部を仕上げていく。美術表現では常に全体と部分の意識をもって制作していくことが大切である。加工粘土であれば保管は気楽で、乾燥しても、それまでのものを新たな心棒と考えて、次の時間には新たに粘土をつけ足していくことが可能である。

⑤ 着色：固有色あるいはブロンズ像的な着色が考えられる。着色は加工粘土が十分乾燥してから水彩絵の具で施し、絵の具が完全に乾燥したところで水性アクリルニスを塗布して仕上げる。

学生作品「カンガルー」

子どもの目と心

イメージスケッチの段階で、ポーズや動きを十分に考えることが、最終イメージをよりはっきりしたものにする。人体や動物の表現は、量塊の連続としてのダイナミックな動勢と、仕草や表情などから感じられる生命感や精神的な内面性などの表出がその醍醐味でもある。どのような作品にするのかを初めの段階で追究しておくことがそれらの要素をより効果的に表出させることになる。最初から最終までの段階を瞬時にイメージできる能力を培うようにしたい。

子どもの頃、神社の祭りなどで登場する鬼などが、真に存在するものと思っていたように、子ども達は粘土の塊でできた作品に生命を感じ、まるで生きているような、今にも動き出すような感覚を抱くに違いない。小学校低学年ならば楽しくダイナミックに、高学年や中学生になればよりリアリティーを高めながら、身体のもつ感覚をフルに活用して彫刻の制作に向かわせたい。（緒方信行）

学生作品「サル」

学生作品「キリン」

小学生作品「恐竜貯金箱」

第4章 彫刻の学習

4-7 抽象彫刻に挑戦 土，石，木を使った抽象作品

■ モデリングとカービングについて

　モデリング（彫塑：modeling）は，粘土を代表とする，素材を取ったり付けたりしながら造形する技法である。可塑性が高い材料のため，素材の自由度が高く，制作途中でも形態を自在に変えられ，制作の失敗も容易に修正することができる反面，素材が軟質で重いため，不安定で変形しやすく壊れやすい。

　カービング（彫刻：carving）は，石や木などを代表とする，塊を彫ったり，削ったりしながら造形する技法である。石や木などのカービングは，減量法のため，素材のボリュームを超えた作品をつくることはできず，さらに，素材そのものが堅牢なため，制作は困難である。しかし，完成までに時間は要するが，制作中に悩み，長い時間手を加えられなくても，素材の形が変化することはない。

　作業の面から見ると，モデリングとして粘土で彫刻をつくる際には，粘土を支える心棒をあらかじめ制作する必要がある。完成しても安定した最終素材ではないため，焼成してテラコッタにするか，型取りを行い，石膏やセメント，ポリエステル樹脂などの別素材に変換しなければならない。しかしながら，モデリングは人の手や指が最終的な道具となるため，自らの想いを直接表現することができ，繊細なニュアンスを作品に残せることが利点である。

　カービングは，道具の扱い方が作品の仕上がりに影響する。技法や素材に長短はあるが，自らのイメージを最大限に生かすことのできる素材を選び，様々な技術を習得しながら，オリジナルの表現方法を模索するとよい。

抽象彫刻を集めた子どもの作品展

■ 抽象彫刻とは

　具象彫刻は，例えば人や動物など私達の現実世界に存在する具体的な対象物を模してつくられる，文字通り，目で見たものを直接的に表現する写実的な彫刻を意味し，私達の生きている現実社会の存在を美の基準や価値として立体的に表現しようとする手法である。

　一方，抽象彫刻は，現実世界には存在せず，直接的に認識できない概念であり，すなわち，誰かが彫刻としてこの世の中につくり出す以前は，誰も目にしたことのない画期的な形だといえる。当然のことながら，鑑賞者が初めて見る形や制作の裏側に隠された作者の意図を瞬時に理解することは困難であり，一般的に「わかりにくい」，「難しい」，「不思議な」などと形容されることも多い。

　美術の世界では，具象的な形を美の基準とする時代が長く続いてきたが，20世紀に入り，表現のあくなき追究から新しい形態を求める動きが急速に高まった。抽象彫刻は，具象彫刻の対極ではなく，芸術的時間軸の延長線に存在するものであり，ヘンリー・ムーアやコ

ンスタンティン・ブランクーシ，アレクサンダー・カルダーなどをはじめとする，多くの彫刻家が生み出した抽象彫刻は，様々な自然の形に触発され，自らの内面世界の意識下で，純粋に表現され，新たなイメージとしてつくり出されたものである。

◾ 抽象表現の手がかり

抽象とは，象（かたち）を抽（ひ）きだすことであり，具体的に抽象彫刻を制作する上で，次のようなことが考えられる。具体的なテーマを決めて，制作してみよう。

- 夢や空想から幻想的なイメージを発想してみる。
- 音楽（音）や物語（言葉）などから連想し表現してみる。
- 心の中から生まれてくる形や心象風景などを表現してみる。
- 湧き上がる感情，考えや想い，意識，閃（ひらめ）きなどを造形化してみる。
- 見たものを単純な幾何形体などに置き換え，構成してみる。
- 自然物の美しさに触発され，具体的なイメージを単純化してみる。
- 古代民族などの造形物を抽象化し，現代の感覚で再造形してみる。
- 様々な形を拡大，縮小，誇張，融合し再構成してみる。
- 彫刻の造形的要素を象徴的に表現してみる。

◾ まとめと発展

抽象的な作品に正解は存在しない。それは自らが独自の表現様式を模索し，美の基準を創造することが「答え」となるからである。具象彫刻は，自分の外側にある世界を直視し，自らの真実をつくり出す行為であり，抽象彫刻は，内なる心の中を凝視し，自らの世界観そのものをつくり出すことでもある。誰も見たことのない形を生み出すことは，現実社会に存在するものを模すのと同様に困難であるが，人のこころを震わせる彫刻を生み出すには，想像力と同時に努力や忍耐力も必要とされる。（佐善 圭）

抽象化された鶏
「にわとり」，ブランクーシ
出典：ラドゥ・ヴァリア，ブランクーシ作品集，リブロポート，1994, p. 251.

木の抽象作品
「構成 '67 I」，豊福和徳
出典：東京都国立近代美術館／三重県立美術館／宮城県立美術館，日本彫刻の近代，淡交社，2007, p. 211.

石の抽象作品
「あたらしき命」，佐善圭，2015.

第4章　彫刻の学習

4-8　木を彫る　木彫の手順や方法

■ 彫造の特性を活かした木彫指導

木や石などの硬い素材を削って表現する分野（彫造）の特性を3点あげる。

① **制作を始める時点で「量」が存在する**：何もない空間に粘土などで造形がスタートする塑造と違い，机上には木や石などの実在感をもった塊が存在する。この実在感や素材感などからの触発こそ，彫造の醍醐味といえる。ただし，初めの材料の形や大きさにとらわれ過ぎて，造形的伸びやかさ（創造性）が失われないように注意したい。

② **削って造形することが主になる**：不要な部分を削り取るが，後々，削った分を付け足すことは容易ではない。そのため，失敗しないように，恐る恐る造形を行う傾向がある。これも伸び伸びとした造形には足枷（あしかせ）だが，だからこそ，決断力をもって取り組む力を育成できる契機としたい。また，失敗を失敗とせずに，新たに造形プランを練り直し，よりよい形を追求する姿勢，臨機応変に対応する力の伸長にもつなげたい。

③ **制作には道具（刃物など）を必要とする**：道具の安全な使用方法，道具の仕立てや管理の方法などについても学べる。図画工作では中学の技術科への接続も意識し，美術では道具のもつ意味などの発展的学習へ昇華したい。だが，指導事項が煩雑になりやすいため，簡潔に伝えることや，重要事項は板書や資料配布などの工夫が必要である。

以上，彫造の特性を3点あげた。その中でも木彫は，日本文化において重要な位置を占めるといえる。本国は良質な刃物が生産されたことや，豊富な木材の供給などの理由から，住宅や日用品，そして彫刻において，木の使用が普及した歴史がある。現在も同様の文化が根付いているとは必ずしもいえないが，日本古来の伝統文化の継承もまた，図画工作・美術が担うべき一側面である。本実践のねらいは，これらの特性を押さえ，木との「対話（自分が造形したい形と，木がなれる形の折り合い探し）」から造形について深く考えることを目的とする。刃物を使うので実践の対象は，小学5年生以上である。

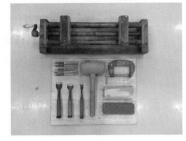

主な用具

■ 材料と用具

材木　形：直方体（正面，側面にデッサンがしやすく，完成像を想像しやすい）
　　　樹種：シナ，カツラ，ホオなどが比較的柔らかく，割れにくく，彫りやすい。
彫刻刀，叩きノミ，木づち，砥石，ノコギリ，作業用板（机を傷つけないよう），クランプ，万力（作品の固定用）

■ 木との対話から造形を考える

本実践は，木彫による抽象彫刻の制作である。抽象を採用した理由は，具象に比べ，完成形を彫りながら自由に変更することが可能だからである。木彫では，木目や節などによ

4-8 木を彫る

学生作品例

り彫りにくい硬さがあったり，逆目から彫ると表面がささくれてしまったり，思わぬところで欠けたりすることが多々ある。これに対し，「造形ができない」「失敗した」ととらえず，臨機応変に完成形を変更し，木との「対話」を通した造形を目指す姿勢を養いたい。

制作過程	内　容
シンキングシート	本実践では，任意のオノマトペと動詞を組み合わせたイメージを木彫でつくる。例えば，「ギュッとしめる」「ビローンと伸びる」などである。シンキングシートでは，目的のイメージを決めるだけでなく，イメージに近い具体物（ひもやモチなど）を記入させておくと，抽象的な形態を具体的に想起しやすくなる。最後に一方向からのスケッチを描かせる。
油粘土マケット（模型）	初めての木彫では特に，木の中に具体的な立体物（完成作品）を想像することは非常に難しい。そこで，スケッチを基に，一度油粘土で造形し，イメージを立体物として具現化する。
スケッチ	マケットを三面図（正面図，側面図，平面図）におこす。この際，材木のそれぞれの面と，同じ大きさの枠の書かれた紙があるとよい。なお，三面図として，高さや幅や奥行き（長さ）に整合性がでるよう指導する。
下絵	材木の各面に，鉛筆やチョークで下絵を描く。
木取り	材木の中で，大まかに余分な部分を取る。「輪郭線よりも外側は必ず要らない部分であること」を念頭に，大胆に，ブロックとして余分な部分を考え，ノコギリや叩きノミで落とす。箱が組み合わさったような形になるとよい。後の過程でも，下絵の線が消えたら，その都度，描き直す。
粗彫り	叩きノミや彫刻刀で，大雑把な形をつくる。
小作り仕上げ	細かな部分を彫りだしたり，ヤスリや平刀で彫り跡を滑らかにしたり，あえて彫り跡を模様のように見せたりするなど，造形的に形の充実を図る。

粘土と下絵　　木どり　　粗彫り　　着色完成

木彫の制作過程

ものづくりを総合的に考える

木彫では，ノミや彫刻刀の仕立て（砥ぎ）も重要である。刃が切れやすく彫りやすければ，力を無理に入れて彫る必要性が減ってけがをしにくくなり，作品の表面が滑らかになり，結果的に意図する形をつくりやすくなる。このような制作と道具の関係をおさえて指導にあたり，「ものづくり」を総合的な視座で深く考えさせてほしい。（永江智尚）

4-9 石を削る　石彫，大理石などのカービング

■ 石彫について

　石彫は，完成の形を想定しながら，石の硬さや色味などを参考に材料を決める。石の硬さの目安は，硬石（花崗岩），中硬石（安山岩），中軟石（大理石），軟石（堆積岩）などに分けられ，硬石材ほど耐久性に優れているが，水を吸う石は，風化が早いので注意が必要である。日本は，国土の多くを火成岩に覆われていたため，硬石材の技術が進歩した反面，大理石をはじめとする軟石材の産出量は少なく，海外のような彫刻技術の発達は見られなかった。しかし現在では，外国産の大理石や軟石材の滑石や白彫石，砂岩などが身近な彫刻材として利用されている。また，石材ではないが珪藻土や発泡セメント，さらに石膏ブロックなども軟らかく均質な素材であり，彫りやすい彫刻材といえる。

■ 石彫の道具・用具

　石彫の道具は，大まかに硬石材用と軟石材用に分かれ，石の硬さよって道具に違いがある。まず，硬石材用のハンマー（石頭）は，叩いた衝撃を最大限に利用するために硬く焼き入れするが，軟石材用のハンマーは，衝撃を吸収させるため焼き入れはしない。また，大理石の仕上げ用には彫る角度に影響されない円錐形の木製ハンマーが重宝する。

　一般的に硬石材用のノミは，太さ15 mm〜30 mm程度の先の尖ったものを多用し，軟石材用は，太さ8 mm〜20 mm程度の使用頻度が高い。軟石材用のノミは形状も多く，荒彫りには，硬石材と同様の尖ったノミも使うが，細かな作業になると，櫛刃，丸刃，平刃なども有効的で，刃幅は1 mm程度のものまで用意されている。その他，特徴的な硬石材用道具としては，ビシャンと呼ばれる石の表面を平らに細かくつぶすものや，形の稜線を決めるために使うトンボという，幅広い薄刃に柄のついた道具などもある。また，コヤスケと呼ばれる大きく石を割る道具があるが，これは日本特有のもので，安全で扱いやすい。

■ 石の彫り方

　石はカービング素材の中でも修復が困難であり，割れた箇所を接着，継ぎ足しをすると傷跡が目立つ。そのため石に向かう前に十分に構想を練り，形を検討しておくことが重要

大理石用のハンマー
大理石仕上げ用

大理石用のノミ
櫛刃，丸刃，平刃など

硬材用の道具
左からビシャン，トンボ，コヤスケ，ノミ，石頭

4-9 石を削る

となる。自然石は不定形のため、形を見てから発想をふくらませ、イメージを活かしてみるのも面白い。自然石には、木の木目と似たような石の目（石理）がある。肉眼ではわかりにくいが、ノミで試し彫りをしてみると、素直に大きく欠ける方向が板目で、左右に細かく砕ける方向が柾目である。初期の段階で形の方向と石の目の方向を合わせて考えると制作途中の不慮の割れを予防することができる。石は硬く抵抗感があるが、先の尖った部分や細い部分は、欠けやすいので、注意しながら彫り進めるとよい。

安全のため、保護メガネや防塵マスク、手袋を着用するとよい。道具は、軟石材の場合、玄能や木槌とたがねでも彫ることができ、使い古した木彫ノミやマイナスドライバーなども代用できる。

大理石をノミで彫る
丸刃で形を出す

石彫の手順

① 完成の形を想定しながらデッサン（図）を描き、小さなエスキース（模型）をつくる。

② 材料は安定していると彫りやすいので、作品の底になる面を削り出す。

③ 作品の形が決定したら、石の表面に正面・側面・上面・底面の各方面から見たデッサンを描く（石にデッサンを描くには、墨や油性のクレヨンなどが扱いやすい）。

④ デッサンを見ながら形の張り出した部分を順番に彫り出し、石頭とノミで少しずつ細部を彫り進める。軟石材の場合、面を整えるのには木工ヤスリなども効果的である。石の表面に描いたデッサンの線はすぐに消えてしまうので、描き足しながら制作する。

⑤ 彫刻刀などで細部まで彫り進めたら、サンドペーパーや砥石を使って表面を磨いていく。石の表面に光沢を出す場合、一般的に100番程の粗いものから順番に800番〜1000番まで磨く。大理石は、120番で磨きを止めると素材の表情が際立つ。

石の作品を磨く子ども

石彫シンポジウムの現場
形を見つめる彫刻家

子どもの石彫教室
砂岩を彫る子ども達

まとめと発展

各地で石彫シンポジウムなどが開催され、巨石に向かう彫刻家による作品制作が間近で見られることもある。彫刻家による公開制作を見学し、石彫教室などを通して素材を体験することは、教室での学びと美術館での作品鑑賞の中間に位置する体験型鑑賞教育にもつながる。自然の偉大さや悠久なる時の流れを感じられる石彫に挑戦してみよう。（佐善 圭）

第4章　彫刻の学習

4-10 石膏でつくる　型への流し込み，直づけなど

■ 石膏を用いた教材

　学校教材や造形用として販売されている石膏（焼石膏，半水石膏 $CaSO_4 \cdot 1/2H_2O$）は粉状であり，水と混ぜると泥状になり，同時に水分と反応し，約数十分で適度な強度をもつ固形状の二水石膏（$CaSO_4 \cdot 2H_2O$）へと変化する。教材としての石膏の利用方法，及び想定されるねらいとして，以下の3種をあげる。なお，本実践は①～③の複合的な実践であり，制作過程が長期間にわたるため，見通しをもてる学年として小学3年生以上を対象とする。

①型としての利用

概　略：粘土などで成形した作品に，水と混ぜた石膏を振りかけることで，型をつくることができる。この型に金属やガラスなどを流し込むことにより，作品の材質を，当初の粘土などから転換できる。また，同じ作品を量産する型をつくることもできる。

ねらい：芸術作品や身の回りの物がどのようにしてつくられているかを体験的に学ぶことができる。ただし，学習活動が「作業」に終始しないよう，学ぶポイントを明確にしたい。また，材質転換や量産による作品の見え方の違いも学びに活かしてほしい。

②流し込みの材としての利用

概　略：「①」の型に，中身（作品）となる石膏を流し込む方法がある。結果，石膏に材質転換された作品ができる。また，別の方法としては，粘土などで任意の形や模様をつけた型をつくり，そこに石膏を流し込み，型を取り，石膏の作品をつくる方法もある。

ねらい：石膏は他の材，例えば金属（ピューター）などのように，溶解するために高温となり，過度な危険を伴う材料ではない。そのため，低学年であっても，型の流し込みも自身の手でできるので，より実感を伴って学習活動に取り組むことができる。

③成形素材としての利用

概　略：粘土をこねて積み上げるように，水と混ぜた石膏を直接盛り上げたり，ヤスリやカッターなどで削ったりして制作する方法がある。これを石膏直づけという。制作の始めから，針金などの芯材に石膏をつけて制作する方法もあれば，「②」の方法で材質転換された作品に直づけで制作する方法もある。

ねらい：石膏直づけは取ったりつけたりが容易であるため，塑造の要素を含み，柔軟に形を変更できる。一方，石膏は反応後，適度な硬さをもつため，彫ったり削ったりでき，彫造の要素も含む。両者の特性に気づき，粘土や石とは異なる造形感覚を育みたい。

■ 材料と用具

　石膏，水と石膏を混ぜる調理用ボウル，調理用ゴムベラ，水の入ったバケツ（石膏に混ぜる水入れ），ビニール袋で内側を保護されたバケツ（水を入れ，石膏で汚れたボウルを洗う場所），粘土で制作した作品，麻の繊維（スタッフ），ノミ，木づち，ヤスリ

■ 粘土から石膏への材質転換

　本実践は，粘土で制作したレリーフ（浮き彫り：relief）を，石膏で型をとり，粘土を抜き，その型に石膏を流し込み，型を割り出し，直づけを行うものである。レリーフであれば型どりは比較的容易だが，さらに今回は，より身近にできる方法を紹介する。

制作過程	内　　容
粘土による原型制作	油粘土などでレリーフを制作する。レリーフの厚みは薄い部分でも１cmは確保できると，石膏になった際の強度を保つことができる。
型どり準備	粘土原型をつくった粘土板に，市販の離型剤を塗る。また，レリーフから１cmほど空けた周囲に，壁状のヘリを粘土で一周つける。ヘリの高さは，レリーフの厚み＋１cm程度あるとよい。
石膏による型作り	① ボウルに水を，器の半分ほど入れる。 ② 石膏をふるい入れ，徐々にボウルの底から積もった石膏が，水面から出るか出ないかに，水面全体がなるまで入れる。ここまでで一度も混ぜない。 ③ ゴムベラで，泡立たないように，切るように混ぜる。 ④ 混ぜた石膏をヘリの高さまで，空気が入らないようにやさしく流し込む。 ⑤ 石膏が軟らかいうちに粘土板を軽くノックし，石膏内の空気を上に抜く。 ⑥ 石膏が固まったら，粘土板を数ヶ所木槌で叩き，粘土板と石膏型を外す。 ⑦ 裏返した石膏型から粘土をすべて抜く。
石膏流し込み	① 石膏型に，カリ石けんなど市販の離型剤を塗る。 ② 上記の方法と同様，ボウルに水と石膏を入れ混ぜる。 ③ 型に石膏を流し込み，すぐに傾け，型内の石膏をボウルへ流し戻す。すると，うっすらと内側に石膏が付着する。 ④ 内側の石膏が固まったら，もう一度，別の石膏と水を混ぜる。 ⑤ 麻の繊維を１cm刻みで切ったヒゲ状のものを，しっかりと浸すように石膏へ入れる。麻の量は石膏の1/2程度混ぜる。 ⑥ 石膏を型に流し込み，麻の繊維がまんべんなく入るように充填する。
割り出し修正・着色	① 上記の過程から１日ほど空け，外の石膏をノミと木槌で割り出す。 ② 石膏になった作品を，石膏で修正や造形をしたり，着色したりする。

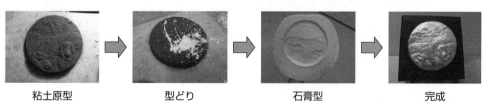

粘土原型　　　　　型どり　　　　　石膏型　　　　　完成
材質転換の流れ

■ 石膏の特性を活かした教材の可能性

　今回の実践例の他，絵画の下地として凹凸をつくったり，石膏をみたした平らな器で手形や足形をとったり，石膏の特性を活かした教材は様々考えられる。（永江智尚）

第4章　彫刻の学習

4-11 レリーフの表現　半立体表現の試み

■ レリーフについて

　レリーフは，半立体の造形表現である。画用紙やキャンバスなどの平らな画面に描かれた作品は平面表現であり，立体の対象を平面に描き表す技法は，石膏デッサンに端的に見受けられる。また，粘土や石膏を肉づけして立体にすること（モデリング）や，木や石などの塊を削る・彫るなどして立体をつくること（カービング）は立体表現として行われてきた。半立体のレリーフでは，平面表現にふくらみや凹凸をもたせ，立体感・量感・質感を表そうとする。レリーフは，平面に近い状態でありながら，モデリングやカービングを取り入れ，立体表現のよさや特徴をもっている。

■ 紙によるレリーフ

　紙には可塑性があり，折る・曲げる・貼り合わせる・組み立てることによって，平面から立体へと変化する。厚目のケント紙や段ボールなどの紙の材料を使って変形を行い，レリーフ状の表現を試みる。

（1）　教材例「風のイメージ」

　風は，それ自体見えないものである。けれども，ビュービューやフワフワといった感覚，「激しさ」や「穏やかさ」のような印象は，造形的に表現できそうである。自分が表現したいイメージに，紙を折る・曲げる・組み合わせるといった造形操作することで近づける。

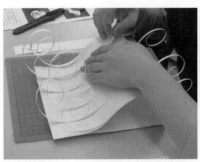

丸めて動きを表現する

らせん状の形をいかす

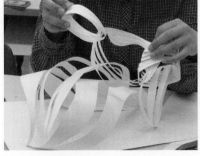

組み合わせて立体的にする

飛ぶ鳥の感じを出す

厚目のケント紙を使い，ホッチキスやボンドで接着をして形をつくる。

■ 油粘土と石膏によるレリーフ

　彫刻用の油粘土を使って表面に凹凸をつける。指や手で押さえたり粘土ベラを使って，ふくらみや凹凸をつくる。表面の変化や形としての面白さが出てきたら，石膏によって形を写しとる。油粘土のへこんだ部分や窪みに水で溶いた石膏を流し込む。石膏は水で溶いたときには液体に近い状態であるが，30分程で硬化するはずである。完全に固まってから，油粘土を除いて石膏の部分を取り出すと，レリーフ状のオブジェができる。石膏の流し込みのときに深さや厚さがあるようにすると，形の破損を防げる。

粘土の型に石膏を流し込む

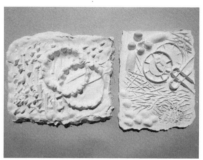
表面の凹凸感を出した石膏作品

■ 土・木・金属によるレリーフ

　人の顔や動物の身体をレリーフとして表現することは，図画工作・美術科の授業でしばしば行われている。対象を視覚的に表現することが優先されがちなので，あえてふくらみや質感に着目して，立体的，触覚的に対象をとらえるようにする。顔を描くときには正面から平らな状態に表すことが多い。そのため，量感，奥行き，質感などを表現するように心掛ける。粘土の場合にも，粘土をくっつけてふくらみをもたせる。自然の土粘土は，乾燥後に陶芸かまで焼成（素焼き）をするとよい。木彫のレリーフ（浮き彫り）にするときには，深彫りができるような厚目の木の板を準備をして，彫刻刀やノミで彫ったり削ったりする。また，銅板の打ち出しやヘラ押しの場合には，銅板を釘や木づちで打ち出す，軟らかい銅版をヘラで押す造形行為によって，立体感を出すようにする。（辻　泰秀）

土による落ち葉のレリーフ

銅版のへら押し

第4章　彫刻の学習

4-12 紙でつくる　紙を使った立体表現

■ 立体的な紙の造形を理解する

　紙は造形材料として最も身近なものであり，取扱いも容易で技法上での難易度を除けば，子ども達がつくる楽しさを味わうことができる素材である。ここでは，和紙，画用紙，包装紙，新聞紙など，いろいろな紙を使ってちぎる，丸める，ふくらませる，切り込む，しわをつけるなど，様々なかたちにして楽しむことにより，立体的な紙の造形を理解する。

　今回は，風船を原型に使い，立体的な紙の使い方を理解するとともに，動物の形（題材：オオカミ）を利用して頭像をつくり，実際にかぶってみるなどして造形活動を楽しむ。また，完成した作品を使って動物を演じることにより，友達とコミュニケーションをとることの大切さを味わう。小学校5・6年生での実践を想定する。

■ 材料と用具

　教室などにある紙類を有効に利用しながら，主に和紙や画用紙を使用する。画用紙は風船の形に沿って貼り付けるため，薄手の画用紙を用意するとよい。

　ここでは，次の材料・用具を使用して制作を行う。和紙，画用紙，色画用紙，新聞紙，風船，デンプンのり，刷毛または筆，溶き皿

■ 紙を使って立体的な動物を工夫する

　動物の特徴をとらえ，ちぎる，丸める，ふくらませる，切り込む，しわをつけるなど形を工夫する。頭の大きさにあわせて風船をふくらませるとき，友達同士で大きさを確認するなど，コミュニケーションをとりながら協力して制作を行うことが大切である。また，友達のつくった作品を鑑賞し，話し合ったり，作品を使ってグループで創作演劇を行っても効果的である。

【つくり方】

a．デンプンのり（少量）と水を混ぜ，ふくらませた風船にちぎった新聞紙に水をつけて1層貼る（①）。

b．和紙を固めるために1層目よりもデンプンのりを多く混ぜた水を使い，ちぎった和紙を2層貼る（②）。

① 風船に新聞紙を1層貼る

② 和紙を2層貼る

③ 画用紙を貼り原型をつくる

c．薄手の画用紙をちぎり，1層〜2層貼る（③）。
d．風船を取り出す。ふくらまし口の根本をおさえながら先をハサミで切れば，音をたてて割れる心配がなく，徐々に空気を抜くことができる（④）。
e．丸めた新聞紙に和紙と画用紙を貼り，口の部分をつくる（⑤）。
f．耳を画用紙または厚紙でつくり，差し込み口をつくり貼り合わせる（⑥）。
g．和紙を細くちぎったり丸めたりしながら，表面のかたちをつくる（⑦，⑧，⑨）。
h．目の部分などを切り込んだり，穴をあけて完成（⑩）。

④ 風船を取り出した本体内部

⑤ 紙を丸めて口の形をつくる

⑥ 折り目をつけ立体的にした耳

⑦ 本体と貼り合わせた原型

⑧ 細くちぎり，細部をつくる

⑨ 表面の形に変化をつける

⑩ 完成作品

⑪ 原型に色画用紙を貼りつけてつくった作品

紙によるかたちの面白さを発見する

指導の留意点：① 新聞紙と和紙，画用紙など，それぞれの紙がもつ特性に気づき，その効果を活かそうと努力している。② 材料の白さを意識し，それを活かして自分の思いを形として広げようとしている。③ 友達の発想のよさや工夫している点などに気づき，認め合っている。

発展教材：今回は，形を重視した単色の頭像制作としたが，形を単純化して色画用紙などを使えば，低学年でもつくることができる。（矢野 真）

第4章　彫刻の学習

4-13　発泡スチロールでつくる　オブジェ，モニュメントの制作

■ 巨大彫像をつくる

　図画工作・美術科の教師は時にオブジェやモニュメントを制作するという機会に出会う。例えば，文化祭や卒業記念制作などの学校行事に関するオブジェや，地域社会からのモニュメントの依頼など，大きな作品制作を依頼される場合もある。

　ここでは，ある程度大きなモニュメント制作の一例として，実際に九州新幹線全線開通の記念イベントとして制作したモニュメントをもとに，その過程を紹介していく。

■ 特殊な材料や用具類

　発泡スチロールは，素材として厚さ50 cm×幅100 cm×奥行き200 cmのものが市販されている。本素材は，梱包材として普段目にし，安価なもののように思いがちだが，素材として購入すると2万円ほどと高価である。また他にマケット（試作のための小型模型）制作のための粘土や最終的な着色のための水性アクリル塗料などが必要となってくる。

　用具は，発泡スチロールカッターとして市販の電熱カッターがあるが，大型のモニュメント制作となれば，大きめの自作電熱カッターが必要となり，彫り進める作業では包丁も使用した。着色は刷毛による手塗りあるいはスプレー着色が考えられるが，環境や健康面を考えれば，多人数による手塗り作業をすすめる。

発泡スチロールカッターで切り出す

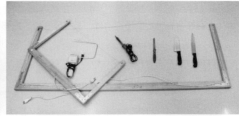
手製の電熱カッターや包丁などの道具類

■ 発砲スチロールを加工する　―小さな形から大きな形へ

　大きなモニュメント制作では，一旦マケットを制作してそれを拡大していく方法が，しっかりと形状も把握できて拡大作業における失敗もない。以下，制作過程を記す。

　① 1/5マケット制作：実物が3 mほどの像であれば，マケットの大きさは1/5にするのが計算的にも便利であり大きさも程よい。マケットは小さな試作品ではあるが，できるだけイメージ通りの形にしていた方が最終イメージもはっきり見通せてよい。粘土で成形し石膏などで型取りする。

　② 発泡スチロールへの拡大作業：簡単な星取り（原形を写し取るために同じ位置の点を取って印を付ける）による拡大作

雷神マケット

82

業を行っていく。基準点を決めてそこからの距離をxyz座標の考えをもとに計測して5倍したものを発泡スチロールに反映していく。

③ 発泡スチロールの成形作業：大きな塊は自作による大きめの電熱カッターを使うと楽である。発泡スチロールは意外と強く，切断をノコギリなどで行おうとするとかなりの労力と時間を要し，さらには微細な切りくずに悩むこととなる。細かな表現は市販の小型電熱カッターも使用するが，意外と包丁で切っていく方がサクサクと削れて便利である。最終的には作品の全体をよく見ながら美的に調整しながら完成させる。

④ 表面補強処理：表面に和紙などを，適当に希釈した水性接着剤で貼って補強すれば，強度も増し，着色も水性，油性を問わず便利である。表面処理に使用する紙は新聞紙でも構わない。その方が費用もかからず強度も増す。なお，新聞紙は一旦水に浸して軟らかくしてから使用すると形になじんでよい。

⑤ 着色と完成：着色は水性アクリル塗料が便利である。発泡スチロールの素材を溶かすこともなく，使用した刷毛なども簡単に水洗いすることができる。乾燥すれば耐水性となって，雨などに降られても大丈夫で，屋外での展示も十分可能である。

まとめ ―おどろきと可能性を秘めた素材「発砲スチロール」

記念イベントのモニュメントとして「これが発泡スチロールでできているのか！」というサプライズもねらいの一つであったが，発泡スチロールは意外と細やかな表情まで表現することができる魅力的な素材でもあった。何と言っても，軽くて持ち運びに便利なのがよい。形を分割し，ほぞとほぞ穴（結合部の凸部と凹部）による組み立て式にしておけば，少しくらいの風にも対応できるようになり，分割しての保管も可能で便利である。なお，表面処理は補強として有効であるが，紙による表面処理などを施さなくても，一般的な展示であれば素材のもつ強度のみでも十分である。

ここでは，安定性を考慮し座ポーズをもとに構成を考えたが，芯材を入れればいろいろな形状も可能になってくる。学校行事のオブジェから地域連携のモニュメントまで，同僚教師や保護者，地域の人々などの協力も巻き込んでいけば，作業は一層早く確実になり，コミュニケーションの場としての連携の輪もより広がっていくことになる。（緒方信行）

モニュメント①「雷神」
緒方研究室街おこしプロジェクトチーム，2010.

モニュメント②「風神」
緒方研究室街おこしプロジェクトチーム，2010.

「くまもと森都心モニュメント」
緒方研究室街おこしプロジェクトチーム，2012.

第4章　彫刻の学習

4-14　金属でつくる　鋳造技法による低融合金作品

■ 金属という素材と加工方法

　金属の特徴・加工方法は，切る・曲げる・溶かす・鍛える・削る・彫る・伸ばす・絞るなど多種にわたる。金属という素材に触れ，技法に触れることにより，材質や加工法について理解を深めることができる。身近なものに対する新たな視点や興味・関心，作品や作者に対する思いなど，金属の魅力や可能性を通して，新たなる発見や感動につなげていく。

　教材として主に触れる「金属」は，柔らかく子どもでも加工しやすい銀白色のアルミニウム，強度があり針金などに用いられる鉄，打ち出しやヘラ押し加工した薄板作品のいぶし仕上げが美しい銅，低温で溶解が可能な美しい銀色のピューターなどがあげられる。

　金属の加工方法において，日常の中にたくさん存在する一つとして，「鋳造」技法を取り上げる。金属に熱を加え溶解し，型に流し込み成形する技法である。子どもの造形活動においてあまり馴染みが少ない技法ともいえるが，その技法を経験することにより，さらに金属というものを知る機会となる。

■ 材料と制作工程

　粘土でレリーフ状の原型をつくり，耐火石膏で埋没，型取りをする。耐火石膏型を十分乾燥・焼成し，溶解した低融合金であるピューターを流し込む。ピューターが固まり，冷めたら耐火石膏型を割り，ピューターに置き変わったレリーフ作品を取り出す。

　原型を制作する粘土は，造形しやすく精密な表現が可能な土粘土か油土が好ましい。鋳型とする石膏は，鋳造用につくられた耐火石膏を使用する。筆者は，型材用石膏に珪砂（5号）・古材（鋳造し終え割り出された石膏鋳型を粉砕し篩（ふるい）にかけたリサイクル材）を混ぜたものを耐火石膏として使用している。充分乾燥させた石膏型を焼成するために，陶芸かまを使用したい。陶芸かまがない場合，七輪などを使って炭火で焼成することもできるが，完全に焼成できているかの見極めが難しい。鋳造する金属であるピューターは，錫（すず）が主成分のアンチモンや銅が加わった合金である〔標準的な組成は，錫（91％），アンチモン（7％），銅（2％）〕。融点は約250℃と低く，鋳造温度も約300℃であり，家庭用のコンロとホーローやステンレス製の鍋で溶解することが可能である。鋳造作業時には，熱さ対策として綿性の軍手，長袖長ズボンなどの作業着が必要である。鋳型から割り出された金属作品は，毛足の柔らかい金属製ブラシ（真鍮（しんちゅう）・細いステンレス製）で磨き，表面の石膏を取り除く。

■ ピューター鋳造による金属作品の制作

（1）　粘土原型制作

　石膏型は非常に細かい表現も写し取ることができる。粘土の特性を活かしながらレリーフ状につくる。原型のサイズは，大きすぎると金属が大量に必要となり，鋳造作業が困難となる。円形の場合，直径約10 cm，厚み約1 cmの粘土板の上にレリーフを施すのがよい。レリーフもあまり立体的に飛び出さないように注意する。

(2) 耐火石膏による埋没・型取り作業

塩ビシートを帯状にしたものを，粘土原型のふちから約2～3cm程幅をもったリング状にして，原型にかぶせる。型枠が動かず，石膏が漏れないようしっかりガムテープなどで固定する。水で溶いた耐火石膏を，原型のテクスチャーがしっかり写し取れるよう，注意しながら流し込む。特に油土による原型は水分をはじくので注意が必要である。水分量はそれぞれの耐火石膏に指定された分量を守る。石膏が固まったら，粘土をていねいに取り出し，型をきれいに掃除し，乾燥させる。

(3) 耐火石膏型の焼成

石膏型鋳造において，鋳型の焼成が大切である。焼成が十分でない場合，鋳造の欠陥につながり，けがや事故のもとにもなる。よって，陶芸かまによる焼成が望まれる。温度と時間は，使用する耐火石膏によって異なる。焼成する型の大きさや量にもよるが，筆者の場合100～200℃まで約10時間，200～500℃まで約5時間，500℃で10時間程かけてじっくり焼成する。そこから徐々に冷まし，軍手で持てる程度まで冷めたら鋳造作業に入る。

(4) ピューターの鋳造

焼成し終わった石膏型をかまから出し床に配置し，ホーローまたはステンレス製の鍋にピューター地金を入れ，カセットコンロなどで溶解する。溶解の際，耐熱作業着と軍手を着用する。ピューターが溶け始めたら，高温用温度計で温度管理をする。約300℃程になったら，石膏型にピューターを流し込む。小さな子どもと行う際は，子どもと指導者がそれぞれステンレス製のオタマを使用し，一緒に流し込むとよい。その際，火傷に気をつけながら，溶けた金属を絶やすことなく一度に流し込む。

(5) 鋳型からの割り出し

流し込んだ金属が固まり，冷めたら石膏型を割り出していく。焼成した石膏型はもろくなっており，金槌や木槌で容易に割ることができる。その際，作品表面を叩くと変形してしまうので注意する。型から割り出した作品を，金属製ブラシなどを使って作品表面を磨く。ピューターの美しい光沢と重厚感あふれる金属作品が完成する。

ピューターの金属作品
小島雅生, 2004.

素材と技法に触れ，世界が広がる

鋳造という技法に触れることにより，より金属の可能性や魅力を発見できる。さらに，他素材における鋳造製の作品にも気づくだろう。様々な素材や技法について興味・関心が広がり，豊かな情操につながる。鋳造技法における題材として，ロウを原型とするロウ型石膏鋳造作品に発展できれば，より自由な立体的表現が展開できる。(小島雅生)

ロウ型石膏鋳造作品
小島雅生, 2010.

第4章　彫刻の学習

4-15　環境造形へ　環境や空間と響き合う造形

■ 実践のねらい

　広場や公園・道路などの公共的な空間に設置された美術作品のことをパブリックアートという。街のシンボルになったり，人々が集まる場となったり，地域に愛されながら活性化のきっかけになる存在であることが理想である。

　公共的な空間以外にも，その場所や環境ならではの作品や表現，その空間だからこそ生まれる造形がある。作品や造形と場所・環境・空間との関係に注目する。また，その場所や環境・空間にあった形や素材・意味についても考えることが重要といえる。

　日常の見慣れた風景に作品を置くことによって，普段気づかない空間の魅力・その場の空気感・光や影など，新たな発見や感動が生まれることがある。作品の存在により，その場所や環境・空間について再認識することができる。身の周りに存在するアートが，私達の生活とどのようにかかわっているのか考える。

　環境・空間造形の教育的意義としていくつかをあげる。
・環境や空間である場と向き合い，認識し，発見することにより，新たな視点や価値観が生まれる。
・地域の自然や文化に触れることにより，そのよさに気づく。
・地域や文化への愛着心や所属意識，そこに生きる誇りや自覚が生まれる。
・日々生活している日常の世界において，豊かな情操を養うことができる。

　ここでは，その場所や環境・空間と響き合い，融合し，空間自体が作品として存在する表現と出会い，その空間表現を基に，作品制作や表現につながる造形活動を考えていく。

■ 空間と響き合う造形

　筆者は金属を中心とした立体造形作品による空間表現，空間自体を作品とすることを目的に活動を続けてきた。そのいくつかを紹介し，実践の展開につなげていく。

（1）　太宰府天満宮国際アートシンポジウムによる空間造形

　2008年，福岡県太宰府市の太宰府天満宮にて「太宰府天満宮国際アートシンポジウム」が開催された。筆者もアーティストの一人として参加し，表現する場所・空間を探した。そこで出会った場所が心字池に架かった太鼓橋を渡りきった所にある楠の森である。心字池に架かる御神橋は，過去・現在・未来を表すという思想がある。その時間の概念が存在する橋を渡り辿り着いた森で，時間・記憶・生命の循環を表現することを試みた。その結果，植物をイメージさせる形状のブロンズと，ロウで制

「光陰のまにま」
小島雅生，2008．

4-15 環境造形へ

作した花を展開する表現に至った。「花」は，咲き，枯れ，土に還り再び咲く。生命の循環の象徴としてとらえ，はかなき存在であるロウと永遠の存在であるブロンズという両極ともいえる素材を使用し「光陰のまにま」という空間造形を表現した。

(2) AKAMATSU spatial art における空間造形

AKAMATSU spatial art は，明治の香りを残す空間，旧赤松家において展開されたアートイベントである。筆者も 2006 ～ 2010 年に参加し，空間表現を試みた。その空間表現の一つとして，2010 年に発表した作品を取り上げる。旧赤松家にある図書蔵という空間に作品を展開した。図書蔵の中は，非常に風が通り抜け，光が強く差し込む気持ちのいい空間であった。書物を保管する蔵としては不向きであり，人々の生活の場として使用されていたという記録もあった。その空間を感じ，融合し，響き合う作品を考えた。この空間に流れてきた時間，この空間がもち続けてきた記憶，光が生み出す陰，静寂を揺さぶる風，この空間の息づかいに寄り添うものとした。ブロンズ・錆びた鉄・ロウ・水を素材とし，金属と光が陰を生み出し，水に浮かべたロウの花が揺らめくことによって，風を形にした。作品名を「時と記憶に咲く花」とした。

「時と記憶に咲く花」小島雅生，2010.

子どもが参加する環境・空間造形

太宰府天満宮国際アートシンポジウムで「光陰のまにま」を発表した翌年，太宰府にて造形ワークショップを行った。幼児から大人まで，地域の人々が参加した。そこで，実際にロウを素材とした花と，今の気持ちや記憶の模様を施し，いぶした銅の葉を制作した。制作したたくさんのロウの花と銅の葉を，屋外庭園の思い思いの場所に作品を配置し，参加者全員で空間表現を行った。このように，空間と響き合う造形と出会い，影響を受け，実際にその場所や環境・空間にあった形や素材で制作し，空間造形へと展開する。

また，文化財や歴史的建造物などに赴き，その場所がもつ雰囲気，歴史，記憶などを感じながら作品を制作，展示し空間造形を行う。AKAMATSU spatial art の空間造形のようにその環境や空間がもつ意味・文化的認識や価値を調査し，造形活動を展開する。そこから導き出した，空間に寄り添った素材や形を考えながら制作を進め，展示を行う。

まとめと発展

作品や造形と場所・環境・空間との関係，その場所や環境・空間にあった形や素材・意味について考えることによって，身の周りに存在するアートや表現が，私達にとってかけがえのない大切なものとなっていくことを望む。（小島雅生）

第5章　デザインの学習

5-1　色と形を発見する　「見立て」の平面構成

■「見立て」で想像力をひきだす

　「構成」は，造形要素（色彩，線，形態，明暗，テクスチャーなど）を設定された条件で組み合わせることである。よって平面構成には，平面における造形要素に対する感覚を鋭敏にする目的がある。小学校低学年では，主に色遊びや模様づくりなどの初歩的なデザイン学習の題材が多く，中学年以降では暖色や寒色その他の色の感じ（感覚・感情的印象）を学び，次第に伝達デザインに応用できる基礎を身につけていく。

　このような構成は，本来は意識的になされるが，子どもの場合は無意識的・偶然的につくることも多い。一方で構成が苦手な子どもを観察すると，意識的に構成しようとするあまり，思うようなイメージが浮かばないといったケースも多い。これは，色彩を事物の再現としてとらえたり，絵の具を塗る作業そのものを負担に感じることで，色の組み合わせ（発想）まで注意が十分にはらえない，といったことも影響している。

　そこでここでは，偶然的要素をいかしながら色や形を工夫する楽しさを体験することを目的に，色紙を使った「見立て」による平面構成の実践を紹介する。

■ 材料と用具

　いろいろな色のついた包装紙や色紙，のり，ハサミ，フェルトペン，画用紙，ワークシート，参考作品

■ 実践の展開

① 包装紙や色紙を用意し，10通りくらいの形の種類（基本的な幾何形体，丸，三角，正方形，長方形などや星型，ハート型など）に切る。同じ種類で大小の差もつけながら，できる限り多くつくる。実際に教師が，ハサミの使い方と一緒に示してみせるとよい。

② 形ができたら，全員の分を一緒にし，種類ごとに小箱に入れ，整理する。活動は小グループに分かれて行うため，グループの数だけセットにする。なお，小箱を教師が用意しておき，子ども達が色や形を楽しみながら整理するとよい。

いろんな形に切る

③ 黒板を使い，いくつかの色紙をはって（演示用に大きめの色紙を用意しておく），「これ，何に見えるかな？」などと，子どもに質問しながら，色や形の偶然の組み合わせ（見立て）で，いきものや植物，人などの形が表現できることを理解する。

④ グループに分かれ，はじめは共通テーマとして，「木」を表現してみる。いろいろ

5-1 色と形を発見する

な大きさや形の木ができるので，それらを比べて面白いところを指摘し合う。
⑤ ほかのもの（犬，馬，車，風景など）で何かつくってみることを提案し，自由に色紙を組み合わせながら，偶然の要素も活かして表現する。最初の段階ではのりづけをさせず，できるかぎり試行錯誤させるようにするとよい。
⑥ 表現するもの，レイアウトが決まった段階で，のりづけする。完成した後，画用紙の裏にタイトル（題名）を記入させる。早くできた子どもには，フェルトペンなどを使って細部を書きこんでもよい。
⑦ 全員の作品が完成したら，相互鑑賞会を開く。自分の机に作品を置いたまま，自由に作品を見て回る。その際，ワークシートを使い，自分や友達の作品の「素晴らしいと思ったところ」や「予想した題名（何を表現しているのか）」などについて書き，最後に発表をする。

ぞうさんの親子

大声でなく鳥

ぴょんぴょんウサギ

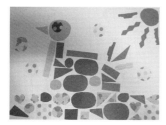
アヒルさんのお散歩

くまの兄弟と小鳥

お馬さんが走る

■ まとめと発展

このような「見立て」による題材では，図画工作を苦手とする子どもも含め，全員が歩調をあわせながら楽しく作業ができる。また，頭にはっきりとイメージしたことを色や形で"再現"するのではなく，色紙を手で操作しながら新たなイメージを"発見"できるところに大きな意義がある。応用としては，さらにいろいろな複雑な形や大きさの紙をつくったり，素材も色紙だけでなく和紙や薄手の段ボール紙などを使ったりするとよい。さらに，グループで協力して大きな紙に共同制作する試みも望まれる。また，鑑賞会では作品を見ながらストーリーを考え，その内容を発表すると盛り上がる。制作側と鑑賞側の見え方や感じ方の違いが一層きわだち，ユニークで想像的な交感が生まれるだろう。（池永真義）

第5章　デザインの学習

5-2　文様を描く　アイヌ文様を中心に

■ アイヌ文様の教材化のねらい

　図画工作科・美術科では，生活の中の造形や美術の働き，美術文化に関心をもって，生涯にわたり主体的にかかわっていく態度をはぐくむことを重視している。特に，わが国の伝統や文化が，今の自分達の見方や感じ方を支えるものとして，継承され続けてきたことへの敬意とともに，よさや美しさの実感を伴うことを大切にしたい。本実践で提案する「アイヌ文様」は，北海道における伝統的な芸術として，その独創性や芸術性が高く評価されている。文字をもたないアイヌの人々が，「心の正しさ，平和，豊かさ」などを祈りの形として，あるいは自然と共生する自然観などの想いを，独自に工夫を凝らした構成として代々継承してきたものである。そこで，アイヌ文様の構成を中心に，一つ一つの基本形が持つ意味や願いの形を自分なりに組み合わせ，文様のもつよさや美しさの追究とともに，アイヌ民族の自然観や美術文化への関心を高めることをねらいとして設定した。なお，折り紙を用いた体験的な学習は小学校中学年以降，文様構成のバリエーションの展開は，高学年〜中学生を想定する。

■ アイヌ文様の基本パターン

　右の図にアイヌ文様の基本形を示す。モレウ Moreu（渦巻文様）とアイウシ Aiushi（括弧文様）がアイヌ文様を形成する主要パターンである。なお，「モレウは静かに曲がっているものを意味し，アイウシは棘の意」[1)]とされる。この2つの主要パターンを中心に，川の流れや渦，流氷，風，木々に絡まるツルなどから，独自の発展を遂げたといわれている。

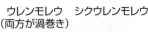

① アイヌ文様の基本パターン

出典：札幌市教育委員会指導室，アイヌ民族の歴史・文化等に関する指導資料 第5集，札幌市教育委員会，2008, p.41.

　また，アイヌ文様の基本形以外にも，「直線は心の正しさや正直さ，曲線は平和や円満，豊かさなどの意味が含まれている」[2)]ことなど，文様のもつ意味や精神性，祈りの形としての文様の理解が必要である。

■ 子どもの学習経験などの実態と授業の展開

（1）アイヌ文様を切り絵で楽しむ

　一般的なアイヌ文様は，1つのユニットが上下や左右対称，あるいはその両方となる。その特徴から②に示すように，正方形になるように四つ折りにした色紙

② 折り紙とハサミでアイヌ文様をつくる

にアイヌ文様の基本形を描き，ハサミで文様を切り出す活動が考えられる。この場合，折り山と文様の基本形同士がつながる部分を一致させないと，文様が分解してしまうため，注意が必要である。

③ 実際の活動の様子　　④ 児童作品

このような体験的に楽しむ学習では，子どもが様々なことを試すとともに，周囲の友達とかかわり合いながら，想いを広げたり，深めていくことを大切にしたい。完成した文様は，台紙や窓などに貼り，鑑賞し合う活動などが考えられる。

（2）バリエーションの展開からの文様構成

1つのユニットが線対称となることがアイヌ文様の特徴であるが，ユニット同士を展開させる文様構成の活動が考えられる。⑤は正方形を対角線で等分割した一方を塗りつぶし，それら4つを正方形となるようにユニットを展開した平面構成の指導例である。これを基にアイヌ文様の文様構成のバリエーションの展開へと活用する。

⑥は，上下左右ともに線対称の文様構成となっており，その対称性や連続性からも，伝統的なアイヌ文様の特徴が最も反映されているバリエーションの一つといえる。モレウのみの文様構

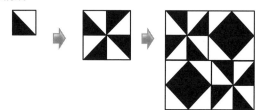

⑤ 文様構成におけるバリエーションの展開例

⑥ 生徒作品a　　⑦ 生徒作品b

※ともに木材工芸作品（直径10 cm）

成であり，シンプルな中に柔らかさを感じることができる。⑦はウレンモレウを中心的なモチーフとしながら，それらの連結にシクを用いた文様構成である。左右上下に伸ばした突起の先端を一定の方向に曲げることで動勢が感じられる文様構成となっている。

■ 多文化共生社会の実現に向けて

本実践では，アイヌの文様構成を取り上げたが，各地域文化の独自性や多様性を学ぶことは，それぞれの美術文化が人々の心や生活に潤いをもたらしてきたことへの理解とともに，互いの文化を尊重し合おうとする態度の育成に大きくかかわるものである。自らが構成する文様のよさや美しさの追究とともに，それぞれの文様やその文化的背景に思いを巡らせることは，多文化共生社会の実現へ向けた大きな一歩となる。（花輪大輔）

引用文献
1) 錦谷 禎「アイヌ文様の始源とその構成（No.1）」デザイン学研究（10），1969, p. 53.
2) 札幌市教育委員会指導室, アイヌ民族の歴史・文化等に関する指導資料 第5集, 札幌市教育委員会, 2008, p. 41.

第5章　デザインの学習

5-3　デジタルカメラで文字をつくる

◾ 文字デザインと印象

　従来のレタリングでは，明朝体やゴシック体の正しく美しい文字のかたちを学び，ポスターなどに応用することが求められた。そのような基礎の上に，さらに文字のかたちを拠り所としてイメージを広げ，発想する力を伸ばすような指導も可能ではないか。文字を読む時，私達はその内容を理解するだけでなく，文字そのものの表情を同時に読み取る。大声で叫ぶかのような太い文字，軽快で楽しそうな文字，古風で落ち着いた文字，モダンで洗練された文字など，単語の意味とともに，様々な書体の印象を受けている。デジタルカメラを使って文字の表情をつくり出すことにより，文字デザインの魅力を発見する。

◾ 素材と作業

　形状の単純なアルファベットのかたちをつくる。モチーフは身の回りにある素材のほうが，印象の変化をより強く体感できるであろう。デジタルカメラはスマートフォン搭載のカメラ機能でもよい。背景に色紙を敷くと画面がカラフルになって文字のかたちが引き立つ。撮影画像はプリントを外注すれば切り貼りの手作業になる。パソコンとプリンターを使えばモニター上で行う画像処理の作業となる。

◾ 実践の展開

　学校での授業展開を想定した大学生の作品例を示す。撮影時には，背景に敷く色紙，文

① 身の回りのモノや道具をを文字に見立てた作品

② アクセサリーで文字をつくった作品

5-3 デジタルカメラで文字をつくる

字の色や質感，光の当たり方や影のつき方などに留意する。一覧にする場合，作品例のように正方形内に収めておくと，レイアウトの助けになる。モチーフの撮影方法として，次の3つの方法が考えられる。

a．**対象を文字に見立てる**（①）：撮影の対象を文字のかたちに見立てる。例えばクリップは「A」，眼鏡は「B」，ノギスは「F」，糸ノコは「P」，金槌は「T」，磁石は「U」という具合に，モノのかたちをそのまま文字のシルエットとしてとらえる方法である。

b．**意図的に文字のかたちをつくる**：様々な素材で文字の骨格をつくっていく。素材の色や質感によって偶発的に面白いかたちが生まれる。②はアクセサリーで組み立てた文字で，素材のしなやかさや輝きが効果的である。③はアクリル板の上に水滴をたらしてつくった文字であり，角度をつけた撮影が動きを生み出している。④は様々な衣類を並べてつくった文字で，素材の柔らかさや色合いから楽しい雰囲気が出ている。

c．**印刷された文字を選ぶ**：看板や印刷物など，すでに印刷されて掲示された文字のかたちをそのまま撮影する方法である。学校内でアルファベットの英字を探し，撮影して並べるだけでも，様々な文字書体の特徴に気づくことができる。

まとめと発展

ここでは「A」から「Z」までの26字を対象としたが，大文字だけでなく小文字，さらに日本語ではカタカナぐらいまでは展開できるであろう。また撮影したアルファベットを複製し，単語をつくったり，さらに文章を組んで並べると，単体では読みにくかった文字が読みやすくなると同時に，文字のかたちの面白さがさらに際立つであろう。（山本政幸）

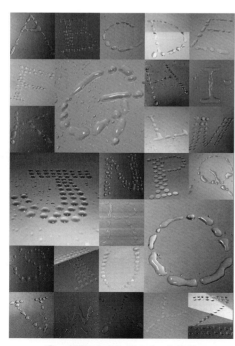 

③　水滴をたらしてつくった作品　　　　④　衣類を並べてつくった作品

第5章　デザインの学習

5-4 身の回りのデザイン　マークの意味と機能

■ マークの分類と目的

　私達が普段何気なく見ているマークや記号は，似ているようで目的に合わせて個別につくられている。シンボルマークやピクトグラムについて理解することで，マークに込められた意味や機能を整理し，どのような点が見る人や使う人のためにデザインされているか学習する。コンピュータや携帯電話のインタフェースで使用されるアイコンは普遍的な機能を表す場合（ゴミ箱など）はピクトグラムと同義であるが，アプリケーションを象徴したグラフィックシンボルもアイコンと呼ばれる。そのため，画面上に表示されるマークの一般的な名称として扱われることが多い。

（1）ピクトグラム

　一般的な対象や動作などを表す絵文字である。ある程度の学習は必要となるが年齢や言語を超えて内容が伝わるものである。特に交通関係や公共施設などで使用するピクトグラムは国際的にも表現が共通化されている。また交通関係や緊急時に使用されるピクトグラムは色と関連づけられていることも多い（交通標識，非常口のピクトグラムなど）。ピクトグラムは文字に扱いが近いため，多くの場合，特定の対象ではなく，男女や人間，またはその動作などの一般化された対象を表し，直ちに意味が理解される性質をもつ。

（2）シンボルマーク

　企業や組織を1つの形で表すものであり象徴である。特定の対象のもつ多くの情報を一つの形にまとめたものといえる。大きくは国家や自治体などから，企業，団体，集団，個人までシンボルマークは使用される。古くは家紋もシンボルマークの1つである。私達が身の回りで目にする多数の企業やブランドなどのシンボルマークは，企業や組織の考え方やイメージを色とともに形に代表させているといえ，マークを一目見て他者と見分けられる必要があるため，象徴的な形態を用いている。

（3）マークの表現について

　シンボルマークやピクトグラムが幾何学的な形態や平面的に塗り潰されたシルエットとなっていることが多いのは，遠くから見た際や小さく表示した場合に一目見て内容を理解，判別しやすくするためである。一方でマークの中には使用する媒体や制作意図などの影響によって，複雑な形や多色，立体的陰影表現を伴うなど，幅広い表現が使われる場合もある。

■ 事例と教材の収集

　ピクトグラムは，JIS規格化され，公共機関で使用されている標準案内図記号がある。その他，図鑑などのインデックスや動物園や植物園などのサイン類にも用いられる。シンボルマークは，自治体や学校や団体，または企業やそのブランドなどがあげられる。

　教材には，業種によるマークのモチーフや表現方法や色などの傾向を意識し，キャラクターではなく明確にシンボルマークとして独立しているものを選択するとよい。

5-4 身の回りのデザイン

ピクトグラムの例
出典：公益社団法人交通エコロジー・モビリティ財団

シンボルマークの例

出典：パンダのシンボルマーク　© 1986 Panda Symbol WWF　® "WWF" is a WWF Registered Trademark

■ マークを用いた実習

（1）ピクトグラムの意味当てクイズ

クイズ形式で公共的なピクトグラムをあげ，子どもが用途をあてていく。また，その際どこで見かけたかを思い出してもらう。ピクトグラムが伝わらない場合には，なぜそれが伝わらなかったのか考えてみる。

（2）マークの制作

モチーフを動物や植物に限定し，自分や身の回りの集団を表すことをテーマとして，マークを実際につくる学習を行う。最初に実物や写真などからテーマに合ったモチーフを選び，スケッチを行う。鉛筆でスケッチを描きながら，その動物の特徴的なアングルや部位や動作などに注意し複数描く。次にスケッチの中からその動物の特徴を最も表しているものを1つ選び，強調や抽象化する。独自の解釈で抽象化してよいが，既存のキャラクターやシンボルマークにとらわれることのないように注意する。何段階かの抽象化を経て図を整理し，最終的なマークは不透明水彩やペンを用いて単色で清書し完成とする。

■ マークの発展的な学習

案内サインなどにはピクトグラム以外に文字も一緒に表示されていることが多い。ピクトグラムのみのコミュニケーションと文字との関係について考えることで，ピクトグラムの素早い情報伝達と文字のもつ誤差のない伝達の効果に気づく。またシンボルマークの事例を集め，業種や商品の種類によって形やモチーフや色などに違いが見られるか分類し，その理由を考えることでシンボルマークへの理解が深まる。（西岡仁也）

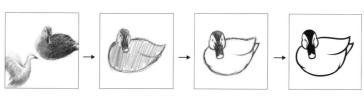

スケッチから簡略化を経て完成までの流れの例

第5章　デザインの学習

5-5 目の錯覚　だまし絵や錯視の体験

■ 錯視現象

　目の錯覚（錯視）は本来平面のものが立体に見えたり，同じ長さのものが違って見えてしまうといった，人間の脳がそのように判断してしまう現象である。

　だまし絵はトロンプルイユ（仏語）ともいわれ，昔から驚きを伴った娯楽として親しまれてきた絵画表現である。中世の礼拝堂では天井画として現実の天井より高く，荘厳に見せるために使われた。また，奥行きを感じさせるために本来存在しない壁の向こう側を描いた壁画や，古代ギリシアの建築の柱や五重の塔の上の階層に見られるように目から遠くなる程小さくなるようにつくることにより，高さを強調する効果として使われてきた。だまし絵的な効果は，絵だけでなく，アンビグラムと呼ばれる角度や地と図の関係により複数の意味を見出せる文字もある。また，連続した絵の変化を動きとして知覚することも錯視の一つである。踏切のライトや工事現場のロープ型のライトなど，明滅を繰り返しているだけにもかかわらず，人間はそこに動きを見る。同様に，パラパラ漫画やアニメーションもまた，静止画の連続した変化を脳が動きであると知覚している。本項目は普段目にしているものに別の見え方を探し，多角的な思考の育成が目的である。

■ だまし絵の事例

　錯視現象の事例として，ミュラー＝リヤー錯視（①）やカフェウォール錯視（②）に代表される幾何学的錯視，近年の北岡明佳の錯視，だまし絵ではルビンの壺などの地図反転図形，中世の礼拝堂の天井に描かれた宗教画や，シュルレアリスムの絵画，エッシャーのだまし絵（③）など，古今東西の様々な錯視，だまし絵が資料として考えられる。実践に際しては，描画が容易な種類に限定し，画用紙や画材，輪ゴム，ハサミなどの材料を用いて効果を確かめることができる。

■ だまし絵や錯視の体験

（1）だまし絵の鑑賞

　複数の内容が含まれているだまし絵を子どもに見せ，何が見えるか尋ねる。中には難しい事例もあるため，難易度毎に複数見せることが好ましい。また，歪んだ絵を球体や円柱状の鏡面に映すことで正常な形を見せる体験も，形に対する意識を身につける経験となる。

①ミュラー＝リヤー錯視[1]

②カフェウォール錯視[2]

③エッシャーのだまし絵[3]

④ 不可能図形
ペンローズの三角形[4]

⑤ 立体視
（交差法と平行法で手前に来る図

形が変化する，筆者による作図）

（2） さかさ絵による顔作成

サッチャー錯視とも呼ばれる，顔のパーツを上下入れ替えた場合にも人の顔に見えるという現象を利用した低学年向けの課題。人の顔の輪郭，目，鼻，口，耳，髪を描き，上下を反転すると若者と髭の生えた顔とが現れる。眉や皺などによって上下ともに顔に見えるよう補足する。

（3） 色の錯視，同時対比

折紙を小さく切ったカラーチップを用意し，同じ色を様々な色の上に乗せて見え方の変化いについて尋ねる。周辺の色によって同じ色が異なって見える体験をした後，応用として折紙で別の形をつくったり，人物だけを切り抜いた写真を用意する。それらを異なる色の背景に置くことで人物の印象が大きく変化する。こうした色の効果は絵画やデザインで巧みに利用されている。

（4） 不可能図形の描画

エッシャーの表現やペンローズの三角形のような不可能図形を描く課題（③，④）。地面であったところが壁になったり，目で追って行くと地面の表裏が反転するような絵を描くためには，始めにシンプルな形をつくり，徐々に同じルールで空間を広げていくとよい。

（5） 視差を利用した立体視（ステレオグラム）

もとになる絵をコピーやカーボン紙で複製し，同じ要素の位置関係は変えずに，わずかにずらして配置する。2枚の絵を寄り目で右目は左の絵を，左目は右の絵を見ること（交差法）により立体感が得られる。絵が小さい場合には左の目で左の絵，右の目で右の絵を見ること（平行法）で交差法と奥行きが反転した立体に見える（⑤）。この場合左右の絵の間に板を立てることにより左右で別々の絵を見るための補助ができる。

（6） 動きの錯覚とパラパラ漫画作成

短冊状に切った画用紙を数十枚程度重ね，片側を輪ゴムでとめて持ち手とし，反対側に形が変化していく様子を1枚ずつ描く。丸が四角に変わったり，四角が三角に変わるなどのわかりやすい造形的なストーリー展開を計画して作成する。

■ だまし絵の発展

だまし絵や錯視はただ目を楽しませるのみならず，交通表示として路面に凹凸を感じさせる塗装を行うことにより，注意を促すなどの例も見受けられる。また，近年はコンピュータを用いて複数の画像を精巧に合成する手法も広く使われ，インパクトのあるビジュアルをつくり出している。（西岡仁也）

引用文献

1) Müller-Lyer F. C., Optische Urteilschungen, Archiv fur Anatomie und Physiologie, *Physiologische Abteilung*, 2, 1889, pp. 263-270.
2) Fraser J., A new visual illusion of direction, *British Journal of Psychology*, 2, 1889, pp. 307-320.
3) Bool F. H., *M.C, Escher: His Life and Complete Graphic Work*, Harry N.Abrams, Inc., 1982, p. 323.
4) Penrose L. S., Penrose R., Impossible objects: A special type of illusion, *British Journal of Phychology*, 49, 1958, pp. 1-6.

第5章 デザインの学習

5-6 デジタル機器でポスターをつくる

■ 図と文字でポスターをつくる

　ポスターは，伝えたい内容を図と文字で表し，壁などに掲示して人々に伝達する，コミュニケーションの媒体である。図と文字を画面の上に配置し，色やかたちを調整しながら構成していく。図には内容に即したイラストレーションや写真などが使われ，視覚的な素材を用いて直感的にイメージを伝える。文字には漢字・かな・アルファベットが使われ，必要な情報を表記する。ひと目見て伝えたい内容が把握でき，美しく印象に残るイメージが求められる。視覚伝達デザインの実技として，最も基本的な課題の一つである。

■ ポスターの種類と制作方法

　ポスターの種類は① 商品・サービス・観光などの広告宣伝，② 展覧会・音楽会・スポーツ大会などの催しの告知広報，③ 緑化運動・水質保全・環境保護などの啓蒙活動，④ 選挙投票・交通安全などの注意喚起，⑤ 人権保護・平和推進といった社会的な問題提起があげられる。図画工作・美術科においては，学校行事，作品展示，校内美化，交通安全や防災・防火，福祉など学校生活や地域に関連する主題だけでなく，環境保護や人権尊重などの社会問題を扱うことも重要である。制作には，2つの方法が考えられる。絵の具を使った手作業と，DTP（コンピュータ，ソフトウエア，プリンターを使用）である。絵の具は不透明水彩（ポスターカラーもしくはアクリル），用紙は木製パネル（B2 サイズ = 728 × 515 mm）に水張りしたケント紙がよい。細部の表現にも対応でき，展示や鑑賞するにも適当なサイズである。ここでは，学校の普及や活用を意図してDTPの方法を紹介する。

■ 実践と展開

a．**情報内容の整理**：伝える文字情報を整理する。テーマ，タイトル，キャッチコピー，日時，主催者など，ポスターの種類によってその内容は異なる。

b．**アイデアスケッチ**：サムネール（親指の爪）とも呼ばれ，小さい画面にたくさん描くことが肝心である。ポスター制作で最も重要なプロセスである。細かな文字や彩色は省き，様々な切り口から思いついたアイデアを次々と描き留める（①）。

① 学生A，Bのアイデアスケッチ

c．**カンプ制作**：アイデアスケッチから抽出した原案を，再度大きめの画面（A5〜A4サイズ）に描く。小さい文字もていねいに描き，色鉛筆などで着彩，仕上がりのイメージがわかるようにする。文字の種類，色数，図版を確認する。

d．**素材の収集**：カンプに基づいて素材を収集する。場合によってはカンプよりも前，アイデアスケッチよりも先に素材を集めてイメージを広げる。

e．**素材の撮影**：素材の撮影は，明るい場所で行う。コントラストが高くなってしまうのを避けるため，ストロボは使わない（②）。

f．**図**：撮影画像はパソコンに取り込み，画像処理ソフトで周囲の不要部分を切り取る。

g．**タイポグラフィ**：和文か欧文か，明朝体かゴシック体か，縦書きか横書きかを確認する。明朝体は繊細で伝統的，ゴシック体は強く硬い印象を与えるため，内容との調和に留意する。

h．**レイアウト**：切り取った画像と文字を配置し，全体のバランスや配色を考える（③，④）。

まとめと発展

切り取りと配置するだけで，モンタージュのようなイメージをつくり出すことができる。画像の撮影と合成によって，伝えたい内容を意図に合うよう編集することが重要である。

（山本政幸）

② 学生A，Bの撮影した素材

③ 学生Aの完成作品　　　　　④ 学生Bの完成作品

第5章 デザインの学習

5-7 小型絵本をつくる　コラージュ絵本の制作

■ 文字のないコラージュの絵本

モダンテクニックを応用し，文字のない手のひらサイズの絵本をつくる。言葉による物語に挿絵をつけるのではなく，絵の具ならではの様々な表現に動きや展開をつけるイラスト主体の絵本である。絵の具を押し付けたり，たらしたり，クレヨンと水彩を組み合わせたりして色紙を準備しておき，これらを素材にしてコラージュする。偶発的に生じた色や形からイメージをふくらませて5つの場面を展開し，綴じてできた冊子をハードカバーに包んで上製本のかたちにする。つくった絵本を手に持って，頁をめくる楽しさを体験する。

■ 材料と用具

モダンテクニックを使って色紙をつくる作業では，コピー用紙（A3サイズ）を技法ごとに必要枚数，原画をつくる台紙としてケント紙（A3サイズ）が2枚，絵の具とハサミ，のりが必要となる。製本の段階では，ハードカバーの中身として2mmの厚紙（黄ボールは安価で丈夫，A3サイズ），見返しのための色紙2枚（色は自由，A4サイズ）を準備する。コラージュした原画を複製するため，カラーコピー機が使えるとよい。

■ 実践の展開

① **色紙の制作**：『はらぺこあおむし』で知られるエリック・カールは，絵本のデザインに自ら手で染めた色紙を準備した。薄紙に絵の具を塗ったりたらしたりして，色の濃淡や滲み，濁りを活かした表現をつくる。この実践では，モダンテクニック（デカルコマニー，ドロッピング，バチック，スタンピングなど）を応用し，作画の素材とする。

② **原画の制作**：A3サイズ（42×29.7㎝）のケント紙を台紙として縦に3分割すると，縦10×横20㎝の画面が3つできる。これを見開き頁とすると台紙2枚に計6見開きが配置でき，最初に題字と作者名を入れた扉頁（右頁のみ）を設けるため，5見開き

モダンテクニック（デカルコマニー，ドロッピング，バチック，スタンピングなど）を使った原画の制作

の場面を構成できる。原画をそのまま使用してもよいが，カラーコピーを通しておくと剥がれもなく扱いやすい。

③ **中身の制作**：原画6枚の中央に補助線を引いて谷折りにし，裏側にのりを塗って互いを貼り合わせる。さらに最初と最後に色紙（見返し）をのり付けし，寒冷紗（薄紙でも可）で補強，天，小口，地の3辺を切り揃え，天と小口と束の長さを採寸しておく。

④ **表紙の制作**：黄ボールを3つに切り分け，中身の採寸から割り出した寸法から表紙のサイズに必要な寸法を割り出す（図）。表紙は扉頁を110パーセント拡大して再利用，切り抜いて裏面全体にのりを塗り，黄ボールを包み込む。

⑤ **仕上げ**：中身の見返しの裏にのりを塗り，表紙の内側に貼り合わせてくるむ。天，小口，地の辺それぞれ2㎜ずつ空きが出るよう，内側に接着する。

まとめと展開

起承転結に配慮した原画の順番を考える。全体を通してイメージが進むためのキーとなるモチーフや図柄，飽きない展開について深く考える。（山本政幸）

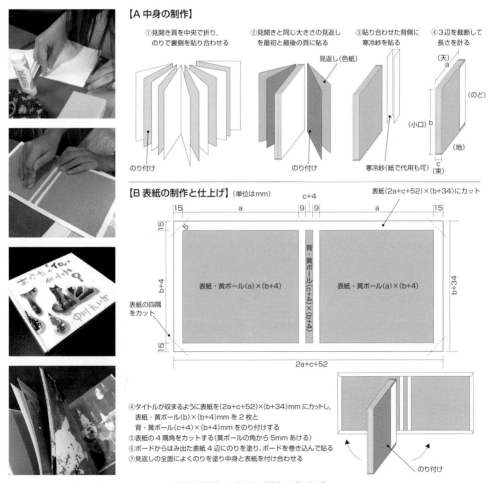

中身の制作と表紙の制作と仕上げ

第5章　デザインの学習

5-8 装　飾　デザインを工夫し，身の回りを飾る

◼ 装飾への興味

　若者は流行の色や形に敏感で，服装や日用品をはじめ身の回りを飾ることに興味をもっている。学校では，服装・身なり・持ち物が規則で制約され，個性的でおしゃれな美的感覚は，隠れたままになっている。けれども身の回りを飾りたいと思うことは，自然な願望である。おしゃれにしたいという気持ちや美的感性を造形表現やデザインにいかす。

◼ カラフル・パラソル　―ビニール傘を飾る―

　傘は，黒や紺の地味な色や模様のものが多い。また，交通安全のため黄色に統一されている学校も見受けられる。そこで，60cm幅の透明のビニール傘に，油性のカラーペンで自在に絵や模様を描いて飾る試みをした。画用紙よりも大きな丸い画面に描く，光を透かす透明のビニール傘にカラフルに描く，傘を回転させると絵や模様が動くといったことが通常の描画と異なる。一人一人が色や模様を工夫し，色彩を豊かにする。完成したら，広い場所に傘を並べる，学校のベランダや遊具を変身させる，光を透かしてコンクリートの地面に色や形を映す，お気に入りの場所やポーズで写真を撮り合うといった活動をする。

カラフルな色や形を地面に映す

パラソルのテントの中でくつろぐ

◼ 手づくりマグネット　―室内を飾る―

　様々な色や形のマグネットを工夫し，身の回りに飾って楽しむ。ケント紙や白ボール紙に図案を描き，クレヨンやカラーペンで彩色する。生き物，食べ物，花など自由にモチー

食べ物の色や形に近づける

手作りのマグネットにして飾る

5-8 装　飾

フを選べる。彩色後にラミネーターを使って画面を包むとよい。裏面にセロテープで簡易な磁石を貼れば、個性的なマグネットとして、おしゃれな室内飾りになる。

■ モザイク・タイル　―色のタイルを並べる、組み合わせて模様にする―

　従来は、風呂場・台所・トイレなどの水を使う所に色タイルがよく使われていた。ところが生活や建築のスタイルの変容とともに、タイルを目にすることは少なくなった。色タイルは、陶器と同様に粘土を原材料にして、成形、素焼き、釉薬塗り、本焼きといった過程でつくられている。色や形の種類が多く、造形的に魅力的な材料である。西洋の伝統的なモザイクには、色タイルが使われており、光・熱・水分に強いので現在でも美しい色や模様が保たれている。ここでは、主に教材用の1cm角の色タイルを写真立ての額の中に並べて、おしゃれな飾りつくりに挑戦するとともに、モザイクの技法を体験する。

　表現方法は、下記の①〜⑥である。

① 色タイルを集め、好みの色のタイルを選択する。
② 写真立ての大きさと同じ枠の中に色タイルの並べる。色や模様の組み合わせを工夫する。
③ 写真立ての額の中が色タイルで飾られるようにする。タイルとタイルの間は少し隙間をあけておくとよい。
④ 図案が決まったら、幅広の両面テープを貼り付けた天板の上に色タイルをていねいに並べる。
⑤ 両面テープでタイルを接着したら、タイルの隙間に目地剤（白セメント）を塗って仕上げる。タイルについた目地剤は、乾く前にぬれたスポンジや布でふき取る。
⑥ モザイクの作品を飾って、タイルの色の組み合わせや模様を鑑賞する。（辻　泰秀）

いろいろな色や形のタイルで遊ぶ

色タイルの模様を工夫する

両面テープの上に色タイルを並べる

目地材やボンドで固定して飾る

第5章　デザインの学習

5-9　新聞紙でファッションショー

◼ マイ・ファッションのイメージ

　新聞紙は安易に用意でき，可塑性にも優れ，行為から形が多様に広げられる素材である。そのため，試したり工夫しながら自分が表したい形を構想していくことができる。

　本題材では，自分がイメージする主題をもとに衣装をデザインし，新聞紙で「マイ・ファッション」を制作していく。衣装という用途を考えながら，主題にそったイメージを新聞紙でつくりだしていく。丸める，ちぎる，つなげる，折る，穴をあけるなど，様々な行為によって形を変容させ，イメージを広げながら，テーマをもって表現する。

◼ 材料と用具

　　材料：新聞紙　　用具：ハサミ，セロハンテープ，のり，姿見鏡，カメラ

◼ マイ・ファッションをデザインしよう

(1) 新聞紙から行為を広げていく

　導入では，新聞紙でどのような形を生み出すことができるか，やぶったり，つなげたり，丸めたり，ねじったり，巻いたり，輪にしたり，穴をあけたり，折ったりしながら形をつくってみる。手の動きをとおして材料とかかわりながら子どもは行為を広げ，新聞紙の可能性と特性を見つけ出していく。例えば，新聞紙の裂く方向を変えるだけで生まれる形が異なってくる。新聞紙には裂いて破りやすい方向と破れにくい方向があり，新聞紙の長い方の辺を横にして縦に裂くと帯状の細い直線的な形が安易にいくつもつくれる。逆に，短い方の辺を横にして縦に裂いていくと有機的な線をもった形が生まれてくる。それぞれが様々に見つけた素材の可能性と特性を共有し合うことによって表現は広がっていく。そのような材料の特徴を子どもが試しながら探究していく時間が必要となる。

(2) 行為がイメージを広げていく

　このような時間を保証することによって材料への理解を深めながら子ども達はイメージを広げていくことができる。さらに，自分らしいイメージを形にしていくためにアイデアスケッチを描いてから取り組むことも有効である。クラス全体でテーマを決めて取り組む場合は，そのテーマを表現できるデザインを紙に描いてからつくり始めるとより明確な意図をもった形が生まれてくる。しかし，子どもの表現は制作の過程で変容していく。新聞紙とかかわりながら形を生み出していくことによって，アイデアスケッチでは気づけなかったことを見つけたり，新たな形を工夫したりと，表現は作業の過程の中で広がり変容していく。そこに見られる工夫も大切に扱いたい。

(3) 道具によってイメージを広げる

　準備する用具は授業のねらいによって異なる。制作の過程の中で子どもの行為を広げ，工夫させていこうとする場合は，用具はセロハンテープだけでも十分である。ハサミがなくても新聞紙は安易に破ることができ，逆にない方が様々な形を試しながら形を生み出し

ていくことができる。その過程で，さらにハサミやのりが必要になった場合はいつでも子どもが使えるように準備をしておきたい。また，アイデアスケッチによって始めからはっきりとした形を決めて制作に入る場合は，セロハンテープ以外のリップのりや丸める棒，型抜き，ハサミなどの用具を前もって準備させ，計画的に作業に取り組ませていきたい。

（4） テーマをもつ

テーマは，各個人に始めに考えさせて取り組ませる方法もあるが，制作の中で物語や想像が広がるように全体でテーマを決めて取り組むと，テーマから生まれる物語や世界観を共有しながら授業を進めることができる。例えば，宇宙で生活する時代を想像したり宇宙での物語をつくりながら「銀河系ファッション」をテーマに取り組んだり，30年後の自分達の街を想像しながら「未来のかわいいファッション」を想像したり，子どもの興味や必然性のあるトピックからテーマを決め，それぞれの表現を工夫していきたい。また，制作過程における行為やイメージの広がりを優先させて授業のねらいを考える場合は，始めにテーマを決めないで，例えば，「巻く」とか「覆う」といった行為から活動を始め，最後にタイトルをつけることもできる。その場合，子どもは行為を広げながらイメージを広げ，徐々にテーマを明確にしながら制作を深めていく。そして最後に，その子のテーマに沿ったタイトルが生まれてくる。

（5） 私達のファッションショー

モデルをしながら制作を1人で行うことは難しいため，2人一組でデザインを相談しながら行うと制作がしやすい。完成したら，ファッションショーによってお互いの作品を鑑賞し合い，工夫した点や見てほしいところを共有し合っていきたい。単に見せるだけでなく，タイトルに応じたアナウンスやモデルのパフォーマンスも工夫するとよい。

30年後のジャポニズム

ファッションショー

■ 表現を広げる

新聞紙だけでなく，デザインを平面で行う場合は，デジタルカメラで自分の身体の全体を写し，そのデータをパソコンに取り入れ，描画やコラージュなどが画面で操作できるソフトを用い，自分の映像をモデルにしながら画面においてデザインすることもできる。

（磯部錦司）

第5章 デザインの学習

5-10 立体構成へ 行為からはじまる構成的な活動

■ 行為することから構成へ

　子ども達が何気なく行っている行為のなかに造形的な活動へと発展していくものがある。並べるという行為もその一つである。例えば，小さな木片やプリンカップ，ペットボトルキャップなど身近な材料がたくさんあると，子ども達はそれを並べてみたくてしかたなくなる。ある程度の広さのある場所があれば，長く，長く，どんどんと並べていく。そして，どこまで並べられるか試しているうちに楽しさが増してくる。ただ単純に並べていたのが，いつしか，川や線路に突き当たり，それを乗り越えるために橋を架けるといったように，材料の並びに意味が生まれてくる。そうして，気づけば子ども達は楽しい空間をつくりあげている。ここで，大切なことは，始めから楽しい町をつくろうと思っていたわけではなく，並べるという行為をしていくうちに，町が生まれたのだということである。

　こうした，行為することから構成することを楽しむことへと発展していく活動は様々あり，子ども達の造形性の発達とともに変容してくる。例えば，小学校低学年のそれは「並べる」「つなぐ」「積む」であり，中学年になると，「組み合わせる」へと変容していく。

① 身近な材料を並べるなかで構成が始まる

■ 平面的な構成から立体的な構成へ

　低学年の「並べる」「つなぐ」「積む」といった造形的な行為は，基本的には材料と材料を「並べる」行為であり，積むというのは，空間的な縦方向に「並べる」行為を意味していると考えることができる。つまり，低学年の子ども達の造形的な行為は，材料をどんどんと並べていく活動の中で，形や色に注目するようになり，そこから意味づけをしたり，リズム

② 天井から下がっているロープに，不織布を洗濯ばさみでどんどんとつないで吊していく子ども達

やパターンを見出したりするのだといえる。先のペットボトルキャップなどを並べる活動であれば，どんどんと並べていくことから「道」「道路」「町」といった具体的なものの意味づけを行ったり，材料の形や色から並べ方を思いついたりして，並べ方を工夫するようになるといったことである。

　低学年ではこうした，平面的な構成を楽しむ造形活動を存分に楽しんだ子ども達は，次第に立体的な構成を楽しむ活動へ関心が向けられるようになる。②の題材では，子ども達が，図工室で天井のあちらこちらから吊り下げられているロープを起点にして，いろいろな形や大きさの不織布を思い思いにどんどんとつないでいく。この活動において，つなぐ行為は，縦方向だけではなく，横方向の広がりをもつ。そこで，子ども達が縦横にどんどんとつないでいくと，その結果として，活動している場所に全体として立体的な構造物ができている。つまり，こんな形をつくろうと思って構成活動をするのではなく，思い思いの行為の連続が，結果として構成活動へと向かうのである。

　また，③の題材では，子ども達は不定形に切り分けられた段ボール片に，段ボールカッターで切り込みを入れてどんどんと組み合わせていく。この題材では，ガムテープや木工ボンドなどの接着剤は使用していない。また，段ボールには，縦横で強度が異なるために，どんどんと組み合わせていくと，大きくなるに従ってバランスや，強度に問題が生じてくる。子ども達はそうした問題に出会う度に材料の組み合わせ方を変え，補強しながら，立体的な構成を楽しみ自立する構造物をつくりだす。

■ 環境を取り込んだ構成活動へ

　このように，子ども達は，低学年から中学年にかけて，造形能力の発達とともに，平面的な構成を楽しむ活動から立体的な構成を楽しむ活動へと，造形活動を発展させていく。そして，高学年になった子ども達は，さらにその構成の要素に環境を取り入れるようになる。環境とは，例えば校舎内の階段や廊下といった空間の形状や校舎外の風がよく通る場所や光が差し込む場所，木立の影が地面に映る場所といった空間の特徴のことである。中学年までの子ども達の構成活動と環境との関係は，並べたり，積んだり，組み合わせたりすることが思う存分にできるための広さや大きさであったが，高学年の構成活動では，その場所だからこそ意味がある作品や，その場所だからこそ可能になる表現というように，環境が表現の重要な要素となるのである。（山田芳明）

③　段ボール片に切り込みを入れて組み合わせていくと，自立した構造物ができてくる

第5章　デザインの学習

5-11　日用品のデザイン　ユニバーサルデザイン

■ ユニバーサルデザイン

　ユニバーサルデザインとは年齢，性別，国籍などを問わず誰もが使いやすいデザインとして，1980年代にロナルド・メイスによって提唱された。公平性，自由度，単純性，情報理解性，安全性，省体力性（少ない力で使用や操作できる），空間確保性が七原則としてあげられている。日本ではユニバーサルデザインに先だって，障がいやハンディキャップのある人にとって使いやすいことを目的としたバリアフリーが広まっているが，超高齢社会や情報社会に伴い近年はユニバーサルデザインが広く浸透しつつある。本項目では，誰のためのデザインであるかを考え，誰もが使いやすく，かつ美しいデザインについて学習する。なお，筆者の所属する筑波技術大学では毎年大学および学生が市の職員を対象としたユニバーサルデザイン研修を行っており，本項目はそこで得られた知見をもとに子ども達の学習を目的として構成した。

■ ユニバーサルデザインの実際

（1）環境や施設
　高さや大きさを調整できる家具や手すり，車いすでも容易に使用できるスロープ，人の目が行き届く開放的な校舎，誰にでも使いやすい多目的トイレなど。

（2）道具や製品
　利き手にとらわれずに使いやすい文房具や，操作がシンプルで文字が大きく表示されている家電製品，使いやすさを考慮した道具類など。

（3）視覚伝達
　読みやすい文字の大きさやコントラストがあり見分けやすい色づかい，視線の移動が考慮されたレイアウト，漢字にルビや英語表記を備えた案内表示類など。

■ ユニバーサルデザインの探索

（1）校舎内探索課題　探索
　4～5人程度のグループをつくり，まとめ係（リーダー），記録係，実践するシミュレーション係，発表係などの役割を決める。校舎内を探索し，身近なユニバーサルデザインを探してみる。体が不自由な人のためのバリアフリーのものを探すだけではなく，様々な人にとって使いやすい（わかりやすい）もの，使いにくい（わかりにくい）ものを探す。これらは記録係が写真を撮り，写真で説明しにくい内容をカラー付箋に書く。写真を撮ることが難しい場合にはスケッチを描きメモを残す。各グループに分かれてからすぐに動きださずに，どのようなテーマについて取り組むか話し合いを行う。例えば，テーマ別のグループ構成としては，ハンディキャップのある人に配慮した施設について調べるグループ，図書館などの施設の使いやすさについて調べるグループ，サイン表記や掲示などの色づかいや視覚伝達について調べるグループ，道具や文房具について調べるグループなど。

誰にとっても使いやすいものであるためには，自分がそう感じるだけではなく，例えば自分よりももっと年代の低い人ではどうだろうか。または，高齢の人ではどう感じるか，車いすを使用したり，目や耳に障がいがあったり，体が不自由な場合にはどのような点が困るだろうか。実際に視線を下げたり，視野を狭めたり，耳が聞こえないことで困ることはないだろうか，といったシミュレーションを行うことも重要になる。

(2) 校舎内探索課題 整理

集めてきた写真や内容を模造紙などの大きな用紙に並べる。この時内容によってカテゴリーを分類し，線で囲ったり，関連する内容を線でつなぐなどして，内容の見出しを書く。すでにユニバーサルデザインに配慮されているものはどのような点が使いやすいかをあげる。また，使いにくいものは問題点をあげ，デザインによる改善方法について話し合う。

最終的には大きなタイトルとして，グループがどのようなテーマに着目したかを書き出す。可能であれば校舎の地図の上にそれらを配置したマップの掲載や，テーマや考えたことを文章として入れる。第三者が見た場合にもユニバーサルデザインのどのようなことに着目して調べたかがわかるようなプレゼンテーションシートを成果物とすることが望ましい。この時，グループ間でできるだけ内容が重ならないよう，または重なった場合にも異なる視点からの発表が行えるよう，まとめの段階で教師は適宜アドバイスを行う必要がある。

テーマを考える際には，以下の点について話し合うことによって，理解を深める。

a．**使いやすい（わかりやすい）もの**：誰にとって使いやすいか，より多くの人が使いやすくなるにはどうすればよいか。また，見た目はよいか。

b．**使いにくい（わかりにくい）もの**：誰にとって使いにくいか，それを改善するにはどうすればよいか。また，見た目はどうか。使い方がわかりにくいものについては案内や説明書きを加えたり，施設に問題がある場合にはどのような提案ができるかを書き出す。

c．**発　表**：1グループあたり5〜10分程度で，調べた内容（テーマ，調査内容，まとめ，気づき，考えたこと）について簡潔な発表を行う。

ユニバーサルデザイン探索と整理の様子

ユニバーサルデザインの可能性

本項目の発展として，学外や家庭で見つけたデザインを写真に撮って持ち寄ることでより広い範囲のユニバーサルデザインについての意識や気づきが身につく。あるいは，色の見え方に特徴のある人に向けたカラーユニバーサルデザインについて触れることで，色を用いた見分けが，人によってはかえって見えにくくなる事例について考える。（西岡仁也）

第5章　デザインの学習

5-12　楽しくデザイン　実用品への応用を試みる

▣ 実践のねらい

　本項目のデザインの目的とは何であるか。図案や模様，レイアウトを工夫することで美術を実用品に応用することを目指す。そこで題材として「ペンケースの作成」，「カップのデザイン」などもをとりあげる。ペンケースは子ども達が造形する時に用いる実用的な道具である。また素材としてカラー布テープを用いることで簡易のテキスタイルとなる。これにより色の組み合わせを考えることとなる。さらに用途に合わせて，形を工夫することにもなるだろう。身近な道具を自分なりに飾り付け，使うことを考えてつくることで，デザインすることの楽しさに触れていきたい。

▣ 材料と道具

　カラー布テープ（赤，黄，青，黒，白，緑），薄紙（わら半紙，習字用半紙など），カッターナイフ，カッターマット，定規

▣ 実際の展開

　① **ペンケースの生地をつくる**：布テープを平行に貼り重ねて，表面の布テープに直行するように裏面に布テープを平行に貼り重ねる。この時，強度を考えると布テープだけで貼り合わせるとよいが，この作業がなかなか難しい。低学年では思うように貼ることができず，しわが入ることがある。そこで今回，薄紙を支持体として用意した。薄紙には習字用の半紙（240×333㎜）を用いているが，薄手のものなら，わら半紙でもよい。紙が厚いとペンケースがごわつくためである。薄紙を支持体とすることで，大きさの目安がわかりやすくなり，布テープの長さを調節しやすくなる。また完成時の大きさを揃えることができ，大きさを計画的に制作できる。表面を貼り終えて裏面の作業をする時は，四隅を小さく切った布テープで仮止めすると作業がしやすい。表面と裏面を貼り合わせたら，5～10㎜程度半紙より外側をカッターナイフで切る。

　② **形をつくる**：裏面を表にして生地の長辺を折り返す。この時，鉛筆など中に入れるものに合わせて折り返す位置を決める。テープを折り返す長さに合わせて切り，横をふさ

材料と道具

表面生地をつくる

ひっくりかえして

四隅を仮止め

ぐことでペンケースの袋ができる。入れるものに合わせて間仕切りをつくる。今回は三つ折りにするため、三等分する。消しゴムは切り込みを入れてポケットをつくった。これでペンケースの内側はできあがった。

　　生地の完成　　　入れるものに合わせて　　折り返す　　　　三つ折りにする

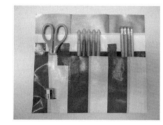  

　　内側のポケット　　　　ひもをつける　　　　　巻きつけて完成

③　**仕上げ**：布テープを40cm程度に切り、三つ折りに貼り合わせて紐をつくる。ひもを布テープで貼り、巻きつければペンケースができあがる。ここで完成でもよいのだが、装飾を加えてみたい。布テープのよいところは、重ね貼りしても、剥がしやすく、試行錯誤できる点である。外側、内側、ひものどこかにアクセントとなる色を貼ってみる。画一的な縞模様に遊び心が加わる。（葉山亮三）

焼き物のカップのデザインを考える

陶芸用粘土を用いて、自分が使いたい、人に使ってほしいカップをデザインしてつくる工程を紹介する。塩ビパイプや紙管を芯材にして、板状に延ばした粘土を芯材に巻きつけて、カップ本体をつくる。取っ手は、自分や使う人の手の大きさを考えて、形づくり、接着する。カップ側面に、考えた絵柄を着色したり、粘土を貼り付けたりして装飾を加える。着色は陶芸用色粘土、青、黄色、ピンク、黒を使用する。乾燥後、素焼き、本焼き焼成して完成させる。マグカップの機能を果たし、型もほぼ同じものを使った制作だが、取っ手の形やカップ側面の絵柄を工夫することで、その人らしさを表現することができる。制約のある中で、それぞれが工夫を凝らすデザインの多様性を制作の中から学べる。（江村和彦）

側面には星空を表現した　　点の繰り返しの絵柄　　ハート形の絵柄

第5章　デザインの学習

5-13　公園や遊具のデザイン　音を使って

■ 音を設置して公園をよりいごこちのよい場所にしよう

　一般的に中学校美術の教科書の公園や遊具のデザインの単元では，多くの人々が利用する駅や空港，または学校や公園などの施設がどのように利用する人々に快適だと感じられるようにつくられているかを鑑賞するようになっている．さらに，学校や地域での生活を快適にするために表面的な装飾だけではなく，人と環境との関係に注目してデザインしプランを提案することが求められている．そこで，この単元では，発想・構想を高めることが要点であることから，デザイン思考を身につけ，公共空間の問題発見と解決のアイデアを出すことをポイントとしたい．趣向を変えて今回は「音を設置する」ことで環境をよくする作品制作にトライしてみたい．この実践ではワークシートやポートフォリオを導入し，問題発見の課程や解決に至る発想を適切に導く必要がある．コンピュータによるインタラクティブ（相互作用的）な作品制作のノウハウも紹介するが，難易度が高いようであれば，実際の授業では子どもがタイミングに合わせて，音を再生するなどアナログな手法でも十分実践可能である．ソフトウエアの使用方法は YouTube で紹介（https://youtu.be/3Pypk49qvu8）しているので，適宜参考にしてもらいたい．

■ 材料と用具

　A4 用紙子ども 1 人あたり 10 枚，子ども 1 人あたり付箋 15 枚，サインペン黒/赤，セロハンテープ，Web カメラ，Macintosh，EvoCam（ソフトウエア for Mac 有償 30 ドル程度），Audacity（音声編集ソフト　無償）

■ 音による空間・行為のデザインで発想力・構想力を育てる

（1）　導入：公共空間や学校での問題点を出そう

　子どもは A4 の紙に黒のサインペンで 1 人 10 枚程度，無記名で公園や学校などの公共空間での問題点を線画で作成し，できあがったら教室の全面に張り出す．その際に，重要な部分を赤で斜線で塗りつぶしておく．子どもは赤い部分に注目しながら，1 枚 1 枚を観察し話し合う（例：トイレのスリッパが揃っていない場合は　スリッパの絵を線画で描き揃っていない部分を赤の斜線で記す）．

（2）　作品鑑賞：VW Fun Theory を参考に音で解決できる方法論を探す

　教師は提示された問題点を見渡し，数多くの課題があることを認識した上で，フォルク

公園内のゴミ箱

ゴミ箱に装置を設置する様子

ゴミを投入すると音が鳴る

スワーゲンの The Funtheory.com の「The World's Deppest Bin」と「Piano Staircase」を参考作品として紹介する。「The World's Deppest Bin」は，ゴミ箱の中にセンサーを仕込み，ゴミが落ちる音を誇張した音声が再生される仕組みを設置したことによって，散らかっていたゴミが通常よりも大量に収集されたという事例である。ゴミをわざわざ拾い集めて捨てる者も登場するように，公園などの公共空間を音の設置によって，遊び心をもたせ，居心地のよい空間にするプロジェクトである。また「Piano Staircase」も同様にエスカレーターを使用する人々が多いなかで，階段をピアノの鍵盤に見立ててモーションセンサーで反応する音を設置することで，階段を使う人数が大幅に増えた事例の紹介である。このように，音一つでも多様な問題解決の糸口になることがわかる（こうした事例では感圧センサーやモーションセンサーが使われているが，小学校の実践ではその場の様子を見ながら子どもが音を奏でることでも十分である）。

(3) 音源制作：選出された課題に対して楽しむことで解決できる音をつくる

そこで，先ほど子どもが1人10枚程度提示した課題に対して，今度は子ども1人15枚の付箋を用意する。インタラクティブに反応する音を設置することを前提に付箋で問題解決可能な課題を選び，音のアイデアを記した付箋を貼っていってもらう。ここでは，具体的な音や音階などのアイデアを考案するようにしたい。極力言葉ではなく，メタファーによる表現例を示すとよい（例：トイレのスリッパが揃っていない現状に対し，スリッパを所定の場所におくとそれぞれド，レ，ミ＜揃った音＞が鳴ることで，遊び心をもっていごこちのよい空間になる）。教師は一旦，解決可能な課題と音のアイディアを整理し，実際に設置可能なものを選出する。その際にアイデアが足りなければ適宜補助し，ヒントを与えるとよいだろう。子どもはグループごとに別れた後に，それぞれ教員が選出したアイデアの中から1つ選び実際の音づくりに入る。

音制作はスマートフォンなどで実際に音を録音してもよい，または自身の声で音を表現するのもよいだろう。Freesound.org や SoundCloud などで，フリーの素材を探すことも可能であるが，時間配分に気を配らなければならない。音は Audacity などの音声編集ソフトで切り貼りが可能であり，できれば音量を最大に調整しておくとよい。音素材の加工は教師が適宜補助をするとよい。

(4) 音の遊具制作：モーションセンサーで反応し音が鳴るオブジェクトをつくる

モーションセンサーには Evological 社の EvoCam を使用するとよい。使用方法は YouTube で公開しているので，参照いただきたい。教師の補助のもと，設置・発表を行う。またその様子を映像で記録し，子どもはそれぞれ問題提起とその解決のための発想・構想とをまとめ，オンライン上で発表できるとよいだろう。

まとめと発展

今回の実践では，公共空間での課題発見，課題解決を要点とすることで発想・構想の能力を高める部分に要点をおきたい。最終的なアウトプットとしてインタラクティブなオブジェクトをつくることにしているが，この部分は学習環境や教師のスキルに合わせてできる範囲で行うとよいだろう。（佐原 理）

第6章 映像メディアの学習

6-1 コマ撮りアニメーションを体験する

■ 実践のねらい

　美術教育において写真・ビデオ・コンピュータなどの映像メディアを積極的に活用することが課題となっている。ただし画像，動き，時間，配色，音声など，多くの実習時間が必要になるだけでなく，教師にも十分な知識や技能が必要である。また，漫画やイラストレーションなどの描画表現でも，デッサン力や空間的・時間的感覚が不可欠となり，単元内で充実した作品を完成させるのは容易ではない。そこで限られた時間内で短い動きをもつコマ撮り動画を制作し，アニメーションづくりの面白さを体験する。

■ 材料とテーマ

　A4 コピー用紙（1 人あたり 4 枚），デジタルカメラまたはカメラを搭載した携帯・スマートフォン，（画像を転送するケーブルもしくはメモリカードアダプタが必要になる），原画用台紙としてケント紙，装飾コラージュ用に赤・青・黄などの原色の用紙を準備する。編集にパソコンとソフトウエアも必要であるが，ここでは Mac の基本ソフトに同梱されている iMovie を使用する（Windows 版もある）。

　制作するアニメーションは 4 人程の受講者全員で 1 本の作品とする。1 人につきおよそ 1 秒を割り当て，8 コマ分の原画を担当する。デジタルカメラでコマ撮り撮影した画像を切り抜いて，赤，青，黄などの色紙とともにコラージュして，原画を完成する。最終的な動画連結処理は授業担当者が行うこととし，受講者は動きをつける原画制作に専念する。

　テーマを「自画像」に設定し，自分の顔や手，足など身体の部分が必ず入ることを条件にする。原画の構図によっては，グループで互いの撮影を助け合う。

① 下絵の作成

② 撮影

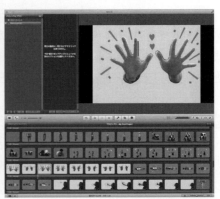
⑤ iMovie を使った編集

③ 写真画像の出力

④ 原画の作成

6-1 コマ撮りアニメーションを体験する

◼ 実践の展開

a．**下絵の作成**：A4用紙4枚の両面にコマ枠を印刷し，計8画面が連続してめくれるよう山折りにしたものを準備。修正を繰り返して動きを確認し，下絵をつくる（①）。

b．**撮影**：下絵にもとづいてデジタルカメラで8コマ分を撮影する（②）。十分な光量がないとブレたりボケたりするので，屋外の明るい場所で撮影する。

c．**写真画像の出力**：撮影した全画像をプリンターでA4サイズに出力する（③）。

d．**原画の作成**：出力した画像を切り抜き，赤，青，黄などの色紙を使って背景や周囲にコラージュで表現する。8枚の原画を完成する（④）。

e．**スキャナ入力**：給紙機能付きのドキュメントスキャナで全原画を一括画像入力する。

f．**編集**：動画編集ソフトiMovieでつなぎ合わせて完成する（⑤，⑥）。

◼ 受講者の感想

実習後の受講者からは次のような感想を得た。「描くのではなく写真でつくる方法が楽しかった」「色紙を使ってコラージュしたためポップになった」「非現実的な動きがついて面白かった」「たった8コマで動きが出ることに気づいた」「指の簡単な動作で面白い動きがつくことがわかった」「自分を撮ったのが楽しかった」「他人のアイデアを鑑賞して多様な表現に触れるのがよい」といった評価が見られる一方，「カメラを固定して撮りたかった」「コラージュ制作の時間が足りない」「自分の動きを客観的に捉えるのが難しかった」「動きの間隔が予測できなかった」といった問題点の指摘も見られた。

◼ まとめと展開

動きが無限に循環する「ループ」を意識したコマ割り（8コマ目が1コマ目に戻るように）すると動きがわかりやすくなる。発展として，効果音などの音声，リズム，音色，和音を組み合わせた音楽などをつける試みは，より映像の動きを際立たせるであろう。（山本政幸）

⑥ 8コマをつなぎ合わせた編集画像

第6章　映像メディアの学習

6-2　写真による表現　映像を体験する

■ 映像が生み出される体験を通して映像表現に挑戦しよう

　本実践では映像体験を導入として取り入れ，そして未来派（Futurism）*の作品の歴史と読み解きを行い，さらに写真制作活動を通して造形言語によるイメージの伝達ができることを目標としたい。実際の教育現場ではデジタルカメラが十分に配備されていない状況もよく見受けられる。そこで，映像遊びを取り入れ，一眼レフのカメラが1台程度で授業ができるように考案した。特に映像が生み出される瞬間を子ども自らが体験することは，映像メディア領域の導入として非常に重要である。

　　＊20世紀初頭にイタリアで起こった芸術運動。機械が生み出した時間の連続性や動き，速さ，ノイズなどを題材にした作品が多い。

■ 材料と用具

　子ども：虫眼鏡（2.5倍から3倍程度の倍率がよい），懐中電灯（高輝度が望ましい）
　教　師：三脚，デジタルカメラ，高輝度LEDライト／スポットライト，タンバリン

■ 映像体験，そして写真らしい表現へ

（1）　導入：虫眼鏡と懐中電灯で映像を生み出してみよう！

　厚い木の葉が重なり，隙間がピンホールとなったときに地面に像が結ばれていることを体験した方はいないだろうか。実際には穴1つあれば映像を結ぶことができる。しかし，明るくシャープな像を結ぶには，虫眼鏡などの凸レンズを用いるとよい。そこで，導入では体育館や理科室といった暗室を利用して，懐中電灯と虫眼鏡を持たせグループで映像をつくりだす実験をしたい。口や体の一部にライトを当て，その反射光を虫眼鏡で集光させ壁に映像を映し出す。1mほど白壁から離れ，虫眼鏡の位置を前後に調節すればきれいに映るだろう。筆者のこれまでの経験では子どもから「色が付いていて驚いた」「リアルに動いた」といったの感想があがってくる。

①　虫眼鏡で壁に映像を映す様子

（2）　鑑賞活動：未来派の歴史と作品　要素の連続性からムーブメントを読み解く

　未来派は絵画や彫刻表現にも連続的な時間のダイナミズムを取り入れたことに特徴がある。そこで，ジャコモ・バッラの「Dynamism of A Dog on a Leash」（②）を始め20世紀初頭の技術革新を基盤とした新たな表現様式の歴史的背景を学ぶ。トマス・エイキンズの「Study In Human Motion」（③）を例にあげたい。未来派の絵画作品を鑑賞し，要素の連続性による表現という視点から分析する読み解き活動を取り入れるとよいだろう。

（3）　表現活動：長期露光写真でムーブメントを表現しよう

　表現活動では参考作品をもとに，「うねり」「躍動」「ゆらめき」などの動きに関する要素のキーワードを多重露光（2枚以上の写真を重ねて撮る）によって表現することに挑戦

したい。そこで，暗くした教室を利用し子どもはリズム，表現者，光，撮影者に役割分担した上で多重露光によって1つの画面に連続する動作を取り入れた写真撮影を行う。撮影には高輝度のLEDライトもしくはスポットライトを瞬間的に発光させる。撮影する際には20～30秒程度のシャッタースピードで撮影する。子どもはスポットライトが光った瞬間の連続が1つの写真に収まることを学習し，できればリズムに合わせて表現するとよい。

② 「Dynamism of A Dog on a Leash[1]」
Giacomo Balla, 1912.

③ 「Study in Human Motion[2]」
Thomas Eakins, 1880.

④ 「跳躍の躍動感」
児童作品，2015.

映像現象の登場と発展

映像自体は紀元前から発見されているが，13世紀には日食の観測のため，15世紀にはレオナルド・ダ・ヴィンチが絵を描く装置としてピンホール現象を応用したカメラ・オブスキュラ（ピンホール現象を利用して穴を通して射像を得る装置）を活用し，17世紀にはオランダの画家のヨハネス・フェルメールも活用している。また同じく，17世紀には幻灯機が登場し，18世紀にはファンタスマゴリーなどの幽霊ショーが行われた。そして，19世紀には幻灯機は映画に発展していく。わが国にも幻灯機は18世紀後半にオランダからもたらされ，19世紀前半には「招魂灯（オランダエキマンキョウ）」の名で上野の見世物小屋で披露されている。幻灯機は当時の五右衛門風呂に似ていたことから「風呂」と呼ばれ江戸末期に流行し，多くの興行が行われた。明治時代にはエミール・コールらが制作した作品が「凸坊新画帖」（でこぼうしんがちょう）として輸入され上映されており，当時からアニメーションが楽しまれていた。

まとめと発展

導入の段階で虫眼鏡と懐中電灯によって映像を体験することは，映像を身近に感じリアリティーをもって捉える上で重要である。また，学校にカメラ1台とライトさえあればできる活動であり，教師が主導すれば小学校高学年で十分に展開できる実践でもある。特に子どもが造形要素を理解し，表現できる能力を高める教材として取り組んでもらいたい。同じく長期露光機能を活用した「PikaPika」プロジェクトやカメラを固定した上に，電球をひもで吊り撮影する光の線による構成なども発展的追求として考えられる。（佐原 理）

引用資料
1) https://www.flickr.com/photos/repolco/14374329668/in/photolist-nUdcq9
2) https://commons.wikimedia.org/wiki/File:Eakins,_Thomas_(1844-1916)_-_Study_in_the_human_motion.jpg

第6章 映像メディアの学習

6-3 コンピュータに挑戦 白黒写真のカラー化

■ 白黒写真のカラー化によってコンテクストを読み解く

　グラフィック系のソフトウエアの普及状況や導入の困難性を考えると，Webベースでのグラフィックソフトを使用することも考えられる。そこで，Webベースのグラフィックソフトの基本機能を使い，古い白黒写真の色彩復元を通して地域の価値を読み解く実践を行いたい。子どもは白黒写真の調査にあたって自身の祖父母または地域の方へのフィールドワーク的な取材を行い写真も貸与いただく。色彩復元を行うプロセスを通して1枚の写真から詳細な情報に着目させ，取材を通して居住する地域の文化や歴史を学び愛好する意識を育むことを本実践の目標とする。2008年度告示の図画工作科学習指導要領解説では「コンピュータ，カメラ，コピー機などの機器を利用することについては，造形活動や鑑賞活動で用いる用具の中の一つとして扱うとともに，必要性を十分に検討して利用することが大切である」とある。本実践は，中学校，高校での授業実践としても使える内容である。そこで，小学校で実践を行う場合は，教師の十分な補助とともに，子どものコンピュータスキルがある程度必要である。よって，総合的な学習の時間や社会科の授業実践と連携させ，十分に時間をとって授業実践を進める必要がある。

■ 材料と用具

　素　材：白黒写真素材
　ハードウエア：パソコン，スキャナー，プリンター
　ソフトウエア：Adobe Photoshop，もしくはPIXLR EDITOR（https://pixlr.com/editor/）

■ コンピュータで加工する意義を知り，実践しよう

（1）導入　コンピュータで加工する意義を捉える

　TED.talksにあるベッキー・マンソンの「写真修復を通じて人々の人生に触れる」を導入に使用する。要点は，2011年の東日本大震災での被災者家族のつながりを，写真修復を通して体験したことにある。そこで，写真が人と人の絆を強めること，そして年月の蓄積が写真に価値をもたらすことに注目したい。その上で授業に先立ち，子どもの住む街とその歴史についての印象や，見聞きした話をディスカッションしまとめておこう。教師は時間をとって保護者や地域の写真店に白黒写真の借用をお願いしておく。

（2）表現活動　白黒写真をカラーリングする

　あらかじめ回収しておいた白黒写真をスキャナで読み込みデータ化しJPEG画像として保存しておく。また，子どもは各自が選出した写真をPhotoshop/PIXLR EDITORを使用し，授業外で参考動画を視聴し予習する反転学習によって授業に望む。Photoshopによる手法（https://youtu.be/16wPaMDLekU）とPIXLR EDITORによる手法（https://www.youtube.com/watch?v=H4wK-iH5MWg）を参考動画として適宜参考にしてほしい。基本的には顔，服，背景など，レイヤーに分解してカラーバランスを変化させて写真に色付け

を行う作業の繰り返しである。あらかじめ，簡単なサンプルで練習をしてみると意外に簡単にできることがわかる。写真の選出時にある程度作業時間を見計らって選出するとよいだろう。写真の一部に色付けする作業だけでも十分に授業の目的に役立つ。

（3）調査活動　白黒写真のカラーリングで疑問に感じたことを調査する

写真のカラーリングを行っていると，写真の細部に着目し様々な疑問がわき起こってくる。そこで，子どもは自身で調べたことを（写真にまつわる歴史，文化，時代背景，当時の流行，登場人物の人生観，地域情報，その他）コンテクスト別に分類されたワークシートにまとめる。

できれば写真提供者に授業へ参加してもらい，質問をする時間を設ける，または，子どもは自身の祖父母にワークシートの項目に従ってインタビューを行う。教師は疑問点をまとめ写真提供者に回答を得ておき，ここで写真を通してインタビューや観察活動を入れることで映像メディアを通した教育に発展させてもらいたい。必ず子ども自身の気づきや写真提供者からの想いを記録し整理するプロセスを入れることが大切である。

（4）実践4　プロセスの整理と発表

調査活動で明らかになった事項をもとに，写真のカラーリングを完成させ紙媒体へと出力する。その際に，写真をプリントするだけではなく，白黒写真と対比する形で提示することで成果を確認できるようにする。また調査の結果をまとめ，発表を行う。その際には写真提供者に参加を依頼したい。もしくは，成果をまとめ写真提供者からのフィードバックを得ることで成果の意義を味わうことが大切である。そうした一連のプロセスをまとめ，地域に点在する価値をコンピュータグラフィック制作を通して追究する。また，Web などにまとめる際には提供者の了解をあらかじめ得ておくことも必要である。

参考作品「家族の写真」

昭和16年の写真。太平洋戦争が始まる最中，正月に家族が集まって撮影した1枚。この後，家族は徴兵などでソロモン諸島にて戦死した者や，小学校の教師として戦後を迎えた者もいた。戦争前に家族全員が揃う貴重な写真。カラー版はQRコードで確認できる。

http://bit.ly/colorpict

まとめと発展

美術教育では，これまでも生活画の取り組みなど，社会との結びつきを通して子どもの観察する力を育てる学習を進めてきた。コンピュータによるグラフィックスを扱う上でもそうした視点をもつことで，表面上の技術習得に終わることなく主体的に生きる力を身につけることに結びつけたい。これまで筆者がこの実践を行ってきた経験では，授業を通して子どもの多くが作品制作の意義や価値を十分に感じ取り，地域や家族を愛好する心情を育むことができた。本単元を小学校で実践する場合には十分な授業準備と補助を必要とすることが考えられるが，子ども達がその労力に見合った意義深い活動を経験することができるだろう。（佐原　理）

6-4 CGで立体作品をつくる　制作の実際

■ CGによる作品制作の方法

パソコンとソフトウエアを用いて，CG（コンピュータグラフィックス）による立体作品をつくる。基本形態の生成，三次元空間の中での立体構成，平面図形の突き出し，左右対称の立体制作を経て，自由な作品制作につなげていく。ワイヤーフレームによる作図と，面付け処理，着色とテクスチャマッピング（画像貼り付け），ライティングまでを習得する。

■ CGの種類とソフトウエア

CGには平面的なドローやペイントを行うことができる二次元グラフィックのソフトと，画面の中の仮想空間に立体的なオブジェクトを組み立てる三次元（3D）グラフィックのソフトがある。二次元ソフトは近年かなり使われるようになってきており，ペイントソフトは小学生の間でも定着しつつある。一方3Dソフトは，習得時間の確保や高価なソフトの導入が困難なこともあり，まだ普及していないように思われる。ここで使用するMetasequoiaは，機能限定のフリーウエア（無料版）で，通常の制作を行うには十分な機能をもっている。この教材は，教育現場においても実践可能である。

■ 実践の展開

a．**基本形態の作成**：板，立方体，球体，円柱，角丸円柱，ドーナツ，パイプ，円錐，角丸立方体の9つの基本形態を作成し，造形の要素を準備する（①）。

b．**空間における立体構成**：9つの基本形態を使い，それぞれを拡大，縮小，複製の機能を使って加工した後，モニターの中の三次元空間の中に配置し，立体構成をする（②）。

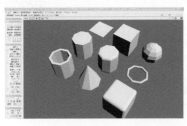

① 基本形態の作成

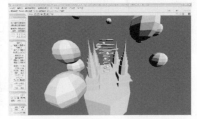

② 空間における立体構成

③ 突き出し機能を用いたモデリング

④ 左右対称の機能を用いたモデリング

c．**突き出しによる作成**：平面図形としてアルファベットを自由なかたちで描き，そのまま縦方向に突き出させて立体文字を作成する（③）。

d．**左右対称による作成**：ミラーリング（鏡像）の機能を用い，片方のポリゴン（立体をつくる三角形や四角形の最小単位）を反転することにより，左右シンメトリーの形をつくる。人間や動物，乗り物など，左右対称の立体造形に適している（④）。

e．**作品制作**：これまでの練習をもとに，生き物をテーマにした作品をつくる。モデリングの後，着色，透明感の指定，テクスチャマッピングによってストライプ柄やチェック柄などの幾何学パターンの指定をする。光源を配置し，オブジェクトの色とかたちが効果的に照らし出されるよう工夫する（⑤）。

■ 制作の方法

三次元グラフィックソフトは，基本的にはどれも前面（正面と背面），横面（左右両面），上面（上下両面），パースの4画面をモニターに表示し，作業を進める。骨格を組み立てた後オブジェクトを配置，色や光の設定をした後，レンダリング（仕上げ描画）の作業を行う。マッピングと陰影処理が施された高解像度の作品画像が生成される（⑥）。

■ まとめと展開

立体がどのように組み合わされて成り立っているかを考える。仮想空間であるからこそできる色やかたちを工夫する。また，低価格になってきた3Dプリンタがあれば，制作したデータを使って現実の立体模型を自動的に生成することができるため，できた作品を手にとって仕上がりを検証するのもよい。（山本政幸）

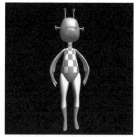

⑤　生き物をテーマにした作品づくり

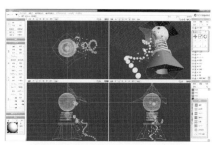

⑥　4面図の中でワイヤーフレームを用いて行うMetasequoiaのモデリング

第6章 映像メディアの学習

6-5 映像メディア表現の可能性

■ 小学校図画工作科における映像メディア

　中学校美術や高等学校芸術（美術）で扱われる「映像メディア（写真・ビデオ・コンピュータなど）」は，美術の表現の可能性を広げるために活用することが求められてきた。従前では視覚伝達に重点が置かれていたが，現在では心象表現の手段としての可能性や多様性にまで，その重点が拡張されたといえる。しかし，具体的操作期を中心として言語や概念を獲得していく小学校の段階においては，その必要性を十分に検討した上で，造形活動や鑑賞活動で用いる用具の一つとして利用することが望ましいとされる。

　そこで，本項においては，デジタルカメラを中心として，小学校図画工作科における用具としての映像メディアのあり方を提案する。

■ 「用具」としてのデジタルカメラの活用

（1）デジタルカメラを用いた「コマ撮り動画」

　写真表現には瞬間を切り取ることのできる特質がある。また，それらを1つの文脈（ストーリー）として意図的につなげることで，現実には起こりえないような「こと」の表現が可能となる。特にデジタルカメラは，撮影した写真を瞬時に確認できることに加え，コマ送りボタンを押すことで，「瞬間」を連続した「動き」の表現として発展させることができる。

　右の①は，高学年の子どもによるコマ撮り動画作品の抜粋である。2人の女の子が掃除時間中にほうきで遊んでいたところ，ほうきが飛んでいってしまう文脈の表現である。カメラを手に試しながら，4人程度の小グループで表現意図や文脈を話し合い，キャストとカメラマンなどの役割を決めて，共同して制作に取り組むことで，表現や鑑賞を高め合うことにつながる。

　②は，大学での小学校図画工作科教科内容科目での課題作品である。自らの連続写真の表現意図をさらに効果的に表すために，描画材や色画用紙を用いて「特殊効果」の工夫を試みたものである。

　時代の流れとともに，子ども達にとってデジタルカメラは益々身近なものになっている。だからこそ造形活動や鑑賞活動における必要性を吟味し，具体的操作期から形式的操作期へと向かう子どもの実態を十分に考慮した上で，その活用を図りたい。

② 学生作品（連続写真＋特殊効果）

① 児童作品a（部分）

122

（2）造形遊びの「記録」を鑑賞の活動に広げる

右の③は暗くした教室での，ライトボックスを用いた影絵遊び（中学年）の授業風景である。子どもは，シルエットの形が面白そうな物（材料）を持ち寄り，3～4人の小グループで活動していく。活動の中で，形のよさや美しさ，面白さなどに気づいたシルエット（④）を撮影し，次にフラッシュをたいてシルエットのもとになった物がわかるように撮影をする（⑤）。一般的に造形遊びは材料や場所をもとに，発想したり，組み合わせたり，話し合ったりしてつくる活動が中心となるため，絵や立体，工作のように作品として形に残るとは限らない。しかし，自分達が思いついたり工夫したりした作品を子ども自身が撮影する活動を取り入れることで，作品や活動の様子の記録化が可能となる。そうすることにより，別の機会に自分達の活動を振り返ったり，確かめたりすることも可能となる。特に本時では，自然なかたちで表現と鑑賞とが一体化する姿が見られた。

次時には，シルエットをクイズ問題として「基となった形」を予想し合う活動が設定されており，一人では思いつかなかった形のよさや組み合わせの工夫に気づく，あるいは新しい形を発見するなどして，鑑賞活動を広げたり深めたりする姿が見られた。

③ 影絵遊びの授業風景

④ 児童作品 b（影絵クイズ）

⑤ 児童作品 c（クイズ解答）

■ 映像メディアの課題と今後の展望

映像メディアの活用とは，機材の操作スキルの獲得を伴うものであるため，直感的な操作以外が困難な場合は，無理な活用をするべきではない。コンピューターソフトで動画の編集をしているが，表現された内容が「棒人間（例）」となってしまっては，子どもの資質・能力の向上ではなく，操作スキル獲得が目的となってしまう危険性がある。⑥は中学校美術科の学校の CM の絵コンテ制作の実践である。子どもが撮影した写真を用いて，

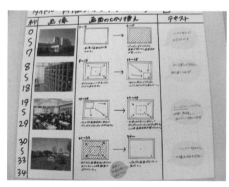
⑥ 生徒作品（学校 CM 絵コンテ）

40秒の時間表現を想定している。実際の動画形式ではなく絵コンテの形式としたことで，機材の操作スキル獲得に伴う時間的なコストが押さえられているが，それ以上に，子ども自身が撮影した写真を用いた表現と鑑賞の一体化が印象的であった。絵コンテがそのままポートフォリオとなることも本実践の魅力である。映像メディアは，表現の幅を広げるための手段であるから，手段が目的化するようなことは避けるべきであろう。（花輪大輔）

第7章 工作・工芸の学習

7-1 工作のすすめ　つくる楽しさと工夫

■ 図画工作における工作

　小学校図画工作科の学習内容は,「A表現」「B鑑賞」という2つの領域に分かれており,「A表現」はさらに「造形遊び」と「絵・立体・工作」という項目に分かれている。このように現在の学習指導要領においては,「工作」は「絵」や「立体」と一体化して扱われている。これは,小学校段階の子どもが自己と他者を一体的に捉えることから,やがてそれらの区別を自覚することへと成長していく発達過程上にあると考えられるからである。

　ただし,もちろん「工作」には他の内容とは異なる教育的意義が存在する。小学校図画工作科の「工作」は,中学校では「デザイン・工芸」につながるものであることからもわかるように,そこには小学生なりの「目的」「機能」「用途」が内包されている。よく「用と美」の調和といわれるが,工作には「用」つまり「機能」や「用途」とともに,「美」つまり自分にとっての「よさ」や「美しさ」が求められるのである。このことを子どもの側から素朴に言い換えるならば,工作の「楽しさ」とは,「自分が楽しい」ことと「他者が楽しい」ことが一体化している点にあるのであり,これこそが工作のもつ教育的意義であるといえよう。

「用と美」が調和する工作

■ つくる楽しさ

　では「工作」における「つくる楽しさ」とは,どのようなものであろうか。「工作」という活動は大人も行うが,小学校図画工作科における「工作」には,一般的にいうところの「工作」とは異なる側面がある。以下にそれらを比較してみよう。

　　一般にいう「工作」
　　・明確な制作目的があるので,制作においては機能や用途に対する検討が先行する。
　　・制作工程には順序性があり,その過程は直線的である。
　　・制作において材料や用具は,発想・構想の段階においてその的確さが吟味される。

　　子ども（図画工作）の「工作」
　　・手や感覚を働かせて,ものをつくる行為そのものである。
　　・制作の過程は試行錯誤的であり,行き戻りが生じる。
　　・材料や用具は,制作の過程に応じて生じる新たな発想によって広がりを有する。

　以上のように,両者では求める資質・能力が異なる。そしてその相違とは,「計画」の解釈をめぐる相違によるものであり,実はそこに子どもが「つくる楽しさ」が存在している。

例えば，小学校3年生のAくんが図工室で木材を組み立てて工作に取り組んでいる。手に取った木材にもう1つの木材を組み合わせてみて，それでできた形から，さらにもう次の木材をつなげて…というように，自分が行った行為をもとにして，組み立て方を様々に試しながら，よりよい形をつくりだしていこうとしている。教師は，子ども達によく「計画的に！」とか「計画性をもって行動しよう」ということを口にする。それでは，Aくんの活動は計画的なものといえるのだろうか。ジョン・クランボルツは，現代において重要な行動要因として「計画的偶然性（planned happenstance）」という考え方を提起している[1]。その要点は「想定外の出来事を最大限に活用する」「選択肢はいつでもオープン」「結果が見えなくてもやってみる」「間違いを活かす」「行動を起こすことで自分の道をつくりだす」というものである。ここにおいては，偶然に対する切実な態度によって「計画」が"つくりだされていく"ことが示唆されている。先のAくんの姿は，木材を組んでいくという行為を通して自分にとって切実な「計画」をつくりだしている姿であるともいえる。またこうした子どもの姿は，「いま・ここ」において，まさにその子が生きている実感を伴わせていることにほかならず，そうした活動の繰り返しによって「自分」がつくられていく。子どもの「工作」における「つくる楽しさ」とは，このように作品を「つくる」ことを通して「計画」を，そして「自分」を「つくる」ことへの楽しみでもある。そしてそれはまさに「生きる力」に通じる考え方なのではないだろうか。

■ 材料集め

　上述したような「つくる楽しさ」においては，工作を行うにあたって必要な材料を用意することも「計画」であると同時に創造的な行為でもある。したがって，制作にあたり事前に想定して用意する材料は，教師によって用意されるものだけでなく，子どもが自身の見通しをもとに用意することが望ましい。さらに制作活動が進むにしたがい"つくりだされていく"「計画」に沿って必要となる材料を集めていくことも，「つくる」ことと同様に重要である。このように，「つくる楽しさ」の充実のためには，教師と子どもとで必要な材料を考えていくことが大切なのである。

工夫も楽しみの一つ

■ つくるものの工夫

　これまで述べてきたことから，「工作」においては，つくるもの，つくりつつあるものの工夫は，"つくりだされていく"「計画」に沿って行われる必然的な行為である。「自分が楽しい」ための工夫，そして「他者が楽しい」と感じるような工夫を，制作する前の材料集めから考え，そして制作を行いながら考えていき，さらには作品が完成した際には，その作品を介して他者とどのようにかかわるのか，という点から考えていくことになる。（大泉義一）

引用文献
[1] クランボルツ J.D., レヴィン A.S., その幸運は偶然ではないんです！, ダイアモンド社, 2012.

第7章 工作・工芸の学習

7-2 工作の用具　主な用具の種類と使い方

　古来より人々の身体機能を拡張するために用いられてきた工作の用具は，用途と使い手をより合理的，機能的に結びつけて働かせるよう材質や形状，使い勝手が工夫されている。安全で効果的な用法を習得し，用具の特徴を理解するためには，実践を交えて学ぶことが大切である。子どもにとって工作の用具は魅力的なものである。適切に扱うことができるようになるにつれて用具に対する自信や愛着も高まり，制作に対する発想や構想，表現技能，安全への意識といったものが促される。指導においては，教師自身がその扱い方や伝統をよく理解し，子どもの実態に沿ったアドバイスができるよう準備したい。

■ 主な用具の種類と使い方

切る	ハサミ	紙や布などを一対の刃ではさみ切る。ペットボトル用や模様切り用など様々なものがある。
	ペンチ・ニッパー	主に針金などの線材を一対の刃でくい切る。
	カッターナイフ・小刀	材料に刃を当てて引き切ったり，そぎ切ったりする。
	ノコギリ	細かく並んだ刃を往復させて材料を挽き切る。木目に合わせ縦挽きと横挽きを使い分ける両刃ノコギリや木目にかかわらず使える片刃ノコギリ，電動糸ノコギリなどがある。段ボールカッターも同様の操作で扱う。
	発泡スチロールカッター	電熱線により発泡スチロールを溶かし切る。
穴をあける	キリ	軸を両手で揉み，回転させることで木材などに穴をあける。刃の形により三つ目キリ，四つ目キリ，ねずみ刃キリがある。
	千枚通し	紙などに針状の先端を押し当て穴をあける。
	穴あけパンチ	紙などに円形の刃を押し抜いて穴をあける。様々な形の穴をあけるクラフトパンチもある。
	ドリル	螺旋状の刃を回し材料に穴をあける。手回しのものもある。
彫る	彫刻刀	木材などの表面を刃を押し進めることで彫る。刃の形により，丸刀，平刀，三角刀，切り出し刀などの種類がある。
削る	ヤスリ	材料をこすることで削る。紙に研磨剤を付着させた紙ヤスリ，鉄の棒に細かな刃を施した木工ヤスリや金工ヤスリ，網状の刃で削るドレッサーなど様々なものがある。
打つ	金づち	鉄製の頭で釘を打ったり，材料を整形したりする。玄能は，頭の両端に平面と打ち終わり用の凸面を持つ。
	木づち	木製の頭で，材料の整形やダメージの軽い作業に用いる。
ねじる	ドライバー	木ネジなどを回しとめる。ネジの頭にある溝の形状によりプラスやマイナスなどの種類がある。
	スパナ・レンチ	ボルトやナットの頭にはめて回しとめる。ボルトやナットの大きさに合わせてサイズを変えられるレンチもある。

7-2 工作の用具

引き抜く	クギぬき	刺さったクギをテコの要領で引き抜く。はさみ抜くものもある。	
	ペンチ	引き抜きたいものをはさみ抜く。細かい作業に用いるラジオペンチなどもある。	クギぬき　ラジオペンチ
固定する	万力	材料をはさむ部分の幅をネジを巻くことで調整し、固定する。作業台に固定するものが一般的である。	
	クランプ	材料をはさむ部分の幅をネジを巻くことで調整し、固定する。形状によってCクランプ（Gクランプ）やバークランプ（Fクランプ）と呼ばれるものがある。	
	ペンチ	手で握ることで材料をはさみ固定する。	万力　Cクランプ
接着・接合する	接着剤	材料に塗布して接着・接合する。でんぷんを主成分としたのり、アラビアゴムを主成分とした液体のり、スティックのり、木工用接着剤や化学接着剤、樹脂スティックを熱で溶かし固めるグルーガンなど様々なものが開発されている。	
	粘着テープ	帯状のセロハンや紙、ビニールなどに粘着剤を塗布したテープで材料の接合を行う。粘着の強さやテープの形状も多様であり、両面で使えるものなどもある。	でんぷんのり　液体のり　工作用ボンド
	ホチキス	紙の束などに金属製の針を打ち込みクリンチさせることで接合する。針を用いず紙を圧着して留めるものなどもある。	グルーガン　はけ・塗料
乾かす	ドライヤー	風や熱を放射することにより、材料の乾燥などを行う。	
着色する	彩色・塗装用具	水性、油性をはじめとして様々な溶剤・用具が開発されている。絵の具や塗料、溶剤、筆や刷毛、容器などが基本的な用具の構成となり彩色や塗膜を施す。	差し金
測る	定規　など	材料の長さを測ったり、線を引いたりする。角度を測る分度器や円を描くコンパス、裁縫などに使うものさしや巻尺、木工に用いる差し金などがある。	
敷く	粘土板・カッター板・彫刻板	粘土やカッター、彫刻刀を扱う際に敷き、作業の効率や安全性を高める。	カッター板　彫刻板

用具の準備や保管

　よく整えられた用具と保管環境は見た目にも美しく、用具をていねいに扱う態度や安全を醸成する。日頃から手入れや保管を子どもとともに行い、気持ちの良い環境をつくりたい。

　種類や数の管理：用具は用途や種類に配慮して分類し、子どもからも出し入れしやすい形で美しく機能的に保管する。番号をつけ、見た目にも数量が確認しやすいよう並べるなどの工夫を施す。利き腕に対応した種類をそろえるなど、実態に即した準備も心がける。

　メンテナンス：用具の汚れやサビは、性能を落とすだけでなく安全にかかわる不具合にもつながる。洗浄や注油、サビ防止といった手入れは随時行い、付属品、消耗品のストックにも留意し、交換に対応できるよう準備する。

　安全管理：工作の用具は扱い方によって安全を損ねることがある。管理者は常に数や保管方法の確認を行い、必要に応じて施錠するなどの対策をとる。使用ルールも子どもと共有し、安全に対する感覚を養いたい。重量物や保管棚などの転倒も考え、配置や固定、スムーズな動線への配慮も行う。使用済みの刃物など、廃棄物の取り扱いにも気をつけたい。

（名達英詔）

第7章　工作・工芸の学習

7-3　自然の材料に親しむ　材料体験を楽しむ

■ 身近な自然素材をさがそう

　造形活動で使われる素材の中で，身の回りの自然素材を利用することは，有機的な形や素材そのものの感触に触れながら，イメージをふくらませることができる効果がある。素材に触れても，すぐに何かを表したり，制作したりせずに，じっくりと向き合う時間を重要視したい。実践では，葉と木を取り上げるが，身近な校庭や通学路で見つかるもので造形活動をすることに意味があると考える。また子ども達と素材を見つけに行くことができれば，風の音や水の流れなどを感じるなど，五感を刺激する絶好の機会となる。自然素材を全身で感じることが，表現することの源泉となる。

■ 材料と用具

　自然素材であるから，身近な木々や実などを観察しておき採集，保管しておくことが理想である。採集してきた素材は，ケースごとに分けて保管しておくと使いやすい。

（1）材　料

　① **木**：大ぶりな幹や小枝など様々な種類を，森や林で採っておく。竹は細い部分はそのまま保管し，太い部分は割って細かくしておくとよい。② **葉，木の実**：学校や里山の樹木の葉を利用する。木の実は秋に採取できるので虫に注意して保管しておく。季節によって採取できるものが変化する。③ **石**：近くの川原で採取する，ホームセンターなどで購入する。角が取れた丸いものや角ばったもの，色や模様など様々なので，幅広く集めておくとよい。④ **土**：陶芸材料店などで購入する。保管方法は，粘土はポリバケツなどの容器に入れて，濡れたタオルをかけてビニールで覆い，ふたをしておくとよい。また工事現場などで露出した土を，分けてもらって自分達で土を精製することもできる。⑤ **砂**：川や海などが近くにあればそれを利用する。

（2）用　具

　① **小刀**：木を削ったり，葉を切るなどの加工に使う。② **ヤスリ**：木材には紙ヤスリ，石などは耐水ペーパーというように，素材によって使い分けるとよい。番号が大きくなるにつれて，目が細かく滑らかに仕上げることができる。③ **ふるい**：砂や土などを粒子ごとに分けるために使用する。

■ 場での表現と素材との対話

（1）葉っぱのグラデーション

　アンディ・ゴールズワージーという作家は，石や木々，葉など様々な自然素材をその場で集め，その場で表現をしている。彼の表現のように，身近にある落ち葉を使い，その場で表現する楽しさを味わう。
　まず活動する季節は秋である。紅葉が始まってい

葉っぱを順番に並べる

る時期に行うのが適切である。拾ってくる葉っぱの色の数だけグループ分けをする。緑，黄緑，黄色，橙，赤，赤茶，茶，こげ茶と8グループに分かれて葉を拾ってくる。集めた葉っぱをグラデーションになるように並び替えて，緑から順番に地面に爪楊枝で挿して固定していく。室内であれば白や黒の画用紙に横1列に並べてボンドなどで貼る。それぞれに集めてきた葉っぱは，それぞれが色だけでなく，大きさ，形，厚みや柔らかさ，に

葉っぱのグラデーション

おいに至るまで様々なものがあることに気づく。それら異なる葉をグラデーションに並べることで，ひとつのハーモニーを生み出す楽しさを感じることができる実践である。

(2) 木を削る・磨く

木の枝を刃物とヤスリで削り，磨くという実践である。近隣に林があったり，小枝など拾える環境があれば，子ども達が自分の気に入った小枝を拾ってくる。それがかなわない場合は，年中通して様々な小枝を拾い用意しておく。ただし，キョウチクトウのように毒素を含む枝もあるので十分注意をする。小枝は手のひらに収まる長さを選び，切り出しナイフ，小刀で削る。片方は鉛筆を削るように先を尖らせ，もう一端は丸くなるように削る。両端が削れたら，木の皮部分もすべてナイフで削り落とす。紙ヤスリで滑らかになるように，100，240，400，600番の順番にやすり掛けしていく。でき上がった木の枝を並べてそれぞれの作品を鑑賞する。選んだ木によって色，模様などの違いを発見したり，お互いの仕上げ方の違いに気づく機会となる。

自然の木を削る・みがく

互いの削り方を鑑賞する

自然素材による気づきと組み合わせ

紹介した実践は，素材そのものを楽しむ，発見するものである。これら以外にも木の実，石，砂などあるが，それぞれの特徴をまず教師が体験を通してして知っておくことが重要である。さらに地域の特色ある木々や石があれば，それらを積極的に活用することで，子ども達が身の回りの自然に気づくきっかけとなる。またそれぞれの素材を組み合わせてつくることで，新しい創作の発見につながる。例えば新しい用具としてホットボンドを使って石に木の実や葉を接着しているうちに，素材が動物に見えてくる発見がある。(江村和彦)

第7章　工作・工芸の学習

7-4　自然の材料でつくる　木育による作品づくり

■「木育」による木とのかかわりを通して五感を育む

　自然や環境，また自然素材の特徴を生かした造形に積極的に取り組むためには，その地域を知ることから始まる。ここでは，「木育」による作品づくりについて提案する。

　「木育」とは，すべての人が木とふれあい，木に学び，木と生きる取り組みであり，人と木や森とのかかわりを主体的に考える豊かな心を育むことを目的としており，生活や遊び，自然環境などと関連づけながら，造形領域の実践として取り組む活動である。「木育」には自然に触れる・かかわるといった「樹からのアプローチ」と，つくる・使うといった「木からのアプローチ」があるが，ここでは「木からのアプローチ」を中心とした「木育」の実践について考える。

　今回の実践では，それぞれの木がもつ手触りや木目・色の違い，香りやぶつかる音など，五感を使った活動を展開することが期待でき，できあがった作品を使って音遊びや演奏を楽しみたい。小学校4年生以上での実践を想定する。

■音の調整と材料・用具

　それぞれの地域で採れる木を材料に使用して音にする。打楽器としての木琴は，叩くことにより空気を振動させて音となるが，音板が長くなればなるほど振動数が少なくなり低い音となる。棒の厚さ・太さが均一の場合は，次の長さの比率（％）を参考にする。
　ド（100）・レ（94.4）・ミ（89.0）・ファ（86.4）・ソ（81.4）・ラ（76.9）・シ（72.5）・ド（70.7）
　ここでは，ヒノキを使用した木琴づくりを行う。ヒノキ棒（音板：幅2.0 cmで厚み0.7 cm，長さが各15・14.2・13.4・13.0・12.2・11.5・10.9・10.6 cm，土台となる棒：幅が0.8 cmで厚み0.8 cm，長さ11 cmを1本と16 cmを1本・幅1.5 cmで厚み0.8 cm，長さ25 cmを2本）の他に材料として，ヒートン4個，平ゴム，フェルト，クギ（16 mm），紙やすり（150〜320番），木工やすり，両面テープ，5 mm程度の丸棒または枝。用具としては，ノコギリ，金づち，三つ目キリ，定規，鉛筆を用意する。音板の長さは目安として考え，音調整をしながら決める。

■木についての理解と加工の工夫

　具体的な授業実践として，地域の自然環境を理解するために現地見学をしたり，木の画像を使って学校周辺の木々を学ぶ。また，実際に使用する木材に触れながら手触りを確かめたり，香りや木目の面白さを確認したり，話し合うなど，木について理解を深める。木のよさとともに，環境問題について話し合ってもよい。自然の材料を体験的に知ることが，基礎になる。また，ノコギリや金づちに関する安全指導も忘れない。

　つくり方
　　a．音板部分のヒノキの棒を音階ごとに長さを決め，ノコギリで切り，紙ヤスリで磨く。
　　b．土台となるヒノキを幅1.5 cmで長さ25 cmを2本，幅0.8 cmで長さ16 cmを1本と11 cmを1本に切り（①），台形のかたちにクギで止める。

c．音板がのるヒノキの土台に，フェルトを貼り（②），ヒートンを四隅に取り付ける。

　d．平ゴムを両サイドのヒートンに上下それぞれで結び，クロスするように音板を差し込んで固定する（③）。

　e．立方体の木材を木工ヤスリや紙ヤスリを使って丸くし，三つ目キリで穴をあけ枝を差し込み，マレット（ばち）をつくり，完成（④）。

■ 様々な自然材料からのアプローチを考える

指導の留意点：a．身の回りの環境を考えるとともに，材料や場所，活動に進んで取り組もうとしている。b．集めた（使用する）材料を効果的に生かした活動をしている。木材の特性を活かして活動の楽しさ，よさを味わっている。

発展教材：a．つくった木琴を自然の枝などで装飾してみたり（⑤），b．音板を吊り下げ，ウィンドチャイム型の木琴（⑥）をつくっても楽しい。（矢野　真）

① 音板と土台部分を切り出す

② 音板と土台があたる部分にフェルトを貼る

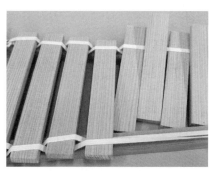
③ 平ゴムをクロスさせて固定する

④ 完成作品

⑤ 枝などを使い装飾する

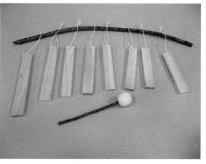
⑥ 吊るして音を楽しむ

第7章 工作・工芸の学習

7-5 ハサミやカッターの使い方

■ ハサミの使い方

　ハサミは幼児期より使用する工作に必要な道具である。子どもに改めて，持ち方，使用方法を指導することが重要である。ハサミには，右利き用，左利き用があり，両方に対応したものもある。子ども用は刃先が丸まっているものがある。手の大きさに合ったハサミを使うことが重要である。

（1） 使い方

　柄の中に，親指と中指を入れて切る。ハサミを人に渡す際は，刃先を人に向けない。刃を自分の手の中に入れるように持ち，渡すこと。また刃を開いたまま放置しないこと。使い終わったら刃をたたんで，ケースがある場合は必ずしまうように習慣づけたい。

（2） 切り方

　ハサミで切る時は，刃を横に寝かせずに根もとからゆっくりと動かす。一気に切り進めずにチョキチョキと切るのがコツである。刃先まで切り込むと，刃先の部分の紙が裂けてしまうことがあるので，注意する。丸いものや曲線を切る時は，ハサミを回さずに，紙を回して根もと部分でゆっくり切るとよい。

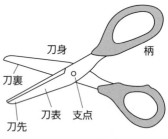

ハサミの各部名称

■ 様々なハサミ

　紙工作用としてジグザグや波型などを切ることができるハサミは，低学年でも使うことが可能である。ペットボトルを切るためのリサイクルハサミやシュレッダーバサミなど，多機能ハサミが市販されているので用途や仕上げる目的に応じて使うとよい。

ハサミの切り方例

紙工作の実践例：切り紙構成遊び

　色紙を三角に折り重ね，ハサミで自由に切りこみを入れて広げてみると，様々な模様が現れる。切り方を工夫したり，折り方を変えてみると，違った模様が見えてくる。そこで，色紙4枚を選び，同様に切り紙をしながら生まれた形を，黒い画用紙に自由に配置していく。花火，歯車，雪など様々な模様を見つけ出しながら，のりで貼り付け，題名をつける。できあがったお互いの作品を鑑賞して，違いや題名について話し合ってみよう。

紙工作用ハサミ（波型，ジグザグ）

学生作品「秋風と桔梗」

◼ カッターナイフ・小刀の使い方

カッターナイフや小刀などの刃物は、ハサミ以上に使用する際の安全面に留意することが必要である。事故防止のために、使い方、しまい方などの指導は徹底したい。刃物全般にいえることは、人に渡すときは刃がしまってあっても、手前を刃にして持ち手が相手側に向くようにする。使用しない時は、少しの時間でも必ず刃をしまう習慣を身につけたい。ここでは様々なカッターナイフや刃物の種類について紹介し、使用法について述べる。

（1） カッターナイフ

カッターナイフは、紙を切ったり割り箸や鉛筆を削ることができる。ノック式、ダイヤル式など、刃の出し方や固定の仕方が異なるので、しっかりと刃が固定できることを確認するなど、けがや事故のないように指導することが重要である。刃が欠けたり、摩耗してくると紙などが切れにくくなり、無理な力が入り、けがをする危険性がある。工作をする前に確認し、交換しておく。

紙を切る：紙を切る時は、必ずカッターマットの上など、下敷きの上で切ること。直線に切る場合は、定規をあてて、人差し指を刃の背中に置いて、奥から手前にゆっくり引くように切る。何枚も同時に切ったり、厚紙を切る場合は、一度に切らず何度かに分けて切るとよい。

奥から手前に引くように切る

（2） 小刀

小刀は、主に木材や竹などを削ることに使う。刃先が斜めになっており、刃が片方についている（片刃）。小刀は、もち手の柄と刃を収めるさやがついており、使わない時は刃を必ずさやに収めるようにする。切れにくくなった場合は、砥石で研ぐとよい。

木を削る：木や竹を削る時は、材料を持った方の親指で、小刀の刃の背中部分（みね）を押し、材料を引くように削る。はじめに鉛筆を削ってみるとよい。

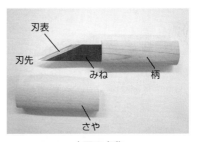

小刀の名称

（3） 様々なカッター

材料によって切る道具を選ぶことも重要である。段ボールカッターや発泡スチロールカッターは、刃をノコギリのように動かして切ることができる。デザインナイフは、画用紙や色紙の細かな細工を制作するために有効である。切る材料によってカッターナイフを選ぶことは、つくりやすさ、仕上がりに影響を及ぼすだけでなく、道具を劣化させたり、けがにもつながるので十分に留意したい。（江村和彦）

材料を引くように削る

第7章　工作・工芸の学習

7-6 紙で表現する　造形行為を通して発想を広げる

■ 紙の表現について

　紙には木や石にない柔軟性があるので、自在に形を変えることがしやすい。そのため、描くことに加えて、切る、ちぎる、折る、曲げる、貼る、組み合わせるなど、いろいろな造形行為を試みるのに適している。紙の材質も、薄くて柔らかいものから厚みがあって硬いものまで、多種多様である。色紙や色画用紙など色彩が豊富で、絵の具や染料を使って好みの色にすることもできる。

■ 紙を切って模様をつくる　―シンメトリーから―

　白の上質紙を折って「広げたら左右対称（シンメトリー）の模様になるように切る」という条件で、紙を折る・切る・広げるという造形行為をする。輪郭線を切るときはハサミを使う。紙の中をくりぬく、細かい模様をつくる際には、カッターナイフを使って切る。正方形を2～3回対角線にそって折り、いろいろな切り方を工夫してから広げると、シンメトリーの組み合わさった模様になる。また、紙を半分に折って、カッターナイフやハサミで切ってから紙をそっと開けると、シンメトリーの模様ができる。美しい木の形、虫、ちょうちょといったように、あらかじめつくるもの、テーマを選択する場合が多い。色紙や色画用紙を使うとカラフルな作品になる。完成後は、スティックのりで台紙（色画用紙）に貼るか、ラミネーターを使って定着させるとよい。

紙を折りたたみ、切り取ってから広げる

半分に折り、蝶や虫になるように切り取る

広げてシンメトリーをいかした作品にする

ラミネートフィルムに彩色し光を通して飾る

厚紙でかぶりものをつくる —厚紙を切る，組み合わせる—

身につけるものをつくる際には，おしゃれにしたいという気持ちから，造形意欲が引き出される。ただし，帽子という設定だと，既成のキャップやハットの形にこだわって，発想が広がらない。また，厚紙をそのまま筒のように丸めると，王冠やコックさんの帽子ように，ほとんど同じ形になる。そのため，「おしゃれなかぶりもの」というテーマで，細長く切った厚紙をホッチキスでとめて，いろいろな形をしたオブジェをつくり，頭にかぶるような工夫も必要である。

「おしゃれなかぶりもの」の実践

まず，白い厚紙を幅2.5～3cm程にハサミで細長く切り，1本を鉢巻きのように頭にあわせてホッチキスでとめる。そのリング状の帯から細長い厚紙を縦横につなげるようにして，ホッチキスで次々ととめていく。ふくらみや立体感を意識して，厚紙の組み合わせ方を工夫する。全体の形ができてきたら，装飾を付け加える。切る，曲げる，折る，とめる，つなげる，組み合わせるといった造形操作を通して，造形的な発想をする。自分の作品をかぶった姿を鏡で見る，友達にかぶってもらう，デジタルカメラで撮影するなどして，鑑賞の機会をもつとよい。形の美しさを出すために白い厚紙を使ったが，様々な色の厚紙やキラキラするような材料を使うと装飾的な要素が加わる。また，形や大きさの違う紙の容器・皿・コップなどを用意して，ハサミやカッターナイフで切る，セロハンテープやボンドで接着するという造形活動をすることによって，いろいろなかたちが組み合わさった塔やトロフィーのようなオブジェに変容する。（辻 泰秀）

鉢巻状の帯にホッチキスでとめていく

厚紙をつないでいき，大きな形にする

紙を丸める，折るなどして飾りをつける

作品をかぶりながら鑑賞活動をする

第7章　工作・工芸の学習

7-7　紙ひもを使って　紙の素材の活用

■ 素材から豊かな発想を導き出す・造形的な能力を伸ばす

　私達は，紙と聞くと平面的なものを思い浮かべることが多いのではないだろうか。しかし，現在ではホームセンターなどで簡単にひも状の紙（紙ひも）を購入できる。ここでは，いくつかの教材例を示し，紙ひもが造形素材として有効であること，また平面的な作品も立体的な作品も比較的容易に制作できるということを理解した上で，子ども達が紙ひもという素材から豊かな発想を導き出し，手や身体全体を働かせて，色々な造形作品を制作できるようにすること，さらにそれらの活動を通じて，造形的な能力を伸ばすことを目的とする。

■ 材料と用具

　ここでは，小中学校での授業の参考例となるような3つの作品づくりを紹介したい。それらのうち1つは，平面的なオーナメントの制作で，残り2つは，紙ひもを使ったあかりの制作とクリスマスツリーの制作という立体的なものづくりである。いずれも直径約2mmの紙ひも，木工用ボンド，ボウル（木工用ボンドの薄め液を入れるもの），刷毛，ドライヤー，新聞紙などを用いるが，この他にオーナメントづくりでは厚さ約9mmの合板，クギ，金づち，ペンチ，あかりづくりでは牛乳パック，ラップ，和紙や色画用紙，ハサミ，クリスマスツリーづくりではクリアファイル，ビニールテープ，和紙や色画用紙，ハサミなどが必要である。

■ 紙ひもを使ったオーナメント・あかり・クリスマスツリーの制作工程

（1）紙ひものオーナメント

a．厚さ9mmの合板にオーナメントの形を描いてから紙ひもを形づくるためのクギを打つ場所を決める。

b．必要な箇所にクギを打ってからクギの頭をペンチなどで切り取る。このクギの頭を切り取っておくことは，最後に完成した作品を取り外しやすくするためである。

c．クギを上手に利用して紙ひもを思った形につくり上げていく（①）。このとき紙ひもの最初と最後，そして紙ひもがクロスしているところには少量の木工用ボンドで紙ひも同士を接着しておくと制作しやすくなる。

d．ボウルに木工用ボンドを水で薄めた液を用意し，形をつくった紙ひも全体に刷毛で塗っていく（②）。

e．全体を少し持ち上げてから紙ひもの裏側にも木工用ボンドの薄め液をしっかり塗っていくようにする。

f．最後にドライヤーで全体を乾かしてから紙ひもを取り

① 板の上で形をつくったところ

② 木工用ボンドの薄め液を塗る

③ 完成した紙ひものオーナメント

外して紙ひものオーナメントが完成（③）。

(2) 紙ひものあかり

a．牛乳パックにラップを2周程度巻く。

b．その上に，紙ひもを巻いていく（④）。このとき，完成したあかりがまっすぐに立つように，紙ひもを巻く。一番下の部分の巻き方に注意しながら巻いていく。さらに巻いていく紙ひもはできるだけいろいろな箇所で交差するように巻いていくことが大切である。

c．紙ひもの上に，和紙や色画用紙で装飾を施す（⑤）。

d．筆や刷毛で木工用ボンドの薄め液を全体に塗っていく（⑥）。このとき，紙ひも・和紙・色画用紙に木工用ボンドの薄め液が浸み込むように塗っていく。

e．ドライヤーで全体を乾かした後，作品部分だけを型である牛乳パックから外す。

f．最後に，作品の内部に光源を入れてから光を灯すと紙ひものあかりが完成（⑦）。

(3) 紙ひものクリスマスツリー

a．身近にあるクリアファイルの二辺を切り取って2枚のシート状にした後，そのうちの1枚を使って円錐状の型をつくっていく。このときビニールテープで所々を留めていくと容易に型をつくることができる。

b．円錐状の型に紙ひもを巻く。紙ひもを型に巻いた後，和紙や色画用紙で装飾を施していく。

c．筆や刷毛で木工用ボンドの薄め液を全体に塗る。

d．ドライヤーなどで全体を乾かした後，作品部分を型から外す（⑧）。

e．さらに和紙や色画用紙で装飾を加えていき，紙ひものクリスマスツリーが完成（⑨）。

まとめと発展

いろいろな形に変化する柔らかい素材の紙ひもを，型を使って木工用ボンドの薄め液で固めるという同じような工程でいろいろな作品をつくるという内容を紹介した。この型を使って木工用ボンドの薄め液で形づくる工程は，今回用いた紙ひも以外にも糸や麻ひもといった素材でも同様の作品を制作することができ，またいろいろなものを型として用いることもできることから，各学年で扱うことができる教材であるといえる。（樋口一成）

④ 牛乳パックに紙ひもを巻く

⑤ 装飾が施された部分

⑥ 薄め液を全体に塗る

⑦ 小学生が制作したあかり作品

⑧ 円錐形の型を外しているところ

⑨ 紙ひものクリスマスツリー

第7章　工作・工芸の学習

7-8　木工の材料と用具　木工の基礎を学ぶ

■ 切ること，つなげること

　小学校学習指導要領において木工に関する事項は，第3学年及び第4学年で触れられている。「第3学年及び第4学年においては，木切れ，板材，釘（くぎ），水彩絵の具，小刀，使いやすいのこぎり，金づちなどを用いることとし，児童がこれらを適切に扱うことができるようにすること」とある。紙，ビニール，粘土などの素材に比べ，木を加工することは教える側としても少しハードルが高くなる。それは専用の道具を扱えなければならないからである。本実践では，木工の最も基本的な技術，ノコギリで切断することと，金づちとクギでつなげることを学ぶ。

■ 材料と用具

　ノコギリの刃には，木を繊維方向に切る縦挽き用と，繊維を横に切る細かな刃が並んだ横挽き用がある。入門として道具をそろえるのであれば，その2つの刃が付いた両刃のこがよい。金づちは頭の形によって名前がいろいろあるが，平面（平らな面）と木殺し面（曲面）が双方に付いた形のものを玄能と呼ぶ。400 g〜600 gの中玄能が一般的なものである。平面はクギをまっすぐ打ちつけるために使い，木殺し面は木の繊維を傷めないので，最後にクギの頭を打ち込む際に使う。

　木材は，板材であれば厚さ1.5 cm程度までのものが使いやすい。角材であれば4 cm角程度のものなら難なく切断できる。木工所の協力を得て，いろいろな形や大きさの廃材を活用するのもよい。どんな木材を用意するかは，その活動のねらいや，子ども達の状況から判断してほしい。また，クギの長さも木材の厚さに応じて使い分けなくてはならない。

■ 木材に親しむ

　木工を学ぶには，道具の扱い方を知っておくことはもちろんのこと，ある程度の身体的な成長も必要である。ノコギリで木を切るにも，ノコギリを挽く力だけでなく，木材をおさえる力も同時に必要な場面があるからだ。そうした場合は木材を固定する木工万力を使ったり，友達に一端を押さえてもらったりすることで，ノコギリを挽くことのみに集中させればよいのだが，やはり体が小さい子だと，どうしても時間がかかってしまうことがある。様々な木材を用意することの利点は，小さな子でも加工ができる材料を選ぶことができるからである。そこで，次に2つの実践を紹介する。

（1）木のおもちゃをつくろう

　用意した木材は，細い丸棒やある程度形がそろった端材である（①）。それらを組み合わせて，手ごろなおもちゃをつくる（②）。90分ほどの限られた時間の中で作品を完成させるには，扱いやすい材料のサイズと形が必要になる。特にノコギリを使って加工を体験するには，こうした木材の方が，テンポよく次の作業に移れて，制作を楽しむことができる。しかし，材料が細かくなると，クギを打つのが難しくなるため，木工用ボンドでの接

着が多くなる（③）。接着面についてはひどく粗ければペーパーで磨き，木口面であれば一度ボンドを浸み込ませて乾かしてから接着しなくてはならない。基本的に子どもがそうしたいと思う位置で接着をするため，ボンドが乾くまでは布ガムテープや養生テープなどで仮止めをしておくとよい。

（2） ノコギリと金づちで遊ぼう

木工所でいただいた大きめの端材で，椅子やドールハウス，戦車や剣などを，子どもが思いつくままにつくっていき，教師はその手助けをする。5時間ほどの活動時間が取れるのならば，じっくりと素材と向き合わせることができる。木材を山積みにすれば，それを見ただけで子ども達は大盛り上がりで何をつくろうか考え始める（④）。大きめの端材を用意することで，ノコギリで切らなくてはいけない状況をつくり（⑤），クギを打っても割れにくい木材やちょうどいい大きさのクギを用意することがポイントである（⑥）。

指導の要点

木工の実践を行うに当たって，道具の扱い方については十分に指導をしなくてはならない。ちょっとした不注意が大きなけがにつながりかねないからである。そのため，大事な説明をするときは集中して聞けるような雰囲気づくりや，子どもとのルールづくりに配慮していただきたい。目の届かない所で棒材を振り回すような遊びに発展することはよくあり，それがけがに結びつくことも多い。

また，教師自身が事前に道具の扱いについて慣れておく必要もある。体の位置や，力の入れ方，木材の置き方など，聞くだけではわからなかった部分を，子ども達は教師の正しい道具の使い方を見て，見よう見まねで体験しながら学んでいくものである。そうした準備が教師自身の心にゆとりをもたせ，視野を広げ，常に全体を気に配ることに活かされていくはずである。

時々，子どもは切ることが大変そうな大きな材料を，あえて切りたがることがあるが，そうしたときは大変だからといってやめさせるのではなく，切れるまでちゃんと見守ることは，子どもの心の成長のステップとして意味のあるものとなる。（加藤克俊）

① 細かな材料は加工しやすい

② 円形の材料を活かしたくるま

③ 丸棒を短く切った頭のかざり

④ 山積みの木材に興奮

⑤ 慣れないうちは慎重に

⑥ 指を打たないよう注意

第7章　工作・工芸の学習

7-9 木でつくる 「水中翼船づくり」の実践

■ 木を用いた実践の狙い

　木という素材は数多くの種類があるが，軽いものではバルサ，加工しやすい板材としてヒノキ・杉・朴(ほお)・桂，丸棒として唐松・ラミンなどがホームセンターなどで入手しやすい。木を使う工作は，素材としての木の性質を知り，道具を正しく使って安全に加工することがポイントといえる。紙をハサミで切るように簡単には加工できないが，適切な用具を準備すれば，自由な造形物のほかに本箱や玩具などの実用的なものをつくることができ，子ども達は，創造と使う喜びを実感できるとともに，ものを大切にする心も養える。

■ 材料と用具

　工作材料としては，ヒノキ材がおすすめであるが，ヒノキ材の幅が広く長いものは非常に高価である。しかし，ヒノキ専門店で，建具として使用する細い材の端材を分けてもらうことができればば比較的安価に手に入る。

　加工に目を向けると，ノコギリで切りやすい，穴をあけやすい，接着が容易，クギを打っても割れにくい，刺がささりにくい，適度な重さがある，などの特徴がある。更に加工後の誤差が少ないという性質があげられる。ヒノキ材は，子どもにも安全に使いこなせる適した素材だといえる。

　次に必要な道具について説明する。まず素材を固定する道具として万力，C型クランプなどが必須である。よく片方の手で材料を押さえたり，足で押さえて片手でノコギリを使う場面が紹介されているが，材料を机などに固定して，片刃のノコギリを両手挽きで使えば，けがを防ぐことができる。木に穴をあける道具としては手動のクリックドリルがとても良い道具だったが，最近製造が終了し入手困難になった。きりや，T字型のドリルキリという穴あけ用の手動の道具を使って小さな穴をあけることができるが，電動のドリル（小型のボール盤）の操作方法をしっかり理解させれば，中・高学年の子どもなら比較的安全に穴あけが可能である。

　接着剤の使い方も案外難しい。何も指導しないと，子どもは，マヨネーズのように木工用接着剤を大量に出して接着しようとする。適量を木の接着面に均等に薄く伸ばして圧着することにより速く強く接着できる。はみ出たボンドは濡れぞうきんで拭き取ると仕上がりがきれいになる。

■ 造形遊びから船づくりまで

　まず，造形遊び的に木を使うことが考えられる。様々な木切れが入手できる場合は自由な発想で，木工用接着剤を用いて接着したり，玄能でクギを打つ行為を楽しむことができ，それを発展させて作品もつくれる。例えば，家族，ロボット，動物，昆虫などテーマを設定するのも効果的である。着色してもよいが，サンドペーパーで磨いて生地仕上とすると，その感触や美しさを実感できる。変わった加工としては，数本のヒノキ角材の中央部分に

7-9 木でつくる

火のついた炭を置いて燃やし，焦げたところを石で削り取って窪みをつくり，膝の上に置いて音を響かせる原始的な木琴をつくることもできる。その他に，海岸で流木を探し，その形からイメージしてつくることもできるだろう。

① 様々な形の素材

■ 「水中翼船づくり」の実践

木は浮くという性質があるので船をテーマにすると面白い。ここでは川遊びができる環境で実践した例として，ひもで操作して川を遡らせて遊ぶ「水中翼船づくり」を紹介する。重心の位置が高いと転覆するので，船の両横に安定板を付けたり，高学年なら，波を切って進めるための操作の仕組みにも興味を持って考えさせることができる。子ども達が自分で主体的に考えながら，やや難しい作業に挑戦し作品を完成させれば，大きな創造の喜びを得ることができ自信につながる。更につくったもので遊ぶことにより喜びは大きくなり，ひもを用いて回すコマのようなスキルアップする要素をもつ玩具なら，より面白く遊ぶために高度な技に挑戦する喜びを体験することができる。このような機能を伴う玩具づくりワークショップの場合は，材料をある程度事前に加工しておく必要が考えられるが，重要な点は，子ども一人一人のオリジナリティーを重視して，自分だけの作品にする指導の工夫が必要だということである。そのためには，木以外の素材として，ひも，毛糸，針金，クギ，ネジ，プラスチック素材などの組み合わせる素材を用意することが有効である。

② 万力とのこぎりで木を切る

③ クリックドリルで穴あけ

④ デザインを工夫する

⑤ 旗を付けた水中翼船が完成

⑥ 自作の船を操作する

■ まとめ

木という素材を使うには，適切な用具とある程度の技術と，教師にはそのための指導力が要求される。特にヒノキのような世界に誇る日本の木を代表する素材は，子ども達が木という自然素材や，日本文化のすばらしさを実感したり，自国の文化を大切にする心を育む上でもぜひ経験させたいものである。教師はまず，木という素材のよさを実感するとともに，道具を安全に使いこなせる技術を身につけることが望まれる。その上で，教師自らがワクワクできる教材を選べば，子ども達もワクワクする造形活動が可能となる。(渋谷 寿)。

協力：山梨大学山梨幼児野外教育研究会

第7章 工作・工芸の学習

7-10 木工の実践 「カオス玩具づくり」の実践

■ 実践の狙い

　自然素材の木と様々な用具を用いて動く玩具を制作する。ここでは，玩具の基本的な動く原理や構造がわかるように制作過程を示して解説する。作品は，大学の授業における作例および児童館，野外教育におけるワークショップにおける作例を紹介する。導入はサンプルの玩具で動作を示し，デザインはそれぞれの制作者のオリジナリティーを引き出す展開とする。

① 材料と用具

■ 材料と用具

　木の種類は数多くあるが，香りがよく，ノコギリで切りやすく，水に強く，適度な重さがあり，接着が容易で，刺が刺さりにくく，玄能でクギを打っても割れにくいという優れた特色をもつヒノキ材を用いる。ここでは，加工性と材料費の観点から，厚みは20㎜以内，幅は約30㎜，長さは900㎜以内の角材を使用する。材料はヒノキ専門店を探し，建具材として販売しているヒノキ材の端材を安価に入手するなど，材料入手先はリサーチして探す。用具は，材料を固定する万力（C型クランプでも可）ノコギリ，クリックドリル，木工用接着剤，ドライバー，木ネジ（長短2種類），焼きゴテである。

■ 「カオス玩具づくり」実際の展開

　関節で動く2本一対の腕を面白く動かして遊ぶ，構造が単純な生き物をテーマとした「カオス玩具づくり」を紹介する。カオスとは数学的には，二重振り子の運動中などに突然起る予測不可能な複雑な振舞いを示す現象であり，本玩具では振り回して遊ぶ時の2本一対の腕の動きの中に現れる。

② 万力に固定して両手引き

　a．玩具の基本構造を理解し，生き物のテーマを決める。図鑑などを参考にしてアイデアスケッチを描く。腕は木ネジを用いて，ボディー両側面に1対，回転できるように取り付ける状態を想定して描く。ここでは，ボディーを2分割して机の端に座らせることができる熊の人形づくりを紹介する。

③ 2分割した本体の接着

　b．ボディー本体をノコギリで2分割し，図のように重ねてずらせて接着する（③）。使用するヒノキ材は幅が狭いものなので，幅の広い作品を制作する場合は，ヒノキ材を木工用接着剤で張り合わせて幅広の材をつくる。

　c．回転させる2本一対（4つの部品）の腕を制作し，腕が

④ クリックドリルによる穴あけ

142

回転できるように，部品の端にクリックドリルでネジの直径よりやや大きめの穴をあける（④）。

d．図のように関節で動くようにネジを締める（⑤）。
e．腕がボディーにぶつからないようにする肩のパーツをつくり接着する。
f．腕を取り付ける位置に，きりで下穴を開け，ドライバーで木ネジを締め，腕が自由に回転するようにする。ドライバーで締めすぎると腕が回転しなくなるので注意する（⑥）。
g．持ち手部分や回転部分の角をサンドペーパーで磨き（⑦），様々な飾り用材料で，テーマとした生き物の目や鼻や口などを接着して表現する（⑧）。
h．焼きゴテを使用して表面に模様を付けることもできる。
i．完成後，動きを確認して遊ぶ（⑨）。本体下部を手に持ち上下に振ると，玩具の腕は様々な方向に回転する。
j．意図的に腕の回転方向を変えるように回す。次のバリエーションに挑戦できる。
　1）両腕を同じ方向に勢いよく回す。
　2）両腕の回転方向を交互に逆にして回転させる。
　3）片方の腕を静止させて，反対側の腕のみ大きく回転させる。
　4）片方の腕を大きく勢いよく回転させると，反対側の腕が時折予測不可能な複雑な動きをする。この時，「カオス」という現象が現れており，それを観察し，動作原理の解明を試みる。

⑤　腕の関節が動くようにネジ止め

⑥　上腕を動くようにネジ止め

⑦　サンドペーパーで角を磨く

⑧　目や鼻など飾りパーツを接着

⑨　基本形の完成

⑩　大学生の工夫した作品

■ まとめと発展

　今回の玩具づくりでは，子ども達はつくって遊ぶという創造と遊びの喜びを体験する。制作過程においては五感を通して，素材としてのヒノキ材の温かさ，香り，色など素材のよさを感じ取ることができる。また，ノコギリ，木工用接着剤などの用具の使用を通して，それらの安全で，効果的な使用方法を体得できる。

　指導する立場としては，基本的な材料，用具の準備とともに，一人一人の制作者の思いを十分表現できる様々な形の小さな木のパーツを多く用意すると表現の幅が広がる。また，完成後の作品発表会はぜひ実施し，他者の表現を鑑賞する機会としたい。参考として，構造は同一だが造形的に工夫したユニークな大学生の作品を紹介する（⑩）。（渋谷 寿）

協力：名古屋女子大学児童教育学科，名古屋市瑞穂児童館，山梨大学山梨幼児野外教育研究会

第7章　工作・工芸の学習

7-11 陶芸の基礎　粘土，釉薬，かま

■ 素材の特性を知る

　粘土がもつ粘りや，形をつくれる性質，焼くと恒久的に凝固する特性を利用し，人類は1万数千年以上も前から土器をつくり，生活に活用してきた。やがてその土器制作は，技術的にもより高度な陶磁器制作へと発展し，歴史・地域性を内在させながら，多様な焼き物の展開につながっている。陶芸は，これらの焼き物を完成させる造形分野で，土を陶に変換していくプロセスをたどる。ここでは，粘土，釉薬，かまの理解を進めていきたい。

■ 材　料

（1）粘土について

　陶芸に使用する粘土は，陶土と総称されるが，素材としてとらえ，単に「土」ということが多い。一般的には，1,200℃から1,300℃程度の高温に耐える耐熱性を備え，可塑性に優れているものがよい。可塑性とは，力を加えた後もその形が維持される（形づくりができる）性質のことをいい，適度な水分によって粘りとともに生じ，立体造形を容易にする。岩石が風化・堆積してできたものなので世界の様々な地域で採取され，当然産地によって色や手触りに違いがある。陶芸材料として原料を調整したものが販売され手軽に入手できるが，原土を採取し，自分好みに練り合わせて使うのも面白い。

（2）分類と特徴

　土の種類は様々だが，できあがりの特徴を基準にして焼き物の分類をすると，土器，陶器，炻器，磁器に分けられる。土器，陶器，炻器は土ものと呼ばれ，磁器は石ものと呼ばれる。土ものに用いる土は，鉄分の含有量が多く赤褐色から黒色を呈するものを赤土，鉄分が少なく黄白色系に仕上がる土を白土と呼び分ける。白土でも炭化した有機物を多く含んでいる場合，焼くと白くなるがもとの見た目が黒色に近い土もある。

　また，粒度（粒子）よっても荒目や細目の違いがあり，土の素材感といったものと直接かかわりやすい。粒子の細かい土は，焼成後の収縮が大きい傾向があるが水漏れは少ない。磁器に用いる磁土の粒子は特に細かく，カオリンや，陶石と呼ばれる石を粉砕したものが主な原料になる。焼成後の硬質さや，際立った白さが魅力である。

陶磁器の分類と土の関係

陶土	赤土・白土	土器	野焼きなどで，低火度焼成したもの。無釉で，陶器に比べもろく吸水性も高い。縄文土器，弥生土器，土師器（はじき），彩文土器など。
		陶器	若干の吸水性があり，あたたかみのある風合い。釉薬を施したものが一般的。美濃焼の志野・織部・黄瀬戸や，唐津焼，楽焼など。
		炻器	堅牢で吸水性はほとんどない。陶器と磁器の中間の性質。釉薬の有無は問わない。備前焼，常滑焼，信楽焼など。
	磁土	磁器	吸水性はなく，半透光性があり白い。硬質で，叩くと金属音がする。有田焼，九谷焼，砥部焼，マイセンなど。

土をつくる・菊練りを体得する

原土の場合は粉砕・水簸（水に浸けて沈殿させる）し，不純物を取り除く。木節や蛙目といった粘土を調合すると使いやすくなる。その後，どんな土の場合でも土練りの作業はしっかり行う。耳たぶ程度の固さになるように水分調整しながら，荒練りでムラを取り，ロクロなどで制作が行いやすいように，菊練りで空気を抜く。練った後は，ビニールで密閉し，数日間寝かせると粘り（粘性）が増す。以下に菊練りの手順を示す。

a．左手を軸に時計回りに回転させ，斜め左前方に向かって右手を強めに押し出す（②）。
b．押し出した分は引き起こし，aを繰り返すと菊花の様になり空気が抜けていく（③）。
c．最後は右手の押す力を抜きながら回転を続け，砲弾状にまとめる（④）。

    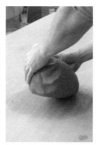

① 基本姿勢　② 押し出す　③ 引き起こす　④ まとめる

釉薬をつくり焼成する

（1）釉薬について

焼き物を美しく彩り丈夫にする働きがある釉薬は，鉛やソーダなどが主体の低火度釉（800℃〜1000℃）による古代エジプトの軟質陶器が起源とされる。中国でかまの技術が発達してくると，1,200℃以上の高火度焼成が可能となったが，この温度帯では，かまに投入された薪の灰が作品の表面に被さることで，陶土と薪の灰が化学反応を起こし，自然釉と呼ばれるガラス質の被膜が形成される。高火度釉はこの自然釉を端とし，長石，珪石，石灰，粘土類などをもとに呈色剤である金属を添加して調合できるので，焼成テストをするとよい。焼成するかまや温度，還元・酸化といった焼成方法の違いで，その色彩や質感は変化する。なお楽焼の釉薬は，一般的に鉛を基本とした低火度釉である。

（2）焼成について

現在のように焼き物が教材や趣味として広がり，作家の活動としてなり得たのは，かまの進歩によるところが大きい。穴がまや登りがまなどの薪がまは，分業や共同作業によって成り立ち，炎を相手に何日も焚き続ける。ガスがまや電気がまの登場により，個人の制御と，焼成後の予測がある程度可能で手軽になったとはいえ，焼成の重要性と意味は変わることはない。かまの中で作品が硬化していく過程で，土や釉がもっている素材の魅力が引き出されていることを認識しておきたい。（栗原 慶）

⑤ かま詰めの一例

第7章　工作・工芸の学習

7-12 陶芸の実践　土がなじむ感覚を習得する

■ 技術の習得をする

器制作を通して，成形技術の習得を進める。元来焼き物は，時代ごとの美意識や技術をもとに，その多くが機能を備えた器としてつくられてきた。手捻り（たまづくり・ひもづくり），ロクロ成形，板づくりなど，陶芸独特の造形技法を通して，厚みや寸法，重さ，口当たり，手触り，盛るという，人間やその生活を主体とした基準によって成り立つ要素を確認していきたい。その形態や目的に合わせ，絵付けや釉薬の選択をしていくことも必要である。

■ 用　具

弓（器の口縁部を切って整える），針（粘土の空気を抜く），なめし皮（口縁部を締め，口当たりをよくする），しっぴき（ロクロの回転で作品を切り離す切糸），内ゴテ（器の内側を整える），木ベラ（成形する・削る），輪カンナ（削る），カンナ（削る），剣先（切断する）

① 成形する道具と削る道具

■ 実践の展開

（1）手びねりによる制作

こぶし大の粘土の塊にくぼみをつけ，器状にひねりだしていく成形方法をたまづくりという。ひもづくりはひも状にした粘土を輪積みしていく方法で，より大きな作品の制作にも適している。どちらも少し硬くなったら底の高台を削り出す。ひもづくりの手順を示す。

　a．手回しロクロの上に団子状に練った粘土を押しつけて，底の部分をつくる（②）。
　b．粘土を手のひらで葉巻状にして台の上に置き，前後に転がしてひも状にする（③）。
　c．ひも状の粘土を，内側に向かってひねりながら一段ごとしっかりと重ねていく（④）。
　d．目的の高さになったら弓で口縁のラインを調整し，なめし皮で滑らかにする（⑤）。

② 底をつくる　　③ ひもをつくる　　④ 積み上げる　　⑤ 整える

（2）電動ロクロによる成形

器を量産することに適した技法である。以下に手順を示す。

　a．ロクロを右回転させながら，練った粘土をロクロの中心に叩いて据え付ける（⑥）。
　b．粘土の芯を出す「土殺し」を行う。水を粘土全体につけ，両手のひらを使って上に

伸ばした後，伸ばした先端を前方に押し倒すと粘土が下がる。この作業を繰り返す（⑦）。
c．つくる大きさを決めるため，先端部を絞る「土取り」をし，親指で窪みをつくる（⑧）。
d．両手指先で筒状にした粘土を挟み，内側の形を意識しながら引き上げていく（⑨）。
e．器の形まで到達したら，なめし皮で口を整える（⑩）。
f．しっぴきの柄を持って糸を水平にあて，回転に合わせ引き抜くと切り取れる（⑪）。
g．水に濡らした素焼きの湿台をロクロに据えて固定し，共土で接触部をつくる（⑫）。
h．湿台の上に適度な硬さになった作品を被せ，厚みに注意して高台を削り出す（⑬）。

⑥ 据え付ける　　⑦ 土殺し　　⑧ 土取り　　⑨ 器状にのばす

⑩ 口を整える　　⑪ 切り離す　　⑫ 湿台の準備　　⑬ 高台を削る

（3）絵付けと施釉

作品の成形後は一週間程度日陰で乾燥させ，素焼き（830℃）する。乾いたように見えても，内側が湿っていると焼成中に破裂してしまう。素焼き後，弁柄（酸化鉄）や呉須（酸化コバルト）などで絵付けする。釉薬は最適な濃度に水分調整して施し，本焼き（1,230℃〜1,260℃）する。

⑭ 下絵付け　　⑮ 柄杓で釉薬掛け

■ まとめと発展

手捻りは，指先で土の感触と立ち上がりを確かめながら，ロクロは，土が形として成立するギリギリの一点を目指して形をつくり上げる。これらの技法は，土の特性から必然的に生まれた技法であり，繰り返し練習し，手に土がなじむ感覚を得ながら獲得していくほかない。大きさや，薄さの限界に挑戦してもよい。そして無意識に器の概念を固定化せず，器の内側空間を創造していく意識をもちたい。（栗原　慶）

第7章　工作・工芸の学習

7-13　陶芸の可能性　現代陶芸への継承と発展

■ 工程を通して可能性を探る

　作品を生み出す行為は，作者の意図に沿って達成されていくものだが，程度の差こそあれ，自己の概念が先行するか，素材が先行するかといったアプローチの仕方に差が生じる。陶芸制作を行っていく過程で様々な発見をし，自分自身が制作していく根拠や手がかりをつかみたい。ここで改めてそのプロセスを例示する。

```
 ┌─ 土 ─┐ → ┌──── 構　築 ────┐ → ┌ 陶 ┐
 粘土→土練→成形→削り→加飾→乾燥→素焼→絵付→施釉→本焼→完成
```
①　陶芸のプロセス

　ここに枝葉の工程や，省かれるものもある。各工程は，連続した流れ，プロセスの形成要素であり，また固定化されたものではなく，内容は更新されていくものであってよい。このプロセスには，素材・技術の要素が通底している。

■ 材料と用具例

　土の表情や性質を発見し，加工するために使える一例を示す。この他に身の回りで使えそうな道具を探すとよい。
　泥漿（でいしょう）（泥状の粘土），イッチン付スポイト，左官コテ（粘土を塗る），スプーン（すり磨く），釉はがし刷毛，ロープ（材質的な効果をつける），練り込み顔料各色，その他（石膏，七輪など）が考えられる。

②　用具類の一例

■ 発想の拠り所

（1）　土の表情の発見

　③の写真は砂の風紋。④はイッチン付スポイトを使って，紙の上に泥状にした粘土を流しながら模様を描いたもの。土の表情から何を感じ取るのかと同時に，土でつくることの必然性を考えたい。

③　砂浜で

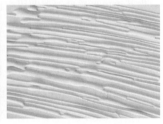

④　波のような表情

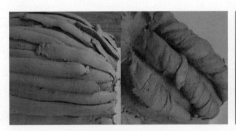

⑤　造形遊びでの作例

⑥　土を混ぜる

⑦　顔料を混ぜる

148

(2) 工程からの発見

制作をしていく様々な工程や，鑑賞からの発見も大切にしたい。

⑧ 筆運びの違い　　⑨ 上絵の色彩　　⑩ くぼみと器の関係

⑪ 釉の縮れの表情　　⑫ 炭化焼成　　⑬ 七輪で　　⑭ 側面に泥漿を施した作例（筆者）

■ まとめと発展

（1） 近代から現代の陶芸へ

現在，私達が目にする焼き物は，日用的な食器，クラフト，伝統工芸による作品などの他，陶のオブジェや陶彫（陶彫刻）と呼ばれる作品など多岐にわたっている。日本では明治期以降，焼き物は絵画彫刻などの純粋美術とは同列に扱われず，産業的側面と芸術的側面から併せ観た「用と美」からなる工芸観によって成立してきた。戦後，陶芸のあり方を模索する動きが活発になってくると，「用と美」は「用か美か」といった二元論的な視座から，用だけを排除した前衛陶芸の展開が見られるようになる。

（2） 現代の陶芸

前述のように陶芸作品を「用と美」の側面から見たまま，用の要素を排除し純粋に美の抽出だけを創作の目的にした場合，作家は焼き物である必然性を自らに問いかけざるを得なくなる。オブジェ焼で知られる八木一夫を中心とした「走泥社」の作家らは，焼き物は素材である土と陶芸の技術によって成り立つという，根本的な前提に向き合うことでその問題を克服しようとした。工芸的造形論で詳しいが，用と美は切り離すものではなく，用の要素自体が陶芸の美に内包されている事柄であり，むしろその本質は，土を陶に変換させていくプロセス（素材と技術の展開が焼き物を生み出す過程）と，創造的な思考が密接に関連していくことにある。

現在の様々な陶芸の表現にあっても，土の性質を感受し，連綿と続く技術を基にした制作の筋道が，自らの創意としっかりと連動していくことが大切であろう。（栗原 慶）　作品協力 室伏英治

⑮ 「Nerikomi Porcelain（竜の筐）」
室伏英治，2013.

第7章 工作・工芸の学習

7-14 ビニールでつくる ポリ袋を使った実践

■ ビニール袋（ポリ袋）の特徴

いわゆるビニール袋のほとんどはポリエチレン製であり，ポリ袋と呼ぶべきものである。このポリ袋という素材は，簡単にボリュームを出すことができ，造形素材として大変魅力的な要素をもっている反面，他の素材とくっつけたり，描いたりするには，手元にある道具ではうまくいかないことがあるため，避けられやすい素材の一つといえる。そんなポリ袋を使った「おおきなおさかなバルーン」は，子ども達自身よりも何倍も大きい作品となるため，経験として大きな達成感を得られる活動である。また，評価が難しいとされる共同制作でも，本実践のような個人制作の集合といった構成をすることで，個人の活動を見やすくすることができる。

■ 材料と用具

対象の子どもによって，準備をどこまでするかは適宜変えればよいが，低学年を対象とするのであれば，ベースとなる素体の部分は完成しておくべきである。大きなポリ袋（ゴミ袋）2つの口同士をテープで貼り合わせ，障子紙を頭としっぽの形に切ってポリ袋を挟むように貼り付ける。また，この実践で大事な工程の一つ，紙とポリ袋の接着には，強力タイプのスプレーのりを使用した。その他，うろこの形に切った障子紙，絵の具，クレヨン，おさかなバルーンをふくらませるためのドライヤーや扇風機を用意する。

■ 個人制作から協同制作へ

共同制作の活動は，完成作品から個人の活動を評価しにくい場合がある。しかし共同制作の活動は，個人制作ではつくることができない大きなものや，思いがけないアイデアに出会う活動でもあり，完成に向けて1つの作品を場としたコミュニケーションの積み重ねは，社会性を育むための重要な試みでもある。本実践は，はじめは個人制作から入り，活動の中で共同制作へと移行していく特徴がある。

a．**モチーフを決める**：実践を行った地域が海に面していることから，親しみのある「さかな」をモチーフに選んだ。はじめに2m近いおさかなバルーンの素体（ベース部分）を広げて見せ，今からできあがる作品のイメージをふくらませた。また，うろこの大きさにもよるが，あらかじめ切っておいたサイズから，1匹あたりに必要なうろこが30枚である（①）ことを割り出し，参加した子どもには1人3枚のうろこを好きなように描いてもらうことにした（②）。

b．**うろこをつくる**：絵の具やクレヨンを使って，魚にまつわる絵や，模様，好きな絵を描いてもらい，できたものにスプレーのりを吹き付ける。匂いの強い溶剤が使われているので，吹き付け作業は開けた窓の傍にダンボール箱を置きその中で行うとよい。うろこはしっぽの方から少し重ねながら貼っていく。

c．**頭やしっぽ**：3枚のうろこをつくった子どもには頭やしっぽにも絵を描いていって

もらう（③）。同じ画面を初対面の子ども同士で描いていくことは，独特の緊張感から始まっていくが，絵が増えていくにつれて，画面の中から対話が生まれてくる。

d．**ふくらます**：おさかなバルーンの端を切り，ドライヤーや扇風機を差し込む。冷風を送っていくと次第におさかなバルーンはふくらんでくる。テープで口をふさぎ，子ども達の真上に投げ落とすと自分達がつくった大きな物体に歓声をあげ，おさかなバルーンを弾き上げていた（④）。

評価の視点

本実践は2時間完了を想定している。子ども達の活動の中で作品に対してどのようなかかわりができたかを，よく観察したい。特に頭としっぽの部分のドローイング（⑤）は子ども同士がそれぞれの主張をしたり，場を譲ったりと，個人制作では見ることができない制作過程が含まれている。こうした複数人による共同制作は何度も経験させていってほしい。また，より純粋に共同制作の体験をさせるのであれば，何をどう制作していくのか，グループによる綿密な話し合いが必要となる。その際にはそれぞれの子どもがグループ内でどのような意見やかかわりができたか，グループで記録を取らせていくことも学びを深めるために有効であろう。

傘袋を使って

もっと手軽にポリ袋を使った工作をすることもできる。

a．ストローと傘袋の口をセロハンテープで固定する。ストローが抜けないように貼らなくてはならない。

b．傘袋と封筒に両面テープで画用紙を貼ったり，油性カラーペンで絵を描いたりする。

c．封筒の底にストローが入る穴をあけ，通す。

ストローに息を吹き込むと，封筒からふくらんだ傘袋が出てくるおもちゃである。

特に封筒の部分と，中から出てくる傘袋の部分が関連していると面白い。また，保管をする際にかさばらないという利点もある（⑥）。（加藤克俊）

① うろこが何枚必要か計算しておく

② 1人につき3枚のうろこ

③ 頭やしっぽの部分はみんなで描く

④ ふくらますとその大きさにビックリ

⑤ おさかなバルーンの顔

⑥ 傘袋を使った工作

第7章　工作・工芸の学習

7-15　プラスチックでつくる

■ 実践のねらい

「プラスチック」という語は，もともと「可塑性」を意味する語であったが，現在では合成樹脂による成形品を総称するのが一般的となっている。このプラスチックは，軽く耐久性もあり，成形や量産・着色も容易なため，生活の大部分に使用されている。このように，プラスチックのない生活は考えられないほどに浸透しているが，造形材料としてはイメージをもちづらい。今回は，こうした生活に用いられている身近なプラスチック（ペットボトルなど）を使って楽しんでみたい。小学校5・6年生以上での実践を想定する。

ペットボトルを押したりはなしたりして水圧を変化させることで，中の透明プラ板が浮き沈みをする（ペットボトル上部の空気部分に圧力がかかると中の空気が圧縮し透明プラ板を沈め，手をはなして圧力を戻すと透明プラ板は浮く）。

■ 材料と用具

500 mL飲料水ペットボトル，透明プラ板，エアパッキン，おもりになるもの（ナットやクリップなど），油性マーカー，テグス，色砂（ビーズなどでもよい），色画用紙，両面テープ，千枚通し（またはキリ）

■ 日常使っている再利用材を活かしてつくる

身近なプラスチック材料を活かした活動を展開することにより，子ども達が日常のいろいろなものを使って作品づくりに利用できることを実感し，すぐに捨ててしまうのではなく，材料となることを日頃から意識していくような導入をしていきたい。また，今回のように理科の内容を取り入れた実践を展開することにより，他教科との連携も考慮したい。

① 油性マーカーで絵を描く

つくり方

a．透明プラ板を縦4cm×横3cmに切り，油性マーカーで宇宙飛行士を描く。上下に千枚通し（またはキリ）で穴をあける（①）。

b．エアパッキンを小さく切り，テグスで縛って固定する。

c．おもりとなるクリップなどを，テグスで縛って固定する（②）。

d．水を入れた容器でエアパッキンとおもりをつけた透明プラ板が沈むか実験してみる。沈まない場合は，エアパッキンを小さくするか，おもりを重くする。沈んでしまう場合はその逆を行う。

e．ペットボトルに油性マーカーで絵を描く（③）。

② 上部にエアパッキン，下部にクリップを固定する

③ 絵を描く　　　　④ プラ板を入れてキャップをしめる　　⑤ キャプ部分を装飾し，完成

　f．色砂を入れ，ペットボトルのキャップ下3cmくらいになるまで水を注ぐ。
　g．宇宙飛行士を描いたプラ板をペットボトルに入れキャップをしめる（④）。
　h．キャップの部分に色画用紙を使って飾りをつくり，両面テープでとめて，完成（⑤）。

身の回りの材料で実験しながらつくる楽しさを味わう

指導の留意点
　a．浮力によりものが浮くことを理解し，その効果を生かした活動（⑥）を楽しんでいる。
　b．水圧の変化により浮力が変化することに気づく。

発展教材
　弁当に入れるたれビンとワッシャー（⑦）を使うと浮き沈みするものが立体的な作品となる（⑧）。また，1.5Lのペットボトルで作品づくりすることで，さらに大きな動きのある作品として楽しむこともできる（たれビンを水に浮かすときは，逆さになったたれビンの上部がほんの少し出るように，たれビンの中に水を入れながら浮きを調整する（⑨）。

　他に，ペットボトルを使った実践として，砂や石ころなどを入れたマスカラづくり（楽器）や，ボトルキャップ（1個）と上部⅓程度（2本分）をつなぎ合わせてけん玉をつくるなど，ペットボトルを加工してつくることもできる。（矢野　真）

⑥ 浮力を理解して楽しむ　　⑦ たれビンとワッシャー　　⑧ たれビンを使うと，浮き沈みするものが立体的になる　　⑨ 浮きを調整する

第7章　工作・工芸の学習

7-16　発泡スチロールを使って

■ 発泡スチロールについて

　発泡スチロールは，ものを梱包して移動をするときにも安全なように，クッション材として日常的に使われている。冷たいものの保管にも便利である。このようによく使う人工材料であるにもかかわらず，造形表現に頻繁に活用しているというわけではない。切断・接着・彩色などにおいて，紙の材料よりも工夫が求められるからである。発泡スチロールの造形活動での活用方法や表現としての可能性について探る。

■ 切断・接着・彩色の方法

　発泡スチロールは軟らかいので，カッターナイフで切る，ヤスリやサンドペーパーで削ることができる。ただし，表面がボロボロになってしまうときがある。表面を滑らかに切りたいときには，電動用の発泡スチロールカッターが適している。針金のような細い線に熱が伝わるようになっていて，熱で切れる仕組みになっている。曲線の多い複雑な形でも，簡単に表面が滑らかに切れる。

　発泡スチロールは，化学的な人工材料なので，揮発性の成分の入ったボンド，高熱を伴うホットボンドなどは溶けてしまうので使えない。発泡スチロールと発泡スチロール，発泡スチロールと他の材料との接着の際には，発泡スチロール用のボンド（接着剤）を使用すると透明で仕上がりがきれいになる。通常使っている木工用ボンドでもよい。接着までに少し時間がかかるが，量を使うときに適している。

　発泡スチロールへの彩色は一応できるが，描画材料や塗り方を試す必要がある。水を多く含んだ水彩絵の具は，はじいて絵の具がつきにくい。先にメディウムや木工用ボンドを塗っておけば，水彩絵の具でも塗れる。水を少なめにしてアクリルガッシュなどで塗る方法もある。クレヨンやパスは表面が滑るような感じであるが，色は塗れる。油性マーカーは揮発性の成分が入っているので，不向きである。

■ 軽さを活用する　―空間に設置する，水に浮かべる―

　発泡スチロールは，軽い材料であり，水にも浮く。土・石・木といった立体表現に使う材料は重く，大きな塊だと容易に動かすことができない。発泡スチロールは大きなものでも軽いので，その特徴を活かした造形表現を工夫したい。例えば，空間に立体を設置したいときに，天井や階段から釣り糸やピアノ線を使って上から吊るす，接着面にガムテープやボンドをつけていくつかの立体を重ねるといった表現が可能である。

　「水に浮かぶものをつくろう」というテーマで，作品をプールなどに浮かべて遊ぶ活動も魅力的である。いろいろな形や大きさの発泡スチロールを組み合わせてオブジェにしてもよいし，あらかじめ自分らしい船をつくってみようという設定でもよい。

　発泡スチロールを生産している工場の協力を得て，「のっても浮くもの」をつくったことがある。体の浮かせ方や全体の形を工夫して，オリジナルの浮輪やボートをつくること

になった。実際にプールに浮かべてみると，浮輪よりも浮力があり，泳ぎながら使ったり，上に2～3人用のボートにして手づくりのオールでこぐ活動へと展開していった。つくったものを浮かべて遊べる，乗って水上を移動できるということが造形意欲を引き出すことにつながった。

友達と乗っても水に浮かんでいる

手づくりのボートで遊ぶ

■ スチロールカッターを使った表現

　スチロールカッターを使うと，発泡スチロールを手軽に切れる。厚さのある塊や板でも，熱で溶かすようにして切れるのは，意外な感じで面白い。曲線やいろいろな形をつくり出す体験をする。そして，様々な形や大きさの部品を組み合わせてみる。台紙に貼り合わせると抽象的なレリーフ（半立体）の表現になり，積み上げるように接着するとタワーのような作品になる。また，発泡スチロールのボードから文字やイラストを切り抜いて，装飾デザインにするのも面白い。

スチロールカッターで切った断面の形を活かす

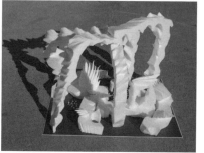
いろいろな形の断片を組み合わせる

■ その他の活用

　発泡スチロールは，通常は白色をしている。白色やフワフワした感じを活かせば，発泡スチロールを雪に似せて，冬のイメージの表現になる。また，熱を加えて表面を溶かすことによって，特徴的な表面効果（テクスチャー）を得ることもできる。換気や安全に気をつけて，はんだごて・バーナー・電熱器などで熱を加えて，表面に凹凸をつくったり，形を変える表現である。（辻　泰秀）

第7章　工作・工芸の学習

7-17　家庭の中にある天然染料を使った染色

■ 台所にある身近なもので染色を楽しむ

　ここでは，日常的に手に入れることが容易で，天然成分由来であることから安全性が高い，紅茶やコーヒー，ターメリックを染料として，白い布が自分の手で好みの濃さや色合いに染まっていく様子（①）を楽しみたい。輪ゴムや荷造りひもを使って，染める部分と染まらない部分をわけ，簡単な模様をつくることもできる。

　染色とは染料によって色を染めることで，水彩絵具などで紙や布などの表面にだけ着色するのとは仕組みが異なる。繊維の隙間に染料の色素が入り込むので，一度染まると色を落とすことが難しい。また，染色の過程では加熱を要する場合もあるので，火の管理や火傷に配慮が必要である。

①　台所にあるものでの染色

■ 材料と用具について

　天然由来の染料は，綿や麻や絹，ウールの成分100％の布がよく染まる。布は染める前に洗ってのりや汚れを落としておくとよい。医療用ガーゼは，綿素材の薄い生地で染まりやすく薬局などで安価に手に入る。染める布の重さをあらかじめ量っておき，染料と染料液の量を決める。目安を表1と表2に示す。

　3種の染料の染料液の分量を表3に示す。染料となる紅茶の茶葉や挽いたコーヒー豆は，不織布のお茶用パックに入れておけば後始末が容易である。染料液を入れるボウルは大きめの鍋でも代用可能である。ホーロー製のものは直火にかけられ，白地であれば染料や染まった布の色がわかりやすい。他にも使用する道具や材料を②，③示す。

　また，布を染めない部分をつくり，白く残して模様にすることを防染という。布をあらかじめ部分的に輪ゴムや荷造りひもで縛る（④，⑤），ビー玉などを使い絞る（⑥）などの方法は，簡単で面白い形の模様となるので試したい。

②　染色に使う用具類

③　染色に使う用具や材料

④　輪ゴムでしばる

■ 媒染について

　媒染とは，繊維上で色素と金属成分を結合させることで，定着およ

表1　布に対する染料の量の目安

	採取した生の葉など	乾燥させたもの	市販のエキスなど
被染物に対して（必要最低量）	100%	50%	20%

表2　布の量に対する染料液の量の目安

布	染料液
10 g	1 L

表3　今回用意した3種の染料液の内容量

	ターメリック	紅茶葉	コーヒー
布　20g 水　2L に対して	4g	20g	40g

表4　媒染液の分量の目安

焼きミョウバン	水
小さじ1杯　：	1L

⑤　荷造りひもでしばる

⑥　ビー玉を使い絞る

び発色させる作用のことである。ここでは媒染剤として薬局で入手可能な食品添加物であるミョウバンを使い、明るい発色が特徴のアルミ媒染を行う。染める布が十分に浸かる分量の媒染液を準備する。分量の目安を表4に示す。

■ 染色の方法

前述の準備や用具をそろえ、基本的な染色工程にはいる。

a．染料液をつくる：水を入れたボウルや鍋に染材を加え煮出す。沸騰してから15分〜20分程で火を消し、しばらく冷ましてから染料を取り出す。

b．染浴：準備した布は染める前に水に浸したのち、軽く絞っておく。aの染料液を再び火にかけ、40℃程度になったら布を入れる。そのまま温度を保ち、色むらを防ぐために長めの箸で布を返しながら、20分程煮る。綿は高い温度の方が染まりやすいが、安全のために沸騰後の染料液を火からおろし、少し冷ましてから布を入れて、そのまま浸けておくのもよい。

c．媒染液をつくる：表4の分量の水をボウルや鍋に入れて火にかけ、沸騰したらミョウバンを入れて溶かし、火からおろして冷ましておく。

d．媒染浴：bで染めた布を軽く水洗いして絞り、cの媒染液に入れる。液の中で布をかえしながら20分程浸す。媒染液から布を引き上げ、水洗いした後に手で絞る。

e．染浴(2回目)：再びbを行う。よりはっきりとした色に染まる。

f．仕上げ：eで染めた布を軽く水洗いして、輪ゴムなどをはずす（⑦、⑧、⑨）。再び水洗いし、水分を絞り、日陰に干す。

染料の分量や布の材質の違いはもちろん天候や気温・室温・水温によっても色合いに変化が出るところに面白さがある。それを楽しみ、味わいたい。(堀　祥子)

⑦　荷造りひもによる模様

⑧　輪ゴムの絞りによる模様

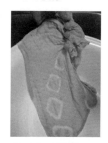

⑨　ビー玉を使った絞りによる模様

第7章 工作・工芸の学習

7-18 光のアート　ガラスを使って光を表現する

◾ 光の効果で空間を創造する

　光を使った作品を制作する場合，提灯や行灯のように木や竹ひご・針金などで形をつくり，紙を貼って本体の造形を楽しんだり，そこに映る影を楽しんだりするなどの方法がある。ここではガラスを主材料とし，色がある三次元の影を映し出す光のアート作品をつくってみる（①）。近代建築においてガラスは，採光のために欠かせない非常に身近な素材であるが，取扱いに注意が必要なため教育現場で扱う機会が少ない。しかし，ガラスは光を透過・反射・屈折させる非常に魅力的な素材である。本実践ではそのようなガラスの扱い方を学び，ガラスがつくる不思議な光と影の世界を楽しむ（④）。

① 光のアート参考作品

◾ 材料と用具

　必要な材料：色ガラスビン，ガラス用弾性接着剤，LEDライト，グラス
　必要な用具：密閉できるプラスチック容器，ハンマー，皮手袋，簡易マスク，小石，新聞紙，防塵メガネ，トングなど

◾ ガラスの加工方法と制作の手順

　今回使うものは100円均一のお店やホームセンターなどで購入することができるが，主材料の様々な色ガラス瓶は身近にあるものを用いる。ガラスを材料として使う際には，けがへの注意が必要だが，準備をきちんと行い，適切な方法で取り扱えば安全に加工をすることができる。あまり触れる機会がない割れたガラスの破片の扱い方を教えるよい機会でもある。気をつける点は，シャープなエッジと鋭い先端であるが，いずれも皮手袋をして行えば安全に制作することができる。粉砕の際に心配なら防塵メガネや簡易マスクなどを用意し，ガラスに直接触らないようトングなどで破片を扱うとよい。

a.　各自用意してきたガラス瓶を破片が飛び散らないよう5枚程度の新聞紙で全体を包み込んでからハンマーで粉砕する。ガラス片をつくる作業は数人でグループをつくって屋外で行うとよい。回りの人と協力し合い，体を使ってガラス片をつくることで素材をつくる楽しさを共有することができる（②）。

b.　ガラス片を安全な状態に加工するため，1～2cm程度の小石とともに密閉できるプラスチック容器に入れ2～3分程度激しく振り続ける。ガラスと小石の比率は1:3で内容量に対し4割程度とする。容器の大きさは，あまり小さいと量が入らないので適度な大きさがよい。振る時間は年齢などによ

② ガラスを粉砕

り個人差があるため，様子を見ながら設定するとよいが，大人なら2分程度激しく振り続ければ，触ってもけがをすることがないガラス片ができる。その後容器内のガラスと小石を選別し，再度違うガラス瓶で同様の工程を行い，十分な量の色ガラス片を用意する(③)。

c. LEDライトが中に入る大きさのグラスの曲面に速乾性の弾性接着剤を使ってガラス片を接着する。弾性接着剤は透明な上，硬化後もゴムのように柔らかいのが特徴で，振動や衝撃に強く幅広い材料に使用することができる。

③ ガラス片の断面

グラス本体の直径とガラス瓶の直径が極端に違う場合は曲面が合わないため接着がしにくいので，サイズを考慮してガラス瓶を用意するとよい。ガラス片を平面上でどのように配置するのかデザインを考えてからガラス片を接着し始めるとよいが，曲面に接着をするため，実際には少しずつずれてしまう。そのような場合にも解決方法を自分で考えさせ，臨機応変な対応力や問題解決力を培うような指導を心掛ける。

■ 光と影の効果を楽しむ

完成したら教室を暗くし，LEDライトの上にグラスを被せ鑑賞会を行う。紙を近づけたり離したりすると影の映り方が多様に変化するので，影遊びも行いながら作品を鑑賞したい。また，それだけで完成させてもよいが，その周りを紙で覆って行灯のように仕上げることもできる（⑤）。ガラスがつくり出す影は立体的な三次元の影になるため，他の素材とは違った表情をつくり出すことができる。ランプの光と影がどのように見えるのか感想を伝え合い，教室が日常とは違う空間になることなどを楽しむとよい。ガラス片の代わりにおはじきやビー玉，ビーチグラス（シーグラス）などを代用することもでき，グラスを上下逆さまに置いてローソクを光源にすれば，光が揺らめく幻想的なキャンドルホルダーにもなる。

ガラスを扱うことが難しい低学年の場合は，厚紙とカラーセロファンでステンドグラスのような作品をつくることもできる（⑥）。制作を通して素材とのかかわり方を学び，作者の意図や想像を超えた現象から作品制作の面白みを発見することが大切である。様々な気づきからものづくりの楽しさへと導くよう指導することが重要である。（佐々木雅浩）

④ 立体的な影

⑤ 紙で包む

⑥ カラーセロファンによる作品

第8章　鑑賞の学習

8-1　美術鑑賞のねらい　授業設計の視点

■ 美術鑑賞の授業で大切にしたい指導観

　図画工作・美術科は，感性を働かせるとともに，自らの身体を使って実際に手を動かし，直接的にその対象・素材に働きかけ，新たな個性的な「美」の「価値」を創造する教科である。すなわち，そこに表現された作品は，子どもが内的なイメージを外部につくりだした「価値」だといえる。その表現と表裏一体である鑑賞は，子どもが対象とかかわりながら「感性」を働かせて，自己の内部に「価値」をつくり出す行為だといえる。つまり，表現と鑑賞の両者は「価値」の「創造過程」を共有するのである。

　「美」は普遍的価値の一つとされるが，教師が感じている「（美の）価値」の伝達だけでは，創造的な鑑賞の授業とはならない。子どもが個人的な美的体験によって獲得された「価値」を「自己概念の中に統合され，未来に向かって」[1]　経験化していく指導観を大切にしたい。

■ 美術鑑賞の授業設計の基本的な考え方

（1）　子どもが鑑賞活動の主体となるために

　鑑賞の学習の充実のためには，子どもの主体的な態度が不可欠である。子どもの関心や意欲は実際には目には見えないが，櫻井によると，学習意欲は「① 情報収集（知的好奇心），② 挑戦，③ 独立達成，④ 深い思考，⑤ 自発学習」の5つの行動の傾向に表れるとされる[2]。この5つの行動傾向の発現を目指した対象の選定，主発問の精査，教師の働きかけなどを考えたい。対象の作品を教師が選定するだけでなく，あらかじめ選定した題材の中で，子どもが作品を選択することなども取り入れていきたい。

　授業風景aは「ゲルニカ（ピカソ作・複製1/2サイズ）」の，同bは「裸婦（本郷新　作）」の鑑賞の授業風景である。いずれの授業も，作品のポーズをまねる活動（ロールプレイ）を通して，全身で作品のよさや美しさ，作品に込められた文脈や作家の想いを感じとろうとしている主体的な姿が見られる。

　同c，dは「鳥獣人物戯画（作者不詳）」の鑑賞の授業風景と板書の抜粋である。

　友達と相談しながら登場する動物達のセリフを考え，付箋紙に書いて貼る活動から，対象の中の物語を考えていく授業である。アビゲイル・ハウゼンらによると，鑑賞の学習の発達段階は，① 物語の段階，② 構築の段階，③ 分

授業風景a　「ゲルニカ」から

授業風景b　彫刻のポーズを体験

類の段階，④ 解釈の段階，⑤ 再創造の段階があり，美術鑑賞の経験のないものは年齢にかかわりなく，物語の段階に属すといわれる。だからこそ小学校の段階で，「対象から感じた一人一人の物語」を子どもが十分に語ること，そしてそれを肯定的に受け止めながら，形，表し方の変化，表現の意図やよさ，美しさなどの特徴を普遍的な言葉に導いていくことを大切にしたい。

授業風景 c　セリフを考える

(2) 子どもの活動を支える教師の役割

美術鑑賞は，「感じる→考える→話す」プロセスが大切である。美術鑑賞の授業は対象を見たり触ったりしながら，五感を働かせて「感じる」ことから始まることが一般的であるが，図画工作・美術科は，子どもの思考を唯一の解に向かって収束させるタイプの教科ではない。「表現」と「鑑賞」のいずれの活動においても，「その子なりの想い」を信じ，子どもがいかにそれを発揮しながら，一人では気づけなかった対象のよさや美しさなどを広げたり深めたりするかが重要なポイントとなる。そのためには，集合学習の中で学習者の学びを促進するファシリテーターの立ち位置を意識する必要がある。特に授業において子ども達の対話を促すには，右に示した「授業のポイント」を参考にしてほしい。

授業風景 d　学習課題と主発問の例

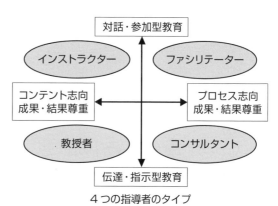

4つの指導者のタイプ

出典：津村俊充・石田裕久，ファシリテーター・トレーニング第2版，ナカニシヤ出版，2010，p. 13.

■ 多様な鑑賞の経験を保証する

作家になりきるケーススタディや，作品の中に入り込む仮想現実体験などの場面を設定するなどの方法が有効である。また，ハロルド・オズボーンの鑑賞の技法やマイケル・パーソンズの美的発達論などを是非参考として，子どもの主体的な態度の発現が見られる鑑賞の授業を実践目指してほしい。

（花輪大輔）

授業のポイント（対話による鑑賞教育より抜粋）

教師の聞き方	対話の組織化	対話の舵取り
うなずき ミラーリング 繰り返し	ひろげる 　①自由な発想から 　②拡散的な質問 　③意見を全て認める ふかめる 　④意見の差異を話し合う まとめる 　⑤意見をまとめる	ならべる くらべる 立場を変える つなぐ わける 揺さぶり もどす

出典：上野行一，対話による美術鑑賞，光村図書，2008，pp. 9-11.

引用文献
1) 森有正，生きること考えること，講談社，1985，pp. 98-99.
2) 櫻井茂男，学習意欲の心理学，誠信書房，2009，pp. 26-27.

第8章 鑑賞の学習

8-2 リテラシーの育成　美術鑑賞の醍醐味

■ アートとはなにか

　アートとはなにか。一言で言うならば，それまでの物の見方を変えるもの，という表現ができるのではないだろうか。自分が今までにもっていた概念が広がり，くつがえされるもの，あるいは，既存の概念にはまったくあてはまらず，自分自身の内面を掘り下げるきっかけを与えるものである。

　アートはむずかしい，どう見たらよいかわからない，と食わず嫌いになってしまうのはもったいない。アートには正解はないし，こう見なければならないという作法もないからだ。作品を見て，なんだかいいなあと感じたり，強烈だなと思ったり，温かい雰囲気を感じたりすることもあるだろう。ただ作品に向かい合って，そこで起こる自分の気持ちの揺れに心を向ける。それが美術鑑賞にとって最初の一歩であり，最も重要な姿勢だ。

■ 世界の美しさや面白さに気づく

　第1章（1-1，p.2）で説明をしたヒトの視覚認知のシステムを振り返ってみよう。光が網膜に届くと，その情報は視神経を通って脳に送られる。第一次視覚野から段階的に複雑な形のパターンとして処理されていき，その形状とこれまでの記憶を照合して「なにか」として認識される。ヒトは進化の過程で，言葉を得たことによって，目に入るモノを常に「なにか」として認識しようとする傾向が強い。つまり，世界をラベルづけして見ているようなものだ。

　大人になると，普段目にするものは，だいたいが見知った「なにか」である。「なにか」として認識しておけば安心して生活ができる。例えばリンゴを食べるためには，「リンゴ」と認識すれば十分で，その細かい色や形をじっくり観察する必要はない。

　美術鑑賞では，このような普段の物の見方から離れて，じっくりと目を留めることが求められる。描かれているものが「なにか」という情報が重要なのではなく，どう描かれていて，そこからなにを感じるのか。意識を向けて想像力を働かせながら見ることである。

　現代アーティストの山口晃がこんな発言をしていた。「私が面白いとか，大切だと思うものを誰もそう思わない。だからそう思えるよう表してやる。それが表現だ」。

　シンプルに，わかりやすくアートの本質をついた言葉だ。アーティストは，ふだん私達が目を向けないようなところに目を向けて，世界の美しさや面白さを切り出し，表現をしている。作品と向かい合ったら，アーティストが独自の視点で切り出した面白さとはなにか考えてみよう。アーティストの意図と一致するかは大きな問題ではない。鑑賞者自身が，そこに美しさや面白さを発見するというプロセスにこそ価値がある。

　この姿勢は，自分で作品を制作するときにも役に立つ。他人が目を向けないような物や風景，あるいはよく見慣れた物でも視点を変えることで，美しさや面白さが隠れているはずだ。世界の面白さを切り取る目を養うことが，創造的な表現への近道なのではないだろうか。

自分自身に向き合う

　現代アートや，抽象表現主義の作品では，一見して「なにか」がわからないような作品も多くある。わからないとは，自分の知識にある既存の概念には分類できないということだ。わからないモノを前にすると，ヒトは，記憶を掘り起こして答えを求めようとする。

　そのとき，ふっとイメージが立ち上がることがある。このことを「アハ！」体験という。電光がきらめくような，すっきりしてうれしい感じは，脳がドーパミンという快を感じる神経伝達物質を出しているからだ。ドーパミンは，神経の結びつきを強くし，記憶を増強する作用がある。それが，作品への深い印象を生み出すのだろう。

　このとき，具体的な「なにか」が見つからなくても，記憶を検索するプロセスが重要である。作品のふとした手がかりに，音や匂い，肌触りなどの視覚以外の感覚が思い起こされることがある。忘れていたエピソード記憶（ある時ある場所で何があったという一連の記憶）がよみがえることもあるし，情動のみが呼び起こされることもある。「見ること自体がすでに創造的な作業であり，努力を要するものだ」とマティスは言った。作品に深く感動するという体験は，自分自身の内面に深く向き合ってこそ得られる。

創造的な目を養う

　創造的な目を養うには，とにかく1つの作品をじっくり見ること，そしてたくさんの作品を見ることだろう。

　美術館で展示された作品を見るとき，まずキャプションを読んでから，内容を確かめるように作品を見て，すぐに次の作品に移ってしまう人も多い。たしかに，作品やアーティスト，時代背景などについての知識があると，描かれた意図や面白さを見つける手がかりになる。しかし，それだけでは作品から情報を読み取っているだけにすぎず，美術鑑賞の本当の醍醐味を逃してしまっている。知識に頼りすぎてしまうと，自己の内面と対峙するプロセスや，そこから記憶が掘り起こされ，気づきが起こるときの感動を味わえないからだ。

　そこで，美術館に行ったら，気に入った作品の前に，5分はとどまってみてほしい。1つの展示会場で，1つの作品だけでよい。漠然と見るだけでなく，感じたことを一つ一つ書きだして見るのもよい。作品に近づいてみたり，遠ざかってみたり，視点を変えると，また別の気づきがある。作者になりきってどんな意図で描いたかを想像してみるのも楽しい。そういう体験を積み重ねることで，自ずと創造的な目が養われるのではないだろうか。（齋藤亜矢）

気に入った作品とじっくり向き合う

第8章　鑑賞の学習

8-3　美術鑑賞の魅力　絵と彫刻の鑑賞から

　アメリカの美術運動であるDBAE（Discipline-Based Art Education：学問に依拠した美術教育）の影響もあって近年鑑賞教育が重要視され，わが国においても学習指導要領の改訂の度に鑑賞の学習が拡充されてきた。対話型鑑賞法やVTS（visual thinking strategy：鑑賞者の「観察力」「思考力」「コミュニケーション能力」を育成する教育方法）などの学習が話題になり，その実践も紹介されてきた。描いたりつくったりするのは苦手だが，美術館に行くのは好きだという人が社会人の中にもいる。美術鑑賞の魅力を実感することは美術教育が生涯学習として位置付くことにつながると考えられる。ここでは，絵の鑑賞と彫刻の鑑賞の2つの実践を提示したい。

■ 小さな美術館をつくろう（絵の鑑賞）

　わが国には，大小多くの美術館があり，その数は450余りにのぼる（2011年度）。近年，学習指導要領で地域の美術館などを利用することが示されるようになり，地域の美術館を訪れて学習活動を計画する学校も増えてきた。多くの美術館にはミュージアムショップがあり，展覧会図録やポスター，所蔵作品の絵葉書，小型の美術作品などが販売されている。この絵葉書を手づくりの額に入れ，校内のミニ美術館やギャラリースペースを利用して鑑賞報告会を開きたい。①は，1枚の板でつくった額である。中央部分は，絵葉書よりやや小さい窓を糸ノ

①　手づくりの額

コギリで切り抜いている。このようなもの以外でもバルサ材や段ボール紙など使って学年に応じたものを工夫すればよい。

実践の展開　―美術鑑賞の醍醐味―

　学習指導要領で子どもが随時鑑賞に親しむことができるよう，校内の適切な場所に鑑賞作品などを展示することが示されるようになった。この実践は，校内に小さな美術館をつくる取り組みである。ここには，生徒作品に加え，地域の美術館で求めた絵葉書を手づくりの額に入れて展示する。美術館で気にいった作品をもう一度振り返り，作品や作者について調べたことや素直に感じた感想を書き，作品の傍らに掲示するのである。鑑賞報告会を開くことで，美術鑑賞の醍醐味を交流することができる。

■ パブリックアートを紹介しよう（彫刻の鑑賞）

　パブリックアートとは，一般に「公的な場所に置かれた芸術作品」といわれている。公園や広場や道路に設置された野外彫刻は，その代表といえる。また，建物の外壁につくられたタイルモザイク壁画もパブリックアートである。つまり美術館などに入場した者が見る芸術作品を指すのではなく，不特定多数の者がふだん，街の生活の中で見ることのできるものを指している。ときには建築物自体や橋も，また公共の建物のロビーなどで見かけ

る小さなものから大きな遺跡も,広義ではパブリックアートに含めることができよう。次の実践は,野外彫刻作品を対象に鑑賞報告会を開くものである。

実践の展開 —彫刻鑑賞の面白さ—

パブリックアートは都市化が進むなかで,国や地方公共団体,あるいは企業が街の中に芸術作品を配置しようとその数を増やしつつある。近年,彫刻のある街づくりと銘打って環境整備を進める地方公共団体も増えてきた。自分達の住んでいる街でも調べてみると,いくつかの野外彫刻が見つかるのではないだろうか。野外彫刻を鑑賞する醍醐味は,壁も天井もない広い空間に置かれた彫刻が,季節や時間,天候などによって様々な表情を見せてくれることである。

彫刻鑑賞の視点としていくつか考えられる。例えば,a. 印象や存在感,彫刻がその周りの環境と共鳴しているか。b. 主題や作者について。主題は何か,作者のコンセプト(制作の意図)。c. 量感(volume)の豊かさ,比例(proportion)や均衡(balance)の美しさ,動勢(movement)の面白さ,面で捉えた表現など。d. 素材感。素材は何か,木なのか石なのかブロンズなのかなど。e. 制作方法や技法。彫刻(carving),あるいは彫塑(modelling)なのかなど。

絵の鑑賞の実践と同様,作品をもう一度振り返り,調べたことや感じたことを写真を基に鑑賞報告会を開くことで,彫刻鑑賞の面白さを交流することができる。

②~④はすべて広島市内の野外に展示された彫刻家吉田正浪の作品である。

②「少女」
吉田正浪, 1981.

③「母」
吉田正浪, 1992.

④「南風」
吉田正浪, 1994.

まとめと発展

発展学習としては,美術にまつわるわが街の地図をつくる「地域のアートマップをつくろう」があげられる。これは,事前学習→フィールドワーク→マップづくり→発表会といった流れで進められる。フィールドワークで得られた情報を持ち寄り,わが街の美術館やパブリックアート,最寄りの駅,道路や街並みをイラストで描き,写真を貼るなどしてつくり上げ,発表会を開くものである。(藤原逸樹)

8-4 モネ，ゴッホに挑戦　模写に挑戦

■ 美術文化を学ぶ

　近年，学校の図画工作や美術の授業で，鑑賞活動が盛んになってきた。以前から学習指導要領は，表現と鑑賞の2領域であったが，実態としては描いたりつくったりすることが中心であった。鑑賞に関しては，美術作品をじっくりと見るよりも，作者・年代・様式などを覚えるといった知識的な内容が多かった。現在では，生涯学習の考え方が定着し，義務教育の9年間にとどまるのではなく，生涯にわたって学びつづける方向性がある。日常生活で画集やテレビなどを通して美術作品に接する機会は多いし，美術館の数からいえば日本は世界のトップクラスである。したがって，学校教育において美術作品に親しみ，自分なりの見方や表現の仕方を学習するとよい。

　また，鑑賞活動で身につけたことが，すべての教科の基礎学力になっているという見解がある。人は考えたり記憶したりするときに，視覚情報をもとにしているという。言語や数学は，文字や数字という記号を使っている。ものを思考したり，記憶するには，記号という抽象的な情報では限界があり，具体的な視覚映像と結び付いて脳の働きが進展する。

　「百聞は一見にしかず」ということわざも，見ること，見て考えることの重要性を示唆している。美術作品を見て様々なことを発見できる子どもは，新聞の写真やテレビの映像を見て出来事の内容や社会背景を的確に理解する，自然を見て詳しく観察する力がある，という教師の意見を聞くことが多い。視覚情報から読み取り思考をめぐらす力（視覚リテラシー）は，実は図画工作や美術の作品鑑賞で培われているわけである。

■ 模写に着目

　鑑賞重視の動向に伴って，いろいろな鑑賞指導の方法が取り入れられている。一方的な講義や解説ではなく，作品の印象・描かれているもの・作者の意図や心情などについて，対話をしながら見方や考え方を深めていく鑑賞方法である。対話型鑑賞法と呼ばれ，言語活動や相互の交流が行われる。いくつかの作品を並べて，作品の相違点や共通点を指摘する比較鑑賞法も位置付けられている。また，教材としてアート・ゲームが普及し，トランプやカルタに似たゲームを通して作品を知る授業に出会う。

　それらの鑑賞方法や教材によって，作品に親しみ，見方を学ぶことができるようになっていることは確かであるが，ここでは，改めて模写（描きうつす）方法に着目する。作品を見たとしても，漠然と眺めて見ていることも多い。作品を描きうつす活動を通して，構図・色彩・タッチなどの色や形について具体的に学ぶ機会になる。「まねる」ことと「まなぶ」ことは語源的に結び付いているという。模倣や引用をすることによって作品について学び，自己の表現に活かしていくようになればよい。図画工作や美術の授業では，「自分の感じたように表現してみよう」「いろいろな色を見つけてみよう」といった助言が頻繁に行われている。そのような助言の内容が，美術の流れの中で端的に示されたのが印象派や後期印象派であるように見受けられる。代表的な画家は教科書でも取り上げられるこ

とが多かったが,改めて模写を通して,作品の色や形についての学習をする機会を位置付ける。

モネやゴッホの模写に挑戦

　印象派や後期印象派の画家は,光や色彩を表現しようした。明るい色彩で,筆のタッチを残しながら描いた。作品では,光や天候の具合によって,色彩の微妙な調子やタッチが表現されている。模写することを通して,画家の特徴や表現上の工夫を学ぶようにしたい。まず,印象派や後期印象派の画家の画集を見て,描いてみたい作品を選ぶ。印象派のクロード・モネやフィンセント・ファン・ゴッホの作品は,それぞの代表的なものであり,色彩やタッチの特徴を理解しやすい。印象派よりも前の時代の作品では,できるだけタッチを残さないような描き方をしており,影にも暗い色が使われていることが多いが,印象派や後期印象派では,描き方が異なってきたことを理解する。構図も日本の浮世絵の影響を受けて,色面による構成を取り入れている場合が多い。

　模写では,それぞれの画家の描き方の特徴を体験的に学ぶ。色彩,タッチに気をつけながら,画用紙に描き込む。油絵の質感に似せるときにはクレヨンやパスを使い,微妙な色の調子を追究したい場合には水彩絵の具や色鉛筆を用いる。細部を描く前に,全体の構図や色調をつかむようにする。モネは,同じモチーフでも光のあたり具合によって異なる色彩を使っており,ゴッホでは,糸杉や空の表現に生命感のあるタッチが見られる。（辻　泰秀）

モネの「睡蓮」から①

モネの「睡蓮」から②

ゴッホの「星月夜」から

ゴッホの筆触（タッチ）をもとにして表現する

第8章　鑑賞の学習

8-5　ピカソから学ぶ　鑑賞から創作へ

■ ピカソへの理解

　パブロ・ピカソは，最も有名な画家の一人であり，「ゲルニカ」「泣く女」をはじめ，美術の教科書でも頻繁に作品が掲載されている。ところが，ほとんどの人が名前は知っているにもかかわらず，ピカソの作品を本当に理解している場合はわずかしかない。例えば，一般に上手な絵として評価する絵は，写真みたいに写実的に描かれた作品が多い。でたらめでよくわからない作品のことを「ピカソみたい」ということがある。そこで，ピカソの作品を見て描く体験を通して，ピカソの作品理解を試みる。

■ ピカソの表現と鑑賞　―模写を通して鑑賞をする―

　まずピカソの画集を活用して，ピカソの作品鑑賞をしながら，描く作品を選択する。そして，ピカソの作品の特徴を端的につかむ目的から，クレヨンやパスを使用して模写をする。ピカソ自身もタブロー（完成作品）としての油彩作品に取りかかるにあたって，幾度か鉛筆やクレヨンなどの描画材料を使いアイデアスケッチを作成した。

　ピカソの作品を模写する時に，すべてを忠実に描きうつす必要はなく，興味のある部分を取り出してして描く，自己流にアレンジするところがあってもよい。鑑賞活動では，漠然と眺めているだけの時がある。ピカソの作品を描く際には，それぞれ部分の色や形を確かめながら描くことになり，ピカソが表現する過程でどのような創意工夫をしようとしたのかについての追体験になる。当初は，抽象的な表現なのでピカソの作品の意図や工夫がよくわからないと述べていた人も，次第にピカソの表現に理解を示し，肯定的な評価に変わることがある。

　完成後，ピカソの作品を見て描いた感想や工夫を交流する。「ゲルニカ」の中の人や動物の表情，「泣く女」の多視点構図などの意図について，自分の言葉で説明する人も出てくる。例えば，「泣く女」の作品に紙をあてて一部を隠し，作品の各部分で見る角度（視点）が異なっていることを確認しながら語ろうとする。率直に感じ取ろうとするので，大人よりも子ども達の方が柔軟にピカソの表現を理解する場合が見受けられる。

ピカソ「ウーマン ウィズ ブック」から

ピカソ「鳥と梯子の上の女」から

■ 「ゲルニカ」の鑑賞から創作へ ―「わたしのゲルニカ」―

　次に，ピカソの代表作である「ゲルニカ」を取り上げる。まず「ゲルニカ」の作品を見て何が描かれているのか，どんな場面なのかについて語り合う。すると人や動物が苦しんでいる様子が描かれている，叫び声が聞こえそうであるといった意見が出ることがある。鑑賞を通して作品から読み取れる内容と，戦争の悲惨な光景や心情を描こうとしたピカソの意図を照らし合わせて鑑賞をする。

　ピカソは「ゲルニカ」の大作を描く前に，各部分のスケッチを描き，試行錯誤を繰り返し，完成作品とは異なる構図の習作を多数残している。そこで，ピカソになったつもりで，「ゲルニカ」を描くことにする。ここでの描画材料は，鉛筆・色鉛筆・カラーペンである。「ゲルニカ」のモチーフや場面のうち印象的なものを取り上げて描く，構図やつながりを自分なりに変えて表現してみる。あるいは，モノクロに近い色調ではなくふさわしいと思われる色彩に置き換える，タッチを自分なりに変えて描いてみるといった試みをする。「ゲルニカ」という一つの作品をもとにしながらも，各自の読み取りや発想が加わり，鑑賞から表現への展開が自己確認できる。ピカソの生い立ちや時代背景といった美術史的なアプローチに加えて，作品からの記述や，創作をしながら色や形についての解釈を試みることで，多くの観点からの作品理解や，鑑賞と表現との一体化につながるはずである。（辻　泰秀）

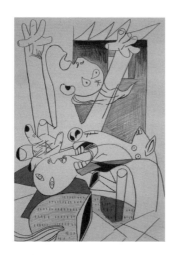

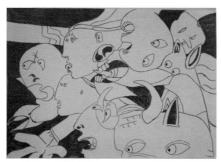

学生作品「わたしのゲルニカ」

第8章　鑑賞の学習

8-6　琳派の鑑賞　風神雷神図屏風の比較

■ 実践のねらい

　俵屋宗達（生没年不詳）に尾形光琳（1658～1716）が私淑し，さらに光琳に酒井抱一（1761～1828）が私淑する。その世襲や直接的な師弟関係ではない継承を後代の美術史家が琳派と名付けた。その表現の特質は装飾性である。宗達，光琳，抱一による3つの「風神雷神図屏風」で何が継承され，何が変化したのか授業で検討する。装飾性は維持しつつ，宗達ののびやかな空間表現から，光琳のきちんとした意匠的表現，抱一の詩的表現へと変化したことに気づかせたい。空間プロデューサーの宗達，デザイナーの光琳，洒脱な文化人の抱一と喩えられる。

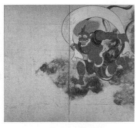

① 宗達（各154.5×169.8㎝, 17世紀, 建仁寺）
出典：東京国立博物館・読売新聞社編集, 大琳派展 継承と変奏, 読売新聞社, 2008, 口絵.

② 光琳（各166.0×183.0㎝, 18世紀, 東京国立博物館）
出典：東京国立博物館・読売新聞社編集, 大琳派展 継承と変奏, 読売新聞社, 2008, 口絵.

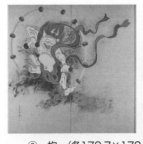

③ 抱一（各170.7×170.2㎝, 19世紀, 出光美術館）
出典：東京国立博物館・読売新聞社編集, 大琳派展 継承と変奏, 読売新聞社, 2008, 口絵.

■ 実践の展開

　何が描かれている？：宗達・光琳・抱一の左隻（風神）のみ図版（原寸比率が望ましい）を配付する。3作品に何が描かれているか問い，金箔画面に風神が描かれていることを確認する。画面中央の縦線から，そこで折って立てる屏風であることも確認する。

　3つの風神は同じ人が描いたのだろうか？：3つの風神は同じ人が描いたのだろうかと問う。表情の違いなどから作者は別人という回答が予想される。実は3作品は描かれた時期に百年前後の開きがあること，百年前の人の作品を参考にしたことを伝える。

　作者ごとに風神と雷神のペアをつくろう：屏風の残り半分に雷神が描かれていることを伝えて，その図版を配付する。先の風神と同じ作者が描いたと思うペアをつくらせる。その理由も考えさせる。理由には，絵の感じやスタイル，三作品の縦横比率の違いなどがあるだろう。考えの発表の後，実際の

8-6 琳派の鑑賞

ペアと，3人の作者名を伝える。

3つの「風神雷神図屏風」の描かれた順番を推理しよう：次に3作品の描かれた順番をその理由とともに考えさせる。個人で考える時間と，班で話し合う時間を設けてもよい。以下，宗達，光琳，抱一の順の場合，あがると想定される理由を記す。

a．迫力のある順。まねするほど迫力は小さくなりそう。

b．線がのびやかな順。真似するほど線は硬くなりそう。

c．光琳・抱一の風神の天衣は画面の途中で不自然に途切れている（画面右上）。2人は宗達作品に描かれてないものは描かなかったのだろう（光琳と宗達の二神の実寸はほぼ同じで，輪郭線も重なる。抱一は宗達作品ではなく光琳作品を見て模写したとされる）。

d．画面構成ののびやかさの順。宗達の雷神の太鼓，風神の天衣などは画面内に収まらない。光琳と抱一は画面内にすべて収まり縮こまった感じがする（光琳・抱一は宗達の二神と実寸はほぼ同じであるが，一回り大きな屏風に写したので，二神が小さく見える）。

e．色づかいの大胆な順。宗達は大胆で，光琳，抱一となるにつれて細やかにおとなしくなる。宗達が二神の下衣の表裏同色としている箇所を，光琳は裏表別の色で彩色している。

f．色の剥げ度合いの順。新しいほど絵の具は鮮やかに残っているだろうから（宗達の雷神図は白い胡粉の剥落が激しい。厚塗りされていたらしい。光琳の彩色は平滑で，線と色をより理知的に意匠化したように見える。抱一では彩色がさらに平明になる）。

g．神聖さの順。宗達の二神は，真ん丸の目玉の中に黒目が描かれる。そのため二神の視線は屏風の外に向かい，畏敬の存在という感じがする。光琳作品では風神と雷神の視線が向かい合い，抱一作品では二神の目は小さめになって，瞼もできて人間に近くなる。

h．屏風として立てた時の空間の広がり度合いの順。宗達作品は，二神と鑑賞者を含めた壮大な空間が出現する。光琳，抱一となるにつれて，画面内で事物も完結し，平面的な感じとなる（抱一は光琳の屏風の裏面へ「夏秋草図屏風」を描いたことを伝える）。

その他様々な意見が予想される。意見交換の後，実際は，宗達，光琳，抱一の順であることを伝える。それぞれの意見はどれも大事と伝える。

どのように変化したのか：宗達，光琳，抱一と，何が共通するか，3人の作者の特徴は何かを考えさせる。例えば，共通点としては「キラキラ」「おしゃれ」などが予想される。それぞれの特徴としては，「のびのび」宗達，「きちんと」光琳，「まじめな」抱一といった回答が予想される。子どもの発表を踏まえて，装飾性が継承され，宗達の大らかな絵画的表現が，光琳では理知的な意匠となり，抱一では整理がさらに進み品のある表現となったことを解説する。（有田洋子）

第8章　鑑賞の学習

8-7 浮世絵鑑賞　北斎と広重

■ **実践のねらい**　—表現された情景：「時間が流れる北斎」と「一瞬を切り取る広重」

「浮世絵」は当世（この世）を描いた絵という意味である。江戸時代に庶民が楽しむために生産された版画である。浮世絵の魅力は，当世の記録や説明図というだけではなく，各絵師の時間感覚が表れている点にある。本項では，一点透視図法と関連させて，北斎作品のゆったりとした時間の流れと，広重作品の切り取られた一瞬という対比に気づく鑑賞実践を提案したい。北斎「冨嶽三十六景・五百らかん寺さゞゐどう」と広重「名所江戸百景・猿わか町夜の景」を取り上げ，両者に表された時間の違いの感受・理解をねらう。

■ **実践の展開**

a．説明（複製を提示して）「これは北斎の『五百らかん寺さゞゐどう』（①）です。江戸湾の岸にあったお寺の展望台から富士山を人々が見ているところです」

b．発問「この絵の中心となるものは何だと思いますか？」→子ども「富士山」

c．発問「描かれている人々の視線はどこに集まっていますか？」→子ども「富士山」

d．発問「そうですね。ほかに富士山に集中するように描かれているものはありますか？」
→子ども「床の板目，建物の壁の板目，屋根の輪郭線・・・」

e．検証「そうですね。みんな富士山に集中して描かれているように見えますね。でも，本当にそうなのでしょうか。延長線を引いて確かめてみましょう」（本当に富士山に消失点があるのか，複製図版を配付して，床の板目，建物の壁の板目，屋根の稜線に沿って線を引くよう指示する（②）。すると消失点は画面中のあちこちにいくつもあることがわかる）
→子ども「線は富士山に集中していない。あちこちにある」

f．発問「一見すると富士山一点に集中させた絵に見えますが，実はそうではありませんね。では，どうして北斎は富士山一点に集中させないで，少しずらしたのでしょうか」

g．説明「それを考えるヒントとして，もう一つの作品を見てみましょう。これは広重の『猿わか町夜の景』（③）です。猿わか町は江戸の人々が大好きだった歌舞伎など

① 北斎「五百らかん寺さゞゐどう」

② 延長線の描き込み例

出典：永田生慈監修・葛飾北斎美術館編集，天才絵師葛飾北斎，姫路市立美術館．2005, p.53.

の芝居小屋が集められた所です。月明かりの夜の町の様子を描いています」

h．発問「北斎の作品では富士山に集中しているように見えましたね。では広重の絵はどこに集中しているように見えますか」→子ども「道の奥」

i．指示「それでは本当にそうなのか，また延長線を引いて確かめてみましょう（複製図版を配付する）」→子ども「今度は本当に道の奥一点に集中している」

j．発問「北斎の作品は一点に集中しているようで，実はずらしてかいていました。広重の作品は一点に集中していました。さて，それぞれ作品からどのような感じがするのか，「○○な感じ」と一言で表すとどうなりますか」→子ども「北斎はゆったり広がっていく感じ，広重はぎゅーっと奥に吸い込まれる感じ」

k．解説「そうですね。広重の作品のように，一点を決めて，その一点を基準に引いた延長線上に物を配置すると，奥行きを表すことができます。このようにかく方法を『一点透視図法』といいます。この方法に忠実に描くと奥行きは出るのですが，目で見た場合と比べて，なんとなく違和感のある感じがします。『一点透視図法』は自分の位置から見た「瞬間」の世界の姿を表すからです。そのため時間が止まったような感じのする絵になります。広重『猿わか町夜の景』は，道の奥の一点に視覚が吸いこまれ，一瞬のうちに建物と街路と空が見通せます。北斎の作品では，一点透視図法をずらして用いることで，奥行きがありながらも，ゆったりと流れる時間が感じられます。北斎作品には夏の涼風の中で富士山を望む人々の息づかいと空間の広がりが感じられませんか」

l．説明「このように，方法や技は，表現意図に応じてアレンジされることがあります」

■ 描かれた事物による情趣について ―補足的解説

北斎「五百らかん寺さゞゐどう」に描かれた人々の視線も，富士山に集中するのではなく，実はあちこちに向いている。また富士山の右隣には富士山状に立てられた材木，寺の軒下にはそっと鳩が描かれる。このように様々な要素がちりばめられることでも生き生きとのびやかな物語が感じられる。

広重「猿わか町夜の景」は一点透視図法が使われながらも単調な印象を与えない。様々な要素がちりばめられ，静かな情趣がある。街行く人々それぞれの物語が感じられる。芝居から帰る人，二階から顔をのぞかせる人，それらの人々の視線の先にあるものは様々である。画面手前には白い犬に3匹の子犬，そして空には白い満月。月明かりに照らされて，道行く人の足下に影がおちる。この影にも視線が止まるので時間が止まったような感じがする。このような要素も，一瞬の中の静かな物語を感じさせる。（有田洋子）

③ 広重「猿わか町夜の景」

出典：小林忠監修，カラー版 浮世絵の歴史, 美術出版社, 1998, p. 86.

第8章　鑑賞の学習

8-8 伝統工芸に着目　伝統工芸品を学ぶ

◼ 伝統工芸品に関心をもち，それらのよさや美しさを理解する

　本実践は，2015年7月時点で200品目を超えている経済産業大臣指定の伝統的工芸品や1,000品目を超えている各都道府県指定の工芸品について，伝統工芸士や各産地の方々から直接お話をうかがったり制作体験させていただいたりすることによって，子ども達が工芸品に関心をもち，それらの制作工程・道具や材料について楽しく学ぶとともに，工芸品のよさや美しさを理解することを目的とする。

① 名古屋仏壇の構造について学ぶ

◼ 伝統工芸品の産地の方々から直接学ぶ

　工芸品を制作している方々から直接お話をうかがうことができるということは，子ども達が抱いた質問や疑問にすぐに答えていただけるというよい点がある。さらに，それぞれの工芸品について説明を伺ったり制作体験をすることを通じて，工芸品の本当のよさや美しさを，直接うかがうことができることも本実践のよい点といえる。ここでは，小中学校での授業の参考例となるような大学での実践例を取り上げて紹介したい。

② 各部の寸法が記された棒（一部）

◼ 伝統的工芸品を体験的に学ぶ授業実践例

　本実践は，いずれも伝統工芸士や各産地の方々に直接指導していただいた授業である。

(1) 名古屋仏壇に関する授業

　まず一つ目は名古屋仏壇に関する授業である。授業のはじめに，名古屋仏壇に関する映像を見たり歴史や現状についての説明をうかがったりした後，実際の仏壇や材料を見せていただきながら，仏壇の構造や制作工程，さらに仏壇の各寸法が1本の棒に記されていることなどについて学んだり制作体験をした（①〜③）。最後に貝片が埋め込まれた漆塗りの箸の研ぎ出し工程を体験させていただいた（④）。名古屋仏壇に関する授業では，他に装飾金具を制作する工程や彫刻された部材へ金箔を貼る工程（⑤）などを体験する授業も行っていただいた。仏壇はいろいろな工芸技法の集合体といわれるが，そのことを学生達は，自らの制作体験を通して実感することができた。

③ 丸棒や格子の制作を体験する

④ 漆を研ぐ工程を体験する

⑤ 金箔を貼る工程を体験する

(2) 三河仏壇に関する授業

二つ目は，三河仏壇に関する授業である。この授業では，仏壇の制作工程のうち漆塗を専門とされている伝統工芸士の方から仏壇や三河仏壇についてのお話をうかがい，続いて漆塗りの中の蒔絵の工程を見せていただいた。その後，蒔絵の工程を疑似体験するような制作を体験させていただいた。実際の蒔絵とは，漆塗りされた面の上に漆などで絵・文様・文字などを描き，それらが乾かないうちに金や銀などの金属の粉を蒔くことで，金属の粉を定着させる工程のことをいうが，ここでは，片面が黒色のタイルの表面に，カシューとサーフェイサーを混合したえんじ色の液で文字や絵を描いた上に，5種類の金属の粉の中から好きな金属の粉を蒔き（⑥），筆で表面を軽く払って（⑦）作品を仕上げた。このときのテーマは，「好きな文字を描こう」というものであったが，このテーマのもと一人の学生は，「鯵」という文字選んで作品を制作した（⑧）。

(3) 名古屋友禅に関する授業

三つ目は，名古屋友禅に関する授業である。この授業では，学生達は3名の伝統工芸士の方々から，名古屋友禅の歴史や現状，さらに本時の制作体験に関するお話をうかがった後（⑨），用意していただいた3種類の図柄が描かれた布の中から1つを選んで色挿しの工程を体験した。学生達は想像以上に色のにじみやすれに苦労しながらも，伝統工芸士の方々からぼかしの方法を学ぶ（⑩）と，徐々に色挿しが上手になり楽しんで制作を進めているようであった。作品は，色挿し完成（⑪）の後，産地で蒸してから，学生の手に届けていただいた。

◾ 産地の方々から直接学ぶ授業の意味

工芸品の制作に携わっている方々から直に学ぶ授業では，印刷物やインターネットでは学びえない多くの内容を含んでいた。特にその時に思った質問や疑問が瞬時に解決されるという利点があった。このような工芸品の産地の方々との連携による授業での制作体験は全体の一部かもしれないが，実際に制作されている方々の指導のもとでつくる体験をさせていただけることは，工芸品を理解する上でも鑑賞する上でも，また造形的な学びの活動としてもとても大切なことである。（樋口一成）

⑥ 金属の粉を蒔いているところ

⑦ 金属の粉を筆で払っているところ

⑧ 学生作品例「鯵」

⑨ 色挿しの工程を学ぶ

⑩ 制作のコツなども教えていただく

⑪ このあと産地で蒸していただいて完成

第8章　鑑賞の学習

8-9　現代アートの鑑賞　現代美術をどう見るか

■ 美術ってなあに

　猿から人間に進化した時，人は直立歩行を始めた。移動が2本の足でできるようになると，残った2本の足は自由になり，自由な2本の足は道具を使うことができた。そして，道具を使って新たな道具をつくり，新たな道具はどんどんいろいろな活動を可能にしていった。創造の道が開け，人はできることを増やし続けてきた。

　原始時代のラスコー洞窟壁画は，15,000年前のクロマニヨン人によって描かれた。現存する古代絵画である。そこには馬，羊，牛，鹿，そして人間達が実に見事に描かれている。材料として土，木炭を獣脂，血，樹液で溶かして混ぜ，色の異なる顔料をつくっている。ただ単に描くにしてはあまりにも熱心に，技巧を凝らし，ていねいに仕上げられたそれらの絵画は，豊かな文明が栄えるはるか昔から，人が貪欲に創造的であったことを現代に伝えている。

　美術とは英語では「fine art」，「visual art」，「art」であり，一般的には造形芸術を指す。この言葉は明治期に生まれた。訓読みすれば「うつくしいすべ」。この言葉は時に美術とは美しいものだと，世界を限定させてしまう。私達が伝えたい，思っている美術は美しいだけではない。感動，驚き，心地よさ，不安。様々な印象を与えてくれる。美術とは人類が，今日までに築き上げ，そして築き続けている創造の結果ではないだろうか。人類が懸命に創造した結果が，私達の心に響くのではないだろうか。

■ 今日的な美術の動向

　美術作品は美術館にある。ギャラリーにある。こうなったのは歴史としては最近といえるだろう。それまでの作品は環境，建築に合わせてつくられてきたものが多かった。産業革命が起こり，蒸気機関の発達によって人間は移動の速度を急速に速めてきた。それまでその場に行かなければ見ることのできなかった作品も，移動させることができるようになった。移動して飾られた作品が見やすいように，展示空間は白い壁に覆われ，静かな空間となった。静かな空間でじっくり鑑賞すること。これは今を生きる私達だからできる幸福なことである。

　しかし，静かに鑑賞する作品，それだけが美術作品なのだろうか。レオナルド・ダ・ヴィンチ[1]，レンブラント・ファン・レイン[2]，アルブレヒト・デューラー[3]，驚異の描写力を見せる作品を初めて見た人達，写実表現を解体したパブロ・ピカソのキュビズムを初めて見た人達，現実を超える，超現実の世界を描いたシュルレアリスム[5]の作品を初めて見た人達は，静かに見ていたのだろうか。美術の歴史は常に前時代を乗り越えてきた。その新しさ故に初めて見た人達には理解されないこともあった。人気の高い印象派も，クロード・モネの作品「印象，日の出」の嘲笑を含めて「印象派」と呼ばれだしたことから名付けられている。新しい美術は時に人々を驚かせてきた。

　では現代の美術はどうなっているのだろうか。交通手段の発達，メディアの普及，インターネットの登場によって，作品を見る場所も様々である。移動する作品が集う美術館に

行けば，様々な作品に出会うことができる。美術館に行かなくても，画面を通じて知ることのできる作品は電波上に飛び交っている。こうなるとアーティストはその状況を乗り越えて新しい作品をつくっている。例えば，作品の移動が速くなったからこそ，またその場に行ってみなければ，体感しなければ感じ取れない作品も増えてきた。アートの島として知られる直島や越後妻有アートトリエンナーレを代表例として，立地，建物，環境，風土，が融合した美術環境は，美術館とはまた異なる鑑賞環境がある。そして新しい技術を取り入れたメディアアートもある。作品といえば鉛筆，ペン，筆で描くもの，木，石，金属，粘土，ガラスを加工するものといったアカデミックな素材の幅を革新的に押し広げている。豊かにものが溢れる時代では，実に豊かな表現方法と，環境と，感受性によって様々な人間の，実に様々な創造に出会うことができる。現代の美術は創造に溢れている。

　＊１：イタリアルネッサンス期を代表する芸術家
　＊２：17世紀を代表するオランダの画家。明暗を画面上に強く押し出した技法を得意とする。
　＊３：ドイツのルネサンス期の画家。代表作に「四人の使徒」などがある。
　＊４：現実を無視したかのような世界を表現する20世紀の芸術運動。代表作家，サルバドール・ダリ，ルネ・マグリット，マックス・エルンストなど。

現代美術の見方

　創造に溢れた現代の美術を，私達はどう見たらいいのだろうか。前時代以前の優れた作品，特に写実的な作品は巧さという点において，わかりやすく感じることも多いだろう。また多くの人々に評価され続けた作品は，何が評価されているのか知ることができるのでわかりやすい。しかし，初めて出会う現代美術は時にどう見ていいのかわからないという方もいるだろう。皆さんはどう思うだろうか。

　ダ・ヴィンチの「最後の晩餐」。この名画もはじめは，こんな風に片側にだけ横並びになった食卓はない，と当時の人達は変に思った。わかりやすいと思っている作品も，その当時は最新の現代美術，時に難解なものもあった。そんな時，人々はどうしたか。答えは好きに見たのだ。好きに見て，思ったことを言っていた。そうやってきたのである。

　では，私達は現代美術をどう見たらいいのか。ここで身近な食べ物を例に考えてみる。例えば初めて出会う料理があった時，人目が気にならなければ好きな食べ方で食べてみるだろう。それがどんな味がするのか，じっくり味わってみるだろう。そして美味しいのかどうかは自分で決めるだろう。現代美術も同じなのだ。好きに見たらいいと思う。初めてに絶対的な正解などない。鑑賞に不自由を感じる必要などないのだ。まずはじっくり見る。そしてじっくり感じ取っていただきたい。そうすることで，そこに作家が残した創造という名の隠し味に気づくかもしれない。隠れてしまって気づかないかもしれない。それでもいい。自分が素直に見て思ったことを自分でまとめて感じ取ったものが，あなたの鑑賞である。そして料理のように，いろいろな作品を味わっていただきたい。（葉山亮三）

Alchemist 3
加藤マンヤ，2002.

第8章　鑑賞の学習

8-10 鑑賞の学びが深まるプロセス　鑑賞する力の発達を理解する

■ "鑑賞の発達"を理解しよう

「鑑賞の授業って，どうやればいいの？」

そんな悩みをもつ先生が多いかもしれない。今，美術館などで鑑賞ワークショップが盛んに行われている。けれども，教室での授業では多くの物理的・時間的な制約がある。

でも，ちょっと待ってほしい。どんな教科でも，それぞれの年齢の発達や能力にふさわしい学習内容やカリキュラムがある。美術鑑賞も同じだ。描画の発達段階があるのと同じように，鑑賞する過程にもそれなりのステップがある。基本的な「見ること」の発達段階を理解した上で，"鑑賞の学びが深まる授業"にチャレンジしてみよう。

■ まず，小学校各学年の特徴を理解しよう

（1）低学年

大人は，客観的な態度で美術作品に向き合う。つまり距離をおいてみる。しかし低学年の子どもは，すぐに目を輝かせ，作品と"一体化"する。作品の場面や物語に入り込む，といってもいい。だから，すぐにそこから何か感じて，発言する。また，視覚だけでなく，触覚や聴覚なども活発に働かせる。例えば面白いポーズの人物彫刻を見ると，すぐにそれをまねしようとする。概念（言葉）だけではなく，全身で感じ，考えたことを表現する。見ることと自分の表現が未分化の状態だ。

（2）中学年

中学年になると，さらに想像や物語の世界がどんどんふくらんでいく。作品の場面に"ないもの"を想像し，それを低学年以上に具体的なことばで伝えられるようになる。「この女の人の動きが面白い。だって普通なら，そんな動きできない」といった原因と結果を分けて"解説"できるようにもなる。し

鑑賞って楽しい！

たがって子どもは自分の意見の理由（根拠）を積極的に言うことで，ますます鑑賞を能動的に楽しめるようになる。

（3）高学年

高学年では論理的思考が発達するため，作品を分析的に鑑賞できるようになる。中学年では単純な理由しか話せなかったのが，高学年では色や形，立体感，雰囲気，表出性（感情）といった，表現を構成するいくつかの要素に基づき，具体的に考えられるようになる。例えば作品の特徴からタイトルを考えたり，作家が作品に託したテーマについて，思いを巡らせたり，抽象的概念をフィルターにして作品の理解を深められるようになる。

■ 次に，学びが深まる鑑賞プロセスを理解しよう

ここでは，マイケル・パーソンズという学者が唱えた鑑賞の発達説を紹介したい。とい

うのも，実際には，各学年の傾向からはずれる子どもがいるからだ。例えば高学年の子どもでも，中学年あたりの段階にいたりする場合がある。年齢別ではない鑑賞の発達段階を理解することで，一人ひとりの子どもの能力が把握でき，授業づくりに活かすことができるだろう。

パーソンズによる「鑑賞の発達5段階」

第1段階：自分の「お気に入り」を好む
絵の直観的な喜び，色彩への強い魅力，主題に対する自由な連想が特徴的。
例：「わたし，この犬が好き！」「きれいな色！」「空からふってきた大きな雲みたいだね」

第2段階：「美と写実」をすごいと思う
魅力的な主題や，写実的スタイルの絵がより良いと判断する。
例：「ほんものそっくり！」「私，この花がきれいに描かれているから好きだわ」

第3段階：作品や作者の「表現性や感情，主題」に注目する
他人の経験の内面に意識を向け，その思考や感情をとらえようとする。
例：「きっと作者は怒っていたから，こんな怖い絵を描いたのだと思う」

第4段階：「スタイルと形式」を分析するようになる
素材や色彩，様式，空間，構図，質感といった造形要素の特徴を，分析的に把握しようとする。
例：「この表面のザラザラ感が，描かれたものの特徴をよく表現していると思う」

第5段階：「自主性（価値判断）」をもって作品を評価する
歴史や他人の意見をふまえた，価値判断を伴うより批評的な見方をしようとする。
「これをいいって言う人は多いけど，私はこういう理由でよい作品とは思えないな」

出典：パーソンズ M.J.，絵画の見方，法政大学出版局，1996. をもとに筆者が作成

■ さあ，「よい発問」で子どもの意見を引き出そう！

パーソンズによれば，多くの鑑賞者は，第1段階から第2段階に留まるらしい。授業では，第3段階以上の意見も引き出せる「発問」を考える必要がある。「発問」は，やさしい発問から子どもが気づきにくい部分に注目させる発問へ変えていくことがポイントだ。

発問1：この絵を一目みた印象（感想）を言ってみてください（全体の印象を得る）
発問2：この絵には何がみえるかな？（人や物など，描写されたモチーフを観察する）
発問3：この絵の中で，何が起こっているのかな？（出来事を想像する）
発問4：何か，おかしいところ，変だなと思ったことは？（疑問をもつ，発見する）
発問5：この絵の色や形，表面の特徴は何かな？（造形要素を分析する）
発問6：この絵を通して，作者は何を表したかったと思う？（テーマを解釈する）
発問7：あなたはこの絵が好きですか？　好きならどうして？（価値判断をする）

ほかにも，選定した作品の特徴に応じて，様々な発問が考えられる。これらは，鑑賞活動の方法を問わず（対話型鑑賞であれ，ゲーム形式であれ，ワークシートによる記述方式であれ），子どもの思考をうながす基本的な問いである。（池永真義）

第8章 鑑賞の学習

8-11 比較しながら見る 仏像の様式を感受する

■ 実践のねらい

今回は，仏像の鑑賞授業として如来や菩薩といった仏の種類を見わけるのではなく，仏像彫刻作品の「様式」感受をねらいとした実践方法を提案したい。その方が図画工作・美術科教育の本質に近いと考える。

様式とはある時代や地域の作品群に共通する感覚的な型で，作品群を包括する本質的な概念である。ただ様式は直観的に把握されるもので，詳細に説明しては理解しにくくなる。そこで様式を「キャッチフレーズ」で示す方法を考えてみた。キャッチフレーズは短い文句で対象の印象的核心を切り取り，聞く人に直観的に把握されるので，様式把握には最適である。様式のキャッチフレーズは感情と像の言葉からなる。小学4年生以上での実践を想定する。

① 厳しく神秘的な 飛鳥仏 (飛鳥)[1)]

■ 仏像様式とキャッチフレーズについて

各様式仏像例を筆者が考案したキャッチフレーズとともに図（7様式）に示す。仏像の時代様式区分には諸説あるが，ここでは一般的な，飛鳥，白鳳，天平，平安前期（密教仏），平安後期（定朝様仏），鎌倉（慶派仏），江戸（円空仏）を扱う。室町以降は退潮著しく様式も不明瞭なので取り上げないが，江戸期の円空による仏像群は美術史上重要なので扱う。

7様式中，円空仏は特異な様式であり，比較的容易に見わけられる。しかし残りの6様式は，A：飛鳥仏と白鳳仏と定朝様仏は静的な感じのグループ（①，②，⑤），B：天平仏と密教仏と慶派仏は動的な感じのグループ（③，④，⑥）に大別される。感じが似ているということは，見わける時に混同が生じやすく，同一グループ内の様式の見わけは難度が高くなる。

② ふっくらかわいい 白鳳仏 (白鳳)[2)]

■ 実践の展開 ―カルタ・カードゲームを用いて

具体的に授業実践は，仏像図像を絵札，キャッチフレーズを詠み札にしたカルタや，仏像図像をフラッシュカードで示してキャッチフレーズをヒントに様式を見わけるクイズなど，ゲーム性を取りいれて楽しく取り組めるようにする。もちろん，授業は楽しいだけではなく学びが必要である。カルタやフラッシュカードは瞬時の判断が求められ，直観的に把握される様式の学習に効果的である。

クラスの実態に応じて，1回の授業で扱う様式の選定を行う。例えば，小学生が1回の授業で7様式すべてを見わけるのは学習内容量が多すぎる。しかし2様式では簡単すぎて物足りない。クイズも4択が多いように4様式くらいが適切であろう。1回の授業では，まず，円空仏，Aグルー

③ 堂々リアル 天平仏 (天平)[3)]

④ 妖しくコワイ 密教仏 (平安前期)[4)]

プから1つ，Bグループから1つを選び，それだけでは容易すぎるので，さらにAかBから1つ選び，合計4様式を見わけることを基本案として提案する。もちろん子どもの実態に応じて調整してほしい。授業はやさしすぎても難しすぎても，達成感がなく意欲が喚起されにくい。

次に実践例（カルタ，カードゲーム，フラッシュカード）を紹介する。カルタ，カードゲームは4人程度の班活動に適している。

カルタ：a．1様式につき絵札1枚×数様式のセットを複数用意して繰り返す。並べられた絵札中に各様式は1つだけなので，焦点化されて見わけやすい。b．1様式につき絵札2〜3枚に増やして一斉にカルタを行う。見わけが難しい仏像絵札が残るので，精緻な思考を伴う判別になっていく。

カードゲーム：a．トランプの神経衰弱ゲームのように，同じ様式仏像のペアを作る。b．絵札を1人10枚程度渡るようにし，時代順になるように，順番に1人1枚ずつ絵札を出して並べて（例：前の人が飛鳥仏を出したら次の人は白鳳仏を出す），班対抗で早く順番に並べることを競う。時代の順番も学習できる。

フラッシュカード：仏像画像を，A3判サイズ程度のカードに印刷あるいはプロジェクタに投影するなどして，子どもに見せる。フラッシュカードの要領で，キャッチフレーズを子どもに瞬時に回答させる。

以上の例は，どれも繰り返しによる学習効果が期待できる。一度このような授業をした後は，空いた時間，あるいは授業への集中力喚起も兼ねて毎時間の導入に3分間カルタなどを取り入れることも効果的である。時折新しい仏像画像を加えるなど，変化をつけるとよい。

⑤ 繊細 優美な 定朝様仏（平安後期）[5]

⑥ リアル ダイナミック 慶派仏（鎌倉）[6]

⑦ ざっくり素材を活かす円空仏（江戸）[7]

まとめと発展

指導の留意点：今回は仏像を様式で見わけるので，長く考え込ませずに短時間で「パッと直観」で判断させる。発展教材：a．子どもによるキャッチフレーズ作成。ヒントに感情語の語彙例を提示する。b．絵画など他分野の様式，流派様式，個人様式などの判別への発展。（有田洋子）

引用文献
1) 西村公朝ほか，魅惑の仏像3 釈迦三尊，毎日新聞社，1986，扉（写真：小川光三）．
2) 辻 惟雄監修，カラー版 日本美術史，美術出版社，1991，p.30．
3) 辻 惟雄監修，カラー版 日本美術史，美術出版社，1991，p.40．
4) 辻 惟雄監修，カラー版 日本美術史，美術出版社，1991，p.57．
5) 辻 惟雄，日本美術の歴史，東京大学出版会，2005，p.121．
6) 辻 惟雄，日本美術の歴史，東京大学出版会，2005，p.178．
7) 東京国立博物館・読売新聞東京本社文化事業部，仏像 一本にこめられた祈り，読売新聞社，2006，p.196．

⑧ 小学生4年生での実践の様子

第8章　鑑賞の学習

8-12　対話をしながら見る　鑑賞を深める

■ 実践のねらい

　近年の日本における対話による鑑賞法は，1980年代にニューヨーク近代美術館（MoMA）で研究開発された理念や方法が90年代に紹介されて以来，国内各地の美術館や学校現場を中心に導入，展開されている。作者や歴史的背景，表現技法など知的な情報の獲得や理解ではなく，鑑賞者が自分の目で見て感じ，考えたことを言葉にして他者に伝え，また同じ作品を見ている他者の言葉に耳を傾ける交流で，鑑賞を深めていこうとすることが特徴的である。

　ここでは，上記の方法をそのまま踏襲するのではなく，対話のグループ内にアイマスクを着用して作品が見えない人を設定することで，段階的に見方を深める方法を提案する。また，人前で主体的な発言をしにくい時期にさしかかる思春期の鑑賞者にとっても，見えない人の設定は自ずと積極的な発言を促すのではないかという効果も期待している。

■ 鑑賞の場の設定

　鑑賞作品の画像をモニターまたはスクリーンに映す（ここではルネ・マグリットの「毒」を扱うこととする）。鑑賞者を4～5名ずつの対話グループに分け，その中の1人にアイマスクを着用させる。残りの人には作品を細部までよく見せるため，グループに1枚ずつカラーコピーも配布する。

　対話のルールを共有する。a．見えている人はアイマスクの人に一方的に話さない，b．アイマスクの人は受け身にならず，どんどん質問をする（②），c．他の人の発言をしっかりと聴き，前の人の発言を受けて話す（③），など。

■ 実践の展開

（1）ひとりで見る

　見えている人は3～5分間，静かにモニターの作品を見て，気づいたことや感じたことのメモをとる。アイマスクの人は，この間待機する。

① ルネ・マグリット「毒」
出典：ハマハー A.M. 解説，高橋康也訳，MAGRITTE，美術出版社，1973，p.129．

（2）見て話す

　見えない人がいることを配慮して対話を始める。見えている人の発言は自ずとどのような絵であるか，という説明的な内容が中心となる（例示作品では，「部屋の真ん中にドアが45度ほど内側に開いていて，その隙間から外の海岸が見えている」，「フローリングの床の木目が古い感じ」，「ドアの上半分が外の空と同じ色，下半分が床の木目と同じ」，「雲が部屋に入ろうとしている」など）。

（3） 立ち止まる

15分程度経過したところで，見えている人からは「もうすべて話し尽くした」，アイマスクの人からは「どんな絵なのか大体わかった」という声が聞こえ始める。対話を一旦止め，アイマスクの人2～3人にどのような絵を想像しているか語らせる。アイマスクの人からは，(2)で見えている人が話した内容とほぼ同じ言葉が繰り返され，教室全体が「わかった」と完結した雰囲気になるので，「鑑賞するって，どんな絵かわかること？」と立ち止まりを促す。

（4）「見る」を深める

(3)では，「作品がどのように見えるか」という視覚的な様相が中心となっていることに気づかせ，次に，見えている人それぞれが作品から感じたり考えたりした内容の対話に展開する（例示作品では，「ドアの隙間からボリュームのある雲が入ってきて奇妙な感じ」，「私ならこの部屋の中で，ドアの横に座っていたい」，「外に出たくなる」，「雲の影が壁に映っていて不思議」，「外が明るい分，不健康な雰囲気」など）。

（5） 共有とまとめ

アイマスクの人はアイマスクを外して作品を見る。改めてグループ全員で作品の印象を自由に話し合い，最後に作品の題を考えて発表し合う。（例示作品では，「雲の住む家」，「散歩」，「不安」，「孤独」など）。

◾ まとめと補足

この実践では，アイマスクを着用していた人が最後にアイマスクを外した時，頭に思い描いていた作品と実際に目で見た作品とが一致していなければならないわけではない，ということが重要である。美術作品とは，視覚的に正確にとらえきった先に答えがあるものではないし，むしろ視覚的にとらえただけの段階では誰が見て語ってもほぼ同じ世界がある。そこで，自分にはどのように感じられるか，というそれぞれの独自な発言の交流に展開させ，対話を深めたい。このとき，意見の根拠を作品の中に示し確認させる点はMoMAの方法の基本を大切にしたい。鑑賞とは，個人と作品の関係を築くことである。

（日野陽子）

② アイマスクの人も積極的に話す

③ 他の人の発言をよく聴く

第8章　鑑賞の学習

8-13　鑑賞の手引き　セルフガイドの作成と活用

■ 実践のねらい

　セルフガイドとは一般に，美術館や博物館，動植物園などで，来館者が作品や展示物を主体的に見て感じ，考え，楽しんでいくことができるように鑑賞のヒントとなるクイズやゲーム，資料などを編集してシートにまとめたものである。一般に，学芸員や教職経験のあるスタッフが作成することが多い。しかし，ここでは，ある一つの展覧会を巡って地元の中学生や中学校の教員が美術館と共同で種々のワークショップを企画し，その活動を通して学芸員と教育・研究関係者がセルフガイドを編集，作成した事例を紹介する。

■ 「イサム・ノグチ　世界とつながる彫刻展」を巡って

　2006年9月末から11月上旬にかけて高松市美術館で「イサム・ノグチ　世界とつながる彫刻展」が開催された。イサム・ノグチ（1904-1988）は香川県にゆかりのある彫刻家である。県内にはイサム・ノグチ庭園美術館を始め，その作品が随所に展示・所蔵され，親しまれている。そこで，「イサム・ノグチ展を楽しむプログラムを実施しよう」と呼びかけた美術館に，地元の有志の中学校教員や中学生，美術館ボランティア，高校生・大学生のボランティアが多数集まり，会期中の休日に6種類のワークショップを企画，展開するに至った。その内容は主に小中学生を対象とした鑑賞系，制作系，映像系の活動であったが（参加者1名当たり3種類の活動を体験できるようにプラン），ここでは，セルフガイドの作成に直接つながりのある活動を抽出して紹介したい。

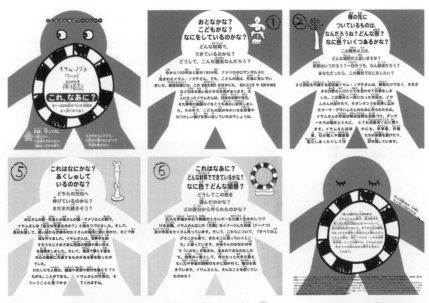

① セルフガイド例：子どものためのガイドシート「イサム・ノグチワールド探検記」

出典：高松市美術館，「イサム・ノグチ 世界とつながる彫刻展」，こどものためのワークシート，「イサム・ノグチ 世界とつながる彫刻展」実行委員会，2006.

■ 実践の展開

（1） 鑑賞ワークショップ「クイズでスタンプラリー」

　展覧会場は，イサム・ノグチの60年余りに渡る制作活動を4つのセクションに分けて展示していたため，各展示室で2〜3点の作品を選定し，小学校の子ども達がその作品を探し当てられるような，視覚的なクイズ形式のヒントを考案した（例：「グレゴリー」：三本足です。ぶらさがったり，ひっかかったりしています。何かの幼虫のように見えます。「三位一体」：バラバラにすると3つに分かれます。骨や角が突き出しているように見えます。助け合って立っています）。このクイズに併せて，高松市内の公立中学校美術部の生徒達が何度も展覧会場を回り，スタンプとスタンプラリーシートを作成した。中学生は，作品を構成するおもだったかたちを見出したり，材料や材質感もとらえ，全体の特徴をよくつかんでデザインしていた。また同時に，日米2つの母国をもつイサム・ノグチがアイデンティティを求めて世界を旅したり，異分野の表現者達と交わったりする人生の物語は，中学生が理解し，興味を深める上で難解ではない内容であった。

　ワークショップ当日は，事前申し込みをした4〜7名の小中学生6組が来館し，スタンプを作成した中学生に引率され，各セクション毎にクイズを聴き，作品を当てていくゲームを実施した。引率者が該当作品について，制作された背景や印象的なトピックを語り，鑑賞を深めるかたちで進めていった。

（2） 子どものためのガイドシート「イサム・ノグチワールド探検記」

　上記ワークショップの実践に至る一連の活動は，常時，学芸員と中学校，大学の教員がサポートして進行し，子どものためのガイドシート「イサム・ノグチワールド探検記」を作成する基礎資料とした。各セクションで特徴的な作品を採り上げ，各作品について2層の問いかけと背景の物語を掲載した。鑑賞者の年齢層に合わせて，a. 低学年への問い，b. 中学年への問い，c. 高学年以上を対象とした説明に分け，文字の大きさや色も変え，手にした人が興味のある箇所に目を通すことができるように意図した。参考までに，その後，高松市歴史資料館で開催された「造形にみる水のいきものたち展」においても，鑑賞者の年齢層に合わせて，2種類の語りかけを編集したガイドシートを掲載する。（日野陽子）

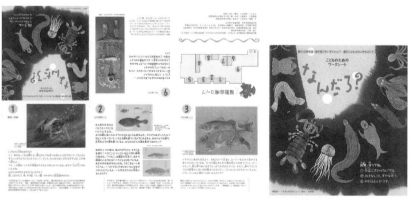

② セルフガイド例：「造形にみる水のいきものたち展」のガイドシート

出典：高松市歴史資料館，第51回特別展「資料館がすいぞくかん！？−造形にみる水のいきものたち」こどものためのワークシート，2009．

第8章　鑑賞の学習

8-14　アート・ゲーム　ゲームを通した鑑賞活動

◼ アート・ゲームについて

　アート・ゲームでは，子ども達がゲームを通して美術作品に親しみ，作品について語り合う。美術館にある絵葉書のようなカードを使ってトランプやカルタに似たゲームをする，作品のジクソーパズルを組み合わせるといった具合である。アメリカの美術館教育で開発された鑑賞教材であるが，近年日本の学校でも普及している。作品カードを自分で作成する，新しいゲームの方法を考案する，といった改善が加えられている。

　鑑賞指導では，教師による作品解説が多くなりがちであるが，アート・ゲームによって楽しみながら作品を見ることができる。友達とゲームをしているうちに作品の比較・分析・解釈が行われ，作品についての子どもの会話や説明も進展する。子どもの感受性は鋭敏で，大人が気づかないようなことを見つけ，難解な美術作品にも柔軟に対応する姿勢がある。子ども自身がいろいろな作品を見て，新たな発見や共感をするようになることが望まれる。図画工作や美術の授業のみならず，記述，分析，解釈，判断，発表に関する多様な学力を培うことにつながるはずである。

◼ アート・ゲーム（カード・ゲーム）の方法

　ここでは，カードを使うアート・ゲームを示す。授業のねらいや子どもの実態に応じて作品カードの内容やゲームの方法を選択できるようにしたい。

（1）おすすめの一品（逸品）

　数多くの作品カードの中から，おすすめの，好きな，気になるといった作品を手にとって，同じグループの友達にそれを選択した理由や作品の内容を交替で伝える。作品を見てモチーフ，主題，構図，色彩などについて分析・解釈し，友達にもわかるような言葉にして発表することで，鑑賞力や批評力が育まれる。当初は「好き」「不思議」といった端的な印象を述べるだけのときが多いが，友達に説明することによって，どこが・どうして好きか，不思議と思ったのか理由などが鮮明になってくる。説明の内容から，子どもの好みの傾向や見方も理解できる。自己紹介のようなかたちでする場合，美術館のスタッフになったつもりでどの作品を購入したらよいのかを協議する設定で行う場合などがある。

（2）似たものみつけ，仲間さがし

　カードの中から2枚を選んで，同じグループの友達に2枚の作品に共通する内容を説明する。トランプの神経衰弱（数字合わせ，絵合わせ）のような方法で，2枚の作品の共通点についての説明にグループの友達同士が納得すれば，その2枚のカードを手元にえることができる。すべてのカードを表向きにして行う方法と，裏返しにして偶然に選んだ2枚から似た要素を見つける方法とがある。似ている，共通点があるといっ

作品のカードを活用する（幼児）

ても，色彩，作風，モチーフ，構図，素材，筆づかいなど様々な観点がある。見てすぐにわかる共通点と，説明を聞いて始めて納得をする内容がある。

（3）七並べ

「似たものみつけ，仲間さがし」と同様に，2枚の作品に共通する内容を指摘しトランプの「七並べ」に似たゲームをする。最初に4枚のカードを並べ，いずれかの作品と共通点のあるカードを見つける。説明ができたらカードを横におくことができる。

（4）カルタ，スリーヒント・ゲーム

作品の特徴を示す読み札を準備し，カルタのように読み札を読んで，あてはまる作品を取り合う。また，読み札がなく，作品カードを見ながら即興的に3つのヒント（作品の特徴）を出して，どの作品かをあてるのを「スリーヒント・ゲーム」と名付けて行っている。ヒントが3つになると，ほとんどの場合に作品が特定できる。作品の特徴を言葉にしていく中でモチーフ，色彩，構図，筆づかい，素材，具象・抽象といった観点で作品を共通理解していく。言葉を聞いて瞬時にカードを取り合う緊張感や楽しさがある。カードを選ぶスピードだけでなく，間を置いて作品を見る機会をもつようにしたい。

（5）ジェスチャー，なりきりゲーム

身振りや表情で作品の特徴を示す。主に人物が表現されている絵画や彫刻の作品を選択する。手や体を動かして，身振りや表情を似せるので，視覚的，身体的な作品理解ができ出題者や解答者の興味・関心は高まる。協力して複数の人物が描かれた作品をまねることに挑戦するのもよい。スタッフが演じる人だけにカードを見せ，それを見ながら動作や表情を工夫する。解答者は手元の数多い作品カードの中からどの作品かを選び出す。

（6）作品さがし，作品あてゲーム

カードや実際の作品を見て，その作品の特徴や表現の内容を順に説明する。もう一方で作品を見ていない人が説明をもとにして描いてみる。最後に，説明をもとに描いた作品と実際の作品とを照らし合わせる。言葉によるヒントから，どの作品かをあてるようにしてもよい。また，複数の作品を比較しながら作品をさがすゲームとして，「どっちがどっち」がある。マネとモネ，北斎と広重など共通点の多い作家の作品図版を一緒にしておいて，作風や作品の特徴からいずれの作家の作品かをあてるゲームである。一人の作家の複数の作品を制作年代順に並べてみるといったクイズ式のゲームも想定される。

（7）伝言ゲーム風

最初の人は作品カードを見てそのスケッチをする。次の人からは限られた時間内に前の人のスケッチをもとにして，リレー式に作品の略図を描いて伝えていく。瞬時に作品の特徴を理解すること，それを適確に描いて次の人に伝えることができるかが問われる。

（8）紙芝居，お話しづくり

作品カードの中から3枚程を選び，そのカードを使った紙芝居や物語をつくって友達に発表する。慣れるにしたがってカードの枚数を増やしたり，ストーリーに工夫を加えることができる。学年や言語活動の経験に応じて，話の長さや内容を調整する。複数の作品カードからストーリーを創作し，友達にもわかりやすく伝えるうちに，読解力・文章力・発表力が育まれる。（辻　泰秀）

第9章 美術活動の広がり

9-1 美術館と学校の連携　方法とポイント

■ 美術館と学校の連携への経緯と活動

　美術館と学校の連携活動が広がりをみせたのは，1998（平成10）年の小学校学習指導要領の改訂による影響が大きい。この改訂で，「児童の鑑賞の充実の観点から，『児童や学校の実態に応じて，地域の美術館などを利用する』機会をもつようにすること」とされ，学校が美術館を利用するように示された。その後，2008（平成20）年の小学校学習指導要領の改訂において，「地域の美術館などを利用したり，連携を図ったりすること」とされ，学校は地域の美術館を利用するだけではなく，連携を図るように示された。このような経緯で，美術館と学校の連携が重視されるようになり，社会教育施設である美術館と学校教育施設という異なる組織間の連携へと広がっていった。

　近年の小学校と美術館の連携活動は，美術館での学びを図画工作の授業と連携するだけでなく多様な教科との連携に発展している。体育との連携授業では，美術館で鑑賞した作品のイメージを身体表現で表すという活動で，子ども達は，美術鑑賞によって具体的なイメージを共有することができるため，楽しくスムーズにグループでの身体表現に取り組むことができる。また，国語との連携授業として，対話を基本とした美術鑑賞で子ども達が発話した言葉から詩をつくる授業を行い，1つの美術作品でもそれを鑑賞する子どもによって多様なイメージをもつことが可能になっている。

■ 美術館と学校の連携方法

　美術館と学校が連携して授業をつくり上げる際には，学習者である子どもの姿，教師の授業に対するねらい，美術館に蓄積されている文化とのコーディネートが必要となる。そして，そのコーディネートの主な進行は，教師が担うことになる。そのために，まず教師は地域の美術館を知り，その館の特色を理解することが必要である。多くの美術館で作品解説会や教師を対象とした研修会が行われているので，このような機会を生かしたい。

　美術館の特色として次の3つの要素があげられる。館の特色として，主に「物，人，場」に分類される。「物」とは，美術館が所蔵する実物の作品や作品に関する情報，美術館が作成したパンフレット，アートカード，ワークシートなどである。また，「人」とは美術の専門知識と教育普及スキルをもったスタッフや学習を支えてくれるサポートスタッフがあげられる。そして，「場所」は美術館という場そのものや美術館がもつ落ち着いた雰囲気がある。これらに分類される美術館の特色を吟味して，連携授業は進められる。また，美術館と学校の連携授業のスタイルは，子ども達が美術館を訪問するのが好ましいが，それが不可能でも，美術館スタッフが学校に出向いて出張授業を行うという活動も多く行われている。学校においても美術館との連携授業は十分に可能であり，それを有効に活用し

たい。以上の要素をコーディネートした学習を通して，子ども達が美術への感動をもって美術に関する知的理解や表現のよろこびを体得できる連携授業が実現する。

美術館と学校の連携のポイント

社会教育施設と学校教育施設は，異なった組織であり，それぞれの文化や知恵の蓄積がある。その蓄積を相互に理解し合い，それぞれの強みを十分に学習活動に反映させることがポイントとなる。美術館と学校の連携活動の主人公は学習者である子ども達である。つまり子ども達の背景や実情をふまえて，教師は美術館との連携授業のねらいを設定し，美術館側に授業のねらいを伝え，美術館側はこれまで蓄積してきた文化（所蔵作品や作品の情報，これまでの教育普及活動のスキル）を伝え合うことで，学習者である子ども達に対してオーダーメイドの学習を構築することが可能となる。そのためには，美術館側も学校側も打ち合わせなどの大変な労力を必要とする。しかし，このような異なった文化背景をもった者同士が新しい学びを一つ一つ創造することで，美術館と学校間の美術教育がさらに更新されることが期待される。

今後の展開

連携授業にかかわった教師たちは，学校文化とは異なる美術館という場やその組織に所属するスタッフとともに授業づくりをすることを通して，教師自身の視野を広げるとともに，一緒に子ども達の成長を支える仲間を美術館という場にも増やす機会となる。また，この活動で子ども達は美術館に親しみ，作品を通して知見を広めるという体験を通して，美術館を自らの生涯学習の場として位置付けるきっかけとなるであろう。その子ども達が学校を卒業し，成人した後に，地域の美術館に赴くと，子どもの頃に親しんだ作品が迎えてくれる。そして，それらの作品と再会した時に，自らの経験の蓄積によって，作品との向き合い方が変っていくということに気づくかもしれない。このように，美術館と学校の連携活動は，人間の長い営みの中で，ゆっくりと時間をかけて発酵するように人と美術との関係が熟成していくきっかけとなっていくのである。（勅使河原君江）

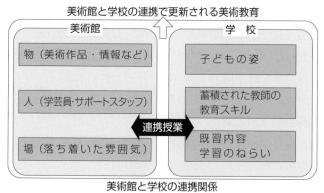

美術館と学校の連携関係

美術館で実物の作品を鑑賞

第9章　美術活動の広がり

9-2　美術館での教育普及活動の実践

◼ 美術館での教育普及活動の特色

　美術館で行う美術教育普及活動の利点をあげると，美術館には実物の作品があり，その作品の前でゆっくりと作品を楽しみながら鑑賞者同士が話をし，細部まで観察して模写が行えるとともに所蔵作品についての専門知識と経験をもったスタッフと出会えるといった点があげられる。このように，美術館では実物の美術作品がもつエネルギーや美術館という場がもつ落ち着いた雰囲気にひたることができる。美術館のもつ作品や人材を十分に活かした教育普及活動が，現在求められている。

◼ 美術館での教育普及活動の実践例

活動名「わたしのオリジナル美術展（鑑賞と表現（工作）の連携）」
(1) 活動のねらい
　美術館の専門スタッフとともに美術館に展示されている作品鑑賞を楽しみつつ，展示の仕組みを観察しながら，展覧会の意義や工夫点を理解し，オリジナル展覧会として工作をする。この活動を通して，美術作品への鑑賞力，展示への観察力を養うとともに，オリジナル展覧会の制作を通して，自分の表現を実現化するための構想力，技術力を養う。
(2) 活動の流れ
　a. 導　入
　美術館に行き，実際の展示の内容や方法を知る。活動のねらいと内容を説明し，美術館での約束として，歩く速度，声量，作品へ直に接触しないように注意を促す。
　b. 展　開
展示室での作品鑑賞と展示観察
　展示室で実物の作品がもつ迫力にふれながら，対話を基本とした美術鑑賞を行う。また，展覧会テーマや作品テーマについて美術館の専門スタッフの話を聞きながら，後で工作するオリジナル展覧会のアイデアを考える。
　展示会場を観察し，展示で工夫されている点について注目するとともに，美術館がもつ非日常的な落ち着いた雰囲気を楽しむ。
　展示を観察する際に注目するポイント例：作品を吊るワイヤーの太さや本数。キャプションに記述されている内容。額縁。展示室内に設置してある温湿度計や椅子などの備品。
制作室での「わたしのオリジナル美術展」の作品制作
　準備する材料と用具〔段ボールなどの台紙（約A4サイズ），厚紙，色紙，色鉛筆，色ペン，ハサミ，のり，両面テープ，美術館の案内パンフレットやチラシ）〕
　① 各自，オリジナル展覧会の展示テーマを決めて，そのテーマに合わせて美術館で展示されている絵やその一部の模写を行う。また，テーマにそった絵を自分で描いてもよい。

② 描いた絵に色紙などで額縁をつける。
③ 厚紙でつくった展覧会場の壁に，描いた絵とともにキャプションなどを貼る。壁にドアや窓をつくるなどの工夫をしてもよい。
④ 段ボールの台紙に工作した展覧会の壁を両面テープで固定する。

完成した作品の鑑賞会
制作した「わたしのオリジナル展覧会」を並べて様々なオリジナル展覧会のテーマを発表しながら作品の感想を話し合う。

「わたしのオリジナル展覧会」の作品例

展示室にソファを置き，人形の来館者を座らせるなどの工夫がされている

美術館の教育普及活動のまとめと発展

ここで紹介した実践は，子ども達が作品の鑑賞と展示の観察をすることで，展示を鑑賞する側から，展示を見せる側へと視点の変化を体験する。それを通して，展示への興味・関心を深め，美術館により親しみをもつ体験となる。

美術館には「実物の作品が展示されている」「作品の専門的知識と経験をもつスタッフとの出会いの楽しさ」「実物の作品がもつエネルギーと館の落ちついた雰囲気」といった美術館がもつ教育力がある。これら美術館の教育力を活かすことで，参加者は鑑賞活動を通して，実物の作品や美術館がもつ美的影響力を吸収し，そこで得た美的蓄積を表現活動として表出したいという欲求が生まれる。このように，美的影響力を受け，それを美的蓄積として表現するという連鎖を通して，子どもの美的感性は循環しながら育まれる。また，鑑賞や制作，作品発表会といった多様な活動による学びの循環は，一緒に活動した参加者との間で美的体験が共有され，その相互の刺激は，さらなる個の学びを更新するという連鎖へとつながっていく。

今後の美術館教育普及活動の展開として，これまで美術館が担ってきた作品の収集と保存，研究，教育といった役割とともに，地域の学校や住民らが集い，美術館スタッフと美術を通した地域振興や文化の創造をする場への展開が考えられる。そのためにも，美術館は，地域の様々な層の人々に開かれた状況になり，館と住民がともに美術文化を育む継続的な教育普及活動を行うことが期待される。（勅使河原君江）

第9章　美術活動の広がり

9-3　場の広がり　児童館でのワークショップの実践

■ チルドレンズミュージアム，児童館の意義

　チルドレンズミュージアムはアメリカのブルックリンで初めて開設され，その後世界に広がった。それらは，「ハンズ・オン」をキーワードとして触って遊べる子ども向け博物館として運営されている。それぞれのミュージアムは，例えばアートや，人体をテーマにしたものなど特色をもって運営されている。日本でも，アメリカのチルドレンズミュージアムを範として各地にいくつかの子ども向け博物館が開館している。そこでは，来館者に対して地域の特色や季節に応じたものづくり，アート，食育に関する実体験の場などが提供されており，一般的には，学校教育のように継続して学ぶのではなく，少数回で完結するワークショップが行われている。親子での参加型の企画も多く，幼児から児童までの子ども達を中心に，安全に様々な実体験が楽しめる施設になっている。

　日本の児童館もチルドレンズミュージアムと同様の要素をもっている。それは，学校教育外の時間に子ども達が集まり，自由に遊んだり，軽スポーツができたり，また，それぞれの児童館が企画する，造形や音楽など様々な子ども向け・親子向け講座が開かれているという点である。このように，地域に根ざした場としての児童館は，学校教育では体験できない実体験を得られる機会や子ども達の放課後の居場所になっている。これら児童館などでの企画には，子どもにかかわる様々な領域の専門家が協力している場合が多く，学校と児童館が協働することで効果的な様々なワークショップの実践も可能であろう。

■ 児童館におけるワークショップ

　ここでは大学と児童館との共催で行われた試み（幼児と保護者，小学生を対象とした，科学体験を重視した木の玩具づくりワークショップ）を紹介する。走る車をつくる場合，手で押したり，ゴム動力で動かすことが考えられる。ここでは，車の前部に2本の丸棒で突起をつくり，それにゴム付きの発射装置の先端部分を引っかけ，パチンコのように車を高速で長い距離（教室の端から端まで）を走らせて遊ぶ車づくりを計画した。今回の車づくりにおける大きな問題は，最初に勢いを付けると，走り始めてすぐにスピンをして横向きになり止まってしまうことである。そこで，導入時に物理的な解説を取り入れ，スピンせず長い距離を走る車をつくるにはどうすればよいかを考えさせた。その結果，後輪に滑り止めのゴムバンドを取り付ける，車軸の摩擦を減らす，重心を下げるなど工夫をすると高速で長い距離を走ることを理解させ制作に反映させることができた。また，今回の発射装置は腕を伸ばして長くして回転モーメントを大きくする原理で，最初の勢いをより大きくすることができ，試行錯誤により上達するこのような要素をもつもの

創造的な車

ワニ車

づくりは複合的な教育効果が大きいと考えられる。また様々な形の小さな木片を多く用意することにより，子ども達一人一人の創造的な表現の可能性を広げることができる。

◼ 「木の車づくり」実際の展開

学校外のワークショップの場合，限られた場所，限られた時間という大きな制約が存在する。時間的制約は，状況により異なるが，参加者の集中可能な時間も考え，2時間から3時間というところが適当であろう。その時間内に完成させ実際に遊ぶ時間や発表会の時間はぜひ確保したい。

① 事前に，基本的なヒノキ材のボディー（長さは自分で選択する）と車輪〔唐松丸棒（直径40㎜）を輪切りにしたもの〕，車軸（直径8㎜ラミン丸棒），幅広ゴムバンド，様々な形の木材パーツ，発射装置用タコ糸・ゴム輪，用具としてノコギリ，万力，木工用接着剤などを準備した。

導入時の物理的な説明

② 今回は事前にサンプルを見せ，摩擦，遠心力などの物理的要因をパワーポイントで紹介し，より早く遠くに走らせるポイントを子ども達が考える設定とした。

③ どのような車をつくるか計画の上，ボディーを選ぶ（短いもの，長いもの）。各テーブルに分かれて制作に入る。大学生が道具使用，つくり方などの教育的サポートを行う。

大学生がサポート

④ 様々な小パーツを接着し個性的な作品を目指す。発表会を行い自分の作品を説明し走らせてみせる。ともに他の参加者の表現を感じ取る体験とする。これは鑑賞教育の要素を取り入れる重要な時間となる。

◼ まとめと発展

大学と児童館が協力して実施した，「木のおもちゃをつくって科学体験〜すごいスピードで走る車をつくってその科学的な仕組みを学ぼう〜」を紹介した。このタイトルは，事前に広報などで参加募集が行われる時の重要な情報であり，ワークショップの特色を示すことになる。今回は，ワークショップ担当者らの専門性（造形および物理）を生かした提案をもとに，児童館側と話し合い，実践した。今回重視したのは科学的な仕組みの解説により，子ども達の創意工夫を引き出そうとしたことであり，結果として写真のような個性的な作品が完成した。

様々な形の木材小パーツ

発表会での試走

児童館などでの，ものづくりワークショップを実施する場合，ユニークな企画の提案をするとともに，子ども達一人一人のオリジナルの表現を引き出すために，小さな様々な形の素材を大量に用意すると，子ども達の創造の可能性は大きくなる。（渋谷 寿）

協力：名古屋女子大学総合研究所・名古屋市瑞穂児童館

第9章　美術活動の広がり

9-4　ワークショップ　新しい学びの実践

■ ワークショップとは

　昨今，新しい学びのあり方として「ワークショップ（workshop）」が注目されている。佐伯胖らは，ワークショップに「アンラーニング（unlearning（脱学習））」という概念をもち込み，学校で学んだものを意識的に捨て去り，新たに学び直すことを目指す教育の新たな方向性として提唱している[1]。さらにワークショップの基本型として「F2LOモデル」を提示し，ワークショップにおける"関係性の変化"を学習としてとらえようとしている[*1]。中野民夫によれば，ワークショップは「参加体験型グループ学習」として「講義など一方的な知識伝達のスタイルではなく，参加者が自ら参加・体験して共同で何かを学びあったり創り出したりする学びと創造のスタイル」であるとされている[2]。

*1　佐伯らは，ワークショップの基本型として「F2LOモデル」を提示している。これは，ワークショップの関係性の最小単位として，1人の「Facilitator」，2人の「Lerner」そして内容としての「Object」があるという関係で，ワークショップにおける関係性の変化を学習としてとらえるものである。

■ ワークショップの特徴

　中野によれば，ワークショップには「参加」「体験」「相互作用」という3つの特徴があるという。そしてその特徴から導き出される実践の要点とは「ワークショップに先生はいない」「"お客さん"でいることはできない」「はじめから決まった答えなどない」「頭が動き，体も動く」「交流と笑いがある」である。翻ってみれば，現代社会における様々な問題（例えば環境問題や紛争問題）には，唯一無二の"こたえ"などは存在せず，それを探し求めていく能動的な態度そのものが重要な時代になっている。この事実において，上述したようなワークショップによる学びには大きな可能性があるといえるだろう。同時にこれらの特徴は，学校教育において聞かれるところの「教師から子どもへ」という一方通行の伝達型の教育実践のあり様，そしてそこに存在する教師の権力性，学習における答えの単一化と学校外におけるそれとの乖離などといった批判に応え得るものでもある。

■ ファシリテーターとは

　ワークショップでは，その企画・運営にあたる人のことを「ファシリテーター（facilitator）」と呼び，「ワークショップの参加者が活動しやすいように支える」ことが役割である。小串里子は，特に造形ワークショップのファシリテーターに求められる資質能力を，「子どもに対する理解」「芸術行為の理解」「包容力，総合的な力」とし，そもそも学校の美術教師に求められている能力と合致することを指摘している[3]。

■ 実践例：アートツール・キャラバン

（1）アートツール・キャラバンとは

　アートツール・キャラバン（ATC）とは，「あそぶプログラム」（①）と「つくりだすプログラム」（②）から構成される造形ワークショップである。前者には子どもが全身の

感覚を働かせて遊ぶことを促す「アートツール」という装置群が設置されており，それらは指導者や教師から「…しなさい」「…してみよう」といった言葉による"投げかけ"がなくても，子ども達が自然に遊びたくなるように設計されている。そしてその遊びを通して子ども達の創造心が沸き起こり，自分の実感に自信をもった能動的で協働的な表現を生み出す後者のプログラムへと発展していく。そして以上のプログラムを携え，子どもの居る様々な場所（公園，商業施設，美術館，学校，東日本大震災被災地など）を巡回実践するプロジェクトなのである。

① あそぶプログラム

(2) セキスイハウス・コドモ里山ラボにおける実践

住宅メーカーのセキスイハウスとのコラボレーションによる「コドモ里山ラボ」（実験住宅）における実践を紹介する。

a．**目的**：「子どもの生きる力を育む家」を実際に体験できるモデルルーム内で，子どもの感覚の発揮を促し，能動性と関係性を生み出し促進する。

b．**対象**：モデルルームを訪れる親子10組。

c．**実践の概要**：最初にミーティングを行った後，参加者は，モデルルーム内のそれぞれの生活場面に即した"遊び"として設定されたアートツールによる「あそぶプログラム」と「つくりだすプログラム」で自由に遊んでまわる。時間が来たら集合し，フォローイングして価値を共有する。

② つくりだすプログラム

(3) 見出される意味

ATCでは，子ども達が自身の感覚を働かせて能動的に遊ぶ姿が見られる。モビールを真剣なまなざしでじっくりとつなげていく子どもの姿からは，感覚の発揮と行為とが一体化しており，その基底には「自分の感じていることに自信をもつ」という能動性が位置付いていることがわかる（③）。さらにこうし

③ つなげるモビール

④ つくりだされている関係

た実感に基づいた能動性は，子ども達が表現することへの勇気へとつながっていく。透明カラーシートを動かしたり，組み合わせたり，重ねたりするなど，いろいろ試みながら，心地よい感じを探している姿も見られる。子ども達は，行為を伴わせながら形や色をつくり，つくりかえながら，「意味や価値をつくりだしている」のである。さらにつくりだされているものとは，造形やイメージだけでなく，初めて会った者同士で一緒に遊ぶ子どもの姿のように，そこにいる「子どもと子ども，子どもと大人の関係性」をもつくりだしている（④）。（大泉義一）

引用文献
1) 佐伯胖（研究代表），「アンラーニング・ワークショップの開発研究」基盤研究（B）報告，2008-2010．
2) 中野民夫，ワークショップ——新しい学びと創造の場，岩波書店，2001. pp.10-14．
3) 高橋陽一編著，美術と福祉とワークショップ，武蔵野美術大学出版局，2007, pp.80-84．

第9章　美術活動の広がり

9-5　人のつながり　人,作品,環境のコラボレーション

■ 実践のねらい

　愛知県常滑市にて常滑フィールドトリップというアートイベントがある。地域の空き家,建物の一部,空き地を利用して行われている。筆者は出品者としての作品展示とともに,自身の制作に合わせてワークショップを企画した。

　筆者は日頃ツマヨウジを材料に用いて制作をしている。「タイリング」（tiling）といい,平面をタイルのようにあるパターンで満たす行為である。常滑の町には,土管や甕(かめ),陶片などを用いたタイリングを至るところで見かけることができる。筆者の作品,町並み,子ども達,学生,それぞれがそれぞれを手掛かりに散策,鑑賞,表現を通して活動し交流する。

　対　象：小学生5名。アシスタント　大学生5名。
　会　場：築150年の古民家,下村邸　　時　間：10時〜15時

■ 材料と用具

　ツマヨウジを大量に使って制作している筆者のもとに,集まってくる日用品の材料がある。これも材料になると考え,頂いたもの,自身で集めてみたものである。身近なもの,立派なものではないが集まったもの,そうしたものはいつかくるであろう出番に備えて物置にたまっていた。常滑の町に見つけることのできるタイリングは,焼き物の町ならではの材料が使われている。それは余った焼き物,陶片など。それらは町にとっては立派な材料ではなく,ありふれたものである。ありふれたものでタイリングするにはうってつけの土地柄である。よって,筆者のもとにたまった次のようなものを材料とする。

　洗濯バサミ,透明スプーン,フォーク,貝殻,割り箸,安全ピン,フック,コルク,木片

■ 実践の展開

　導入として空き缶を使ったクイズに挑む。24本入りの缶ビールの段ボール箱は,配列を組み替え,蜂の巣と同じハニカム構造を用いると25本入る。これは円柱状の蜂の巣に幼虫を効率よく配置するために編み出された,自然界のタイリングである。筆者の作品の紹介し,タイリングについてより考えてみる。その後,散策に出かける。見つけたタイリングを写真に収める。焼き物を利用したもの,蜘蛛の巣,マンホールなど,多くのタイリングを発見した。

　子ども達は100枚以上の写真を撮った。散策後,昼食を取り,写真をヒントに制作を始める。まずはお膳の上で練習し,その後好きな場所に,好きな材料で

缶ビールのハニカム構造
4×4＝16本,　3×3＝9本
計25本入る

作品「sun」
葉山亮三,2011.

9-5 人のつながり

焼酎甕のハニカム構造から

マンホールの形から

焼き物の窯の並びから

陶片を用いて(陶片を組み合わせる)

瓦を用いて(瓦を積み上げる)

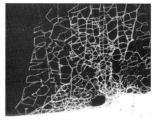
蜘蛛の巣の形から

みんなの練習作(日用品を並べる・組み合わせてみる)

桶の上に(洗たくバサミの構成)

屋根裏部屋に(ツマヨウジの構成)

造形のヒントと様々なコラボレーション作品

タイリングする。学生と子ども達はお互いの作品を刺激にそれぞれのタイリングをした。
　終わりの時間が近づくにつれ，コツを覚えた子ども達のタイリングは加速度的に展開していった。15時まで一生懸命制作し，作品を振り返り，アンケートに記入し解散した。

まとめと発展

　趣のある町並み。建物。風土。何もない空間に比べて，多くの造形へのヒントをもち合わせている。人が環境と交わることで生まれる，コラボレーションである。そして同じ目的をもった人の表現を鑑賞することで，影響し合い助け合うコラボレーションである。人が人と，環境と，素材とつながりをもっていくと，自身の力を想像以上に引き上げることがある。それらは優しく，緊張していた子ども達の心を和ませる癒しともなる。ワークショップ後の子ども達のアンケートからは身近なものでつくることのできる驚きと楽しさ，やりきったという達成感，また違うやり方にも挑戦したいという気持ちが表れていた。心身ともに充実した時間は満足感とともに，次の創造へと意識を向ける。(葉山亮三)

第9章　美術活動の広がり

9-6　社会への発信　アートイベントの試み

　学校教育に見られる子どもの学びを社会に発信，融合する動きは，今日ますます盛んになってきており，図画工作・美術科においても取り組みが期待されている。教師には，社会への発信を通して，いかに子どもの資質・能力が働くようになったかを見極め，指導に生かしていくことが求められる。また，学社融合は，互恵的な関係を築くことが望ましく，互いの立場を尊重していく姿勢も教育者の心構えとして必要になる。以下に，図画工作における社会への発信として，アートイベントと地域連携について概観していく。

■ アートイベント

　アートイベントによる学びの発信は，それ自体が人や文化の交流をもたらし，造形的な取り組みの中で価値観の変化を促す創造的行為である。

　アートイベントは，まずアートシーンにおける実験的な活動として登場し，人々に新たな視点や価値を問いかける方法として展開されてきた。また，それとは別に，教育としてのアートイベントも，民間の研究団体や教師などによる取り組みとして展覧会やワークショップといったかたちで実践されてきた。こうした取り組みの多くは学校教育を苗床としながら，芸術や文化，子どもの学び，地域性といった背景をもとに生み出されたものであり，日本の教育において貴重な礎を築いてきた。

　図画工作科に関連するアートイベントとしては，学校や地域の施設，公園などに作品を展示する展覧会や，家庭・地域の人々とものづくりをするイベント（①），アーティストとの作品づくり，地元再発見や学校行事を企画演出したりするワークショップ（②）など様々なものが考えられる。いずれにしても子どもにとって取り組むべき価値が見出され，主体的な学びが展開されるようにしたい。実施にあたってその趣旨とともに教育的な目標を設定し，これらを達成するためにふさわしい企画と運営について人的資源や物的資源，予算など，イベントを支える要件をもとに検討していく。複数のメンバーがかかわる場合は，企画・運営について協議する場を設定し（表），安全の確保や不測の事態に対応できるようゆとりのある計画を心がける。継続的な実践には，PDCAサイクルは特に重要となる。

①　親子で賑わう「旭川造形まつり」

②　アーティストとのワークショップ

表　アートイベント実施にかかわる検討事項と作業例

		内　容	運　営
検討事項	いつ	実施時期，期間，回数，継続か時限開催か	運営会議の日時や回数など
	どこで	実施場所など	事前事後の打ち合わせや準備，実施中の運営場所
	誰が	参加対象者，ゲスト，アーティストなど	スタッフ，ボランティアなど
	何を	目標表現や作品，表現用具	運営の方針や会場施設，関連物品，予算など
	どうする	表現方法，活動方法	運営方法など
作業	運営組織の編成，スケジュール管理，実施要項・当日進行票・参加手順の作成，会計，物品や謝金の手配と管理，場所の手配と管理，作品などの管理，関係機関への届け出，後援や賛助の協力依頼，連絡・通信，版権や商標への対応，広報，事後の物品や作品返却・御礼・報告など		

地域連携

　私達が生活する地域には，学校だけでなく社会教育施設や住民によるコミュニティなど様々な教育資源がある。これからの子ども達にとっての学習環境は，学校と社会をつないだ地平の上に描かれる。図画工作においても地域との連携によって教育の機会をつくり出し，学校と学校外での学びが融合し，日常生活に浸透していくよう図ることは自然なことが求められる。社会教育においては，2001年に文化芸術振興基本法が制定され，美術館や文化施設では，積極的な教育普及を行うようになった。また，横浜市や越後妻有など日本各地でアートイベントが盛んとなり，地域の生活や歴史，文化を巻き込んだ取り組みにより，人々が美術文化に触れる機会が増えてきている。その中には学校や美術館といった教育資源と連携した取り組みも見られ，子ども達にとって多様な学びの場が生み出されている。地域連携の形としては，各種学校や大学，美術館，地域コミュニティ，民間企業などの組み合わせが考えられ，そうした連携の中で，作品鑑賞会（③）や前述のアートイベント，まとまった期間や回数で計画的に実施されるアートプロジェクト，地元の産業や観光への貢献を目的とした活動など個性的で多様な取り組みが期待できる。

　連携を進めるために留意したい点は，そこにかかわる組織やコミュニティーの教育観，学習観について把握しておくことである。また，それぞれが仕事の流儀や誇り，伝統を有していることも忘れてはならない。互いのニーズにあったメリットを実現するためには，それぞれの願いと文化を学び合い，補い合うことが肝要だからである。さらに，連携には人の入れ替わりや状況の変化もつきものである。業務の引き継ぎや企画の見直しなど，実際に応じた対応ができるよう備えておくことが大切である。（名達英詔）

③　美術館，中学校，大学が連携した鑑賞プログラム

第9章　美術活動の広がり

9-7 自然とアート　自然環境の中での造形活動

■ 自然がもたらしてくれるもの

　自然は私達に多様な見方や感じ方を提供してくれる。自然環境や自然素材には無限の色が存在し，形もすべてが有機的な形や線であるため同じ形は一つとして存在しない。そして，自然素材は感触が豊かであり，直接に自然にかかわる活動はセラピーの効果もあるといわれている。さらに，自然界に起こる出来事は，美しさだけでなく，様々なことを私達に気づかせてくれる。子ども達の見方や感じ方を豊かにしていくために造形活動に自然環境や自然素材を取り入れていくことは重要である。また，環境教育において自然との関係を学んでいく上で，造形活動の果たす役割は今後一層重要となっていく。

　本題材では，子どもの身の回りにある自然環境と造形活動をとおしてかかわりを深めながら，自然への見方や感じ方を広げ，自然との一体感や自然への思いや願いを表現していく。

■ 材料と用具

　・自然素材（葉，木の実，石，貝殻，土，枝，ドライフラワー）
　・ホットボンド，麻ひも

■ 自然とつくる

　自然物と直接にかかわりながら展開する造形活動は大きく3つの内容に分けられる。一つは，環境そのものの中で環境との関係を考えながら展開していく題材。二つ目は，自然物を材料にしながらイメージをつくりだしていく題材。三つ目は，自分達の生活文化の中に自然物を用いた造形を取り入れていく題材である。

　自然環境の中で展開する造形活動は，環境も作品の一部となり，直接に自然にかかわることによって作品と環境が一体化し，環境の中に自分達の造形が位置付いていく内容が考えられる。例えば，①の実践は，子ども達が公園の樹木にかかわりながら，紙テープを用いて，その環境の中で紙テープをつなげながら樹木を含む公園の環境そのものを作品にしていった。環境とのかかわりは，河原ならば河原の石や水とかかわりながら展開したり（②），海岸ならば流木や石や砂や海藻を用いて展開したり（③），子ども達との関係が密接な身近な場所において様々に展開していくことが可能である。

　導入では，それぞれが自分の場所を見つけ，その場所で素材を並べたり，つなげたり，積んだり，穴を掘ったりと行為を広げ，イメージを広げていく。行為を広げていくことによって新たな形が見つかり，その活動を連続していくことによって自分の形と仲間の形をつなげたり，仲間と一緒に工夫をしながら造形活動をさらに広げていく。途中，活動を一時やめ，全員でそれまでにできた造形物を少し離れた場所から，自分達の作品を回りの環境も含めたところから鑑賞してみる。環境全体の中で自分達の作品がどのように見えるのか，どのように感じるのか，環境との関係やつながりについて意見を出し合いながら鑑賞を深

めていく。そして、回りとの関係を考えながら、さらに活動を展開していく。活動の終了後、環境も含めた完成した造形をデジタルカメラで写真に撮り、それを自分達の作品としてプリントする。

表現の広がり

自然素材を材料にしながら自分のイメージをつくりだしていく題材はさらに2つに大きく分けられる。一つは、材料をもとにしながら、並べる、つなげるなど、行為を広げながらイメージを生成していく内容であり、もう一つは、表わしたいイメージや願いをもち、自然素材を用いてそのイメージを表していく内容である。④は、草花との出会いからつなげる、組み合わせるという行為によって生まれた造形である。さらに、⑤は、「温かく優しい」という自然に対する思いが作品となり、⑥は、「いつまでも大切にしたい」という願いがイメージとなって表わされた作品である。

また、自然物を用いた造形を自分達の生活の中に取り入れていくことができる。例えば、草木染めのテーブルクロスをつくり給食を食べたり、木の実でペンダントをつくり身に着けたり、貝殻、木の実、流木でランプシェードをつくって明かりを灯したりと活動は広がっていく。（磯部錦司）

① 私達の木

② 河原の造形

③ 海の向こうとつながろう

④ 花さく木

⑤ 優しい自然

⑥ つながる森

第9章　美術活動の広がり

9-8　現代アートの体験　インスタレーションの試み

■ 生活空間とアート

　現代のアートシーンにおいて，多種多様な表現が繰り広げられているのはいうまでもない。1970年代以降に台頭したインスタレーションは，その後のアートシーンの中核をなすようになり，今日では目新しいものではなくなっているほど一般化している。

　そのほか，映像メディアを利用して空間をつくる「ビデオ・インスタレーション」や，音響を用いて空間構成する「サウンド・インスタレーション」も含めて展開されてきた。

　インスタレーションの手法は，小中学校の図画工作・美術の授業でも取り上げることが可能である。その学習を通じて単に手法を体験するのではなく，人間が生きていく上での生活空間づくりや発想に活かすことができるのである。

① 目のある立方体

■ インスタレーションの試み

　ここでは小中学生にもできる簡単なインスタレーションの演習を試みる。

　画用紙を用いて任意の大きさで立方体をつくり，それを特定の空間に設置する。画用紙のほかに用意するものは，定規，接着剤とし，各自の制作意図に応じて立方体の個数を決める。基本的な構造は立方体とするが，絵の具で着色したり，色紙や写真，葉，砂，小石などを接着剤で貼り付けてもよい。

　立方体を制作する前に，立方体を設置することによって空間を変貌させたい場所を各自で探す。そこからイメージスケッチを行い，大きさ，個数，表面の色などを考える。

② 空のある立方体

■ 生活のなかでの気づきからインスタレーションへ

　①は，立方体に人の目元の写真を貼り込み，人が行き交う階段に吊るしている。殺風景な階段を上り下りする時に，立方体の目と見る人の目が合うことで人と場と物体のコミュニケーションが生まれるという制作意図である。

　②も天井から吊るした作品である。建物の吹き抜け空間に浮かぶ立方体には，鮮やかな青い空と，白い雲の写真が貼り込んである。閉ざされた空間であるが，壁や天井の向こう側に広がる空のイメージを投影することにより，場の圧迫感を解消する効果となっている。

　③は，画用紙でつくったものではなく，ツマヨウジを組み合

③ ツマヨウジの立方体

④ 風景と立方体

わせて立方体のようにしたものである。当初は画用紙でできた立方体の表面にツマヨウジを貼り込む計画であったが，自然の木と加工された木の対比をより明確にしたいという作者の意図からツマヨウジのみでの制作となった。

④は，部屋の窓辺に吊るしたものである。立方体の2面をくり抜き，立方体の中に建物や山並み，雲などの形をつくり，見る人がその小さな風景越しに大きな風景を見るという意図で制作した。実際の窓と立体的な窓の共存で新たな風景をつくっている。

⑤は，非常口のサインを立方体に表したものである。それを複数個制作し，制作者本人が首から吊るして歩くというパフォーマンス付きである。本来は建物の出入り口に設置してあるサインを，そこに表示された「逃げる」という行為そのものを持ち歩くというものである。

そのほかのインスタレーションの実例を紹介する。⑥は，既製の封筒（角形A3号）を特定の場所に設置した作品である。ブラインドに合わせて，封筒にもブラインドと同じ幅の切り込みを入れてある。物体である封筒を場に溶け込ませることで，封筒である意味性を解体させるという試みである。

⑦は，道路上にあるサインの一つ「止まれ」を題材に，立体的に浮き上がらせるという意図の作品である。その場を構成する要素から発想を展開し，場所性や物質性，あるいはものの価値観を変えるということに着目した作品である。

⑧は，4色のポリエチレンテープを使用した作品である。廊下の端と端を結ぶように強く張り，そこに反射する照明の光も表現に取り入れている。強く張ることでテープの透過性も強調され，透明感とともに涼やかな空気を演出している。

■ まとめと発展

指導上の留意点：各自が生活する場を見つめ直すことから始める。何気ない場所に造形行為をすることにより，空間の見え方が変わるということを体験する。立方体，封筒，ポリエチレンテープなどへの造形的工夫も必要であるが，どのような場所でも成立する立体作品とは異なる点を強調する。

発展表現：建物の屋内，屋外を問わず，街並全体に目を向けたり，人間の身体とのかかわりも考えることが可能であり，映像や音を組み込む方向にも応用できる。（井坂健一郎）

⑤ サインのある立方体

⑥ 封筒を使って

⑦ サインの応用

⑧ テープと空間

第9章　美術活動の広がり

9-9　地域の特色を活かす　伝統文化の活用

■ 地域の再発見　—フィールドワーク—

　実体験を取り入れ，図画工作・美術科教育の内容を充実させるために，地域の教育力（自然，文化，人材，施設など）を活用したい。そのためには，まず地域の詳細を知る必要がある。地域に足を運んで見学する，いろいろな人に話を聞くといったフィールドワークを通して，身近な地域について情報を集める。そして，図画工作・美術科における活用の方法を考える。教師は学校と地域をつなぐコーディネーターである。教材研究を進める中で，近くにいても知らなかったことに気づき，地域の自然や文化のすばらしさ，ものづくりにおける工夫，人々と交流することの大切さを理解する。

■ 地域の人材や施設の活用，地域の人々との交流

　地域を見渡すと，絵画・彫刻・デザイン・工芸の各分野の美術家や職人がいるはずである。そして，地域の美術家や職人は，学校の教育に協力的であることが多い。子ども達がアトリエや工房を訪問して制作場面を見学できれば，絶好の鑑賞の機会になる。美術家や職人が絵の具・木・石・土などの材料に働きかけて制作しているときの表情や動作，形や色の変化，音や匂いなどを間近で見ることで，子どもの美術への興味は高まる。また，美術家や学芸員を学校に招いて直接話を聞くことによって，彼らの美術への熱い思いや体験が子ども達に伝わる。

　お年寄りや保護者の中にも，生活経験から，わらぞうり，竹とんぼ，竹馬，水鉄砲，風車などの伝統的な工作や遊びを指導できる人がいる。お年寄りから学んだり，親子で一緒に活動をすることで，地域でのふれあいや交流が進展する。親子や三世代が集う造形教室を開催する，異なる校種や学年の子ども達と共同でものづくりをする，自分達でデザインした印刷物や版画を配布する，学校で制作した作品を地域の公民館・商店街・公園などに展示する，といった活動から人々との交流や地域の活性化につなげたい。地域の人々に交流を広げる中で，学校施設を地域に開放する，地域の美術館や公民館などの社会教育施設を利用する，街づくりに子ども達も参画するという学社連携へと発展させていく。

■ 地域の伝統工芸についての理解

　地域では，伝統的な建物，お祭り，民話などの文化が残っている。それらは人々の暮らしを感じさせ，特色のある絵画や版画のモチーフになる。使い古されたものであっても，現代の子ども達には新鮮なものとして受け止められることがある。また，木彫，木工，陶芸，和紙，提灯，染色といった伝統工芸や地場産業が継承されている地域では，それらの材料，つくる過程，技法，用と美の調和について取り上げることで，その地域ならではの表現や鑑賞になる。長年にわたる地域のものづくりの文化を体験的に知ることによって，人々の知恵やふるさとのよさが伝わる。地域の伝統や文化のよさをていねいに伝えることで，地域文化の新たな担い手の育成が期待できる。

例えば，岐阜県の飛騨地方の高山市では，山々の緑に包まれ，木を使ったものづくりが盛んである。雪景色，田畑での仕事，祭り，生きものなど，風土と結び付いたモチーフもある。高山には木彫，版画，家具づくりなどの伝統工芸があり，それに関連した教材が学校において実践されてきた。多治見市を中心とした東濃地方では，粘土を使った陶芸の地場産業が営まれてきた。各学校には大型の陶芸かまが設置され，地域の陶芸家も指導にあたっている。そして，美濃和紙の産地として古くから知られる美濃市でも，和紙の職人が子ども達に紙漉き(かみすき)を支援する。子ども達は和紙を使ったあかりをつくり，全国公募の「あかりアート」展に出品・参加している。

■ 地域の自然を体感 —地域の自然に親しむ—

身近な自然の材料や場所をもとにして，五感を通して自然を感じ取る。例えば，造形遊びやアースワークとして，その場所にある枝，葉，草，石，土，砂などを並べる，積み重ねる，組み合わせるなど，材料に体全体を通して働きかける経験をする。

山の茂みでの基地づくりや，手づくりイカダで川下りをする活動では，つくる過程でのこぎりや金づちなどの用具の使い方や，友達と共同で創意工夫することを学ぶ。また，竹や土を使うものづくりをする場合に，既に加工された材料を与えるだけでなく，地域の自然の中にある竹や土を探して，造形の材料に工夫する。子ども自身が材料やつくり方を見つけ出す過程に，学びが存在している。

子ども達は，加工された竹や木を目にしていても，実際に生えている様子，原木の大きさや感触はほとんど知らない。手触りを体感し，材料を見つけることから造形活動を始めることに意味がある。粘土も，加工され袋詰めされたものを避けて，身近な川や田にある土を使う試みをする。自然体験や粘土づくりによって，ドロドロ，ネチネチ，ツルツルといった土の感触を知ることも，五感を通して自然を感じ取る学びにつながる。地域の自然を見つめる目的から，自然物や身近な場所の風景を描く活動も取り入れたい。（辻 泰秀）

職人の方の指導で学生達が提灯づくりをする

陶芸家から子ども達が電動ロクロの使い方を学ぶ

参考文献・資料

一川 誠，錯視学-知覚の謎を解く，集英社，2012．
岩田 誠，見る脳・描く脳-絵画のニューロサイエンス，東京大学出版会，1997．
大長智広「『現代陶芸』の現在を考える」炎芸術，110，2012，pp. 62-64．
小笠原喜康・並木美砂子・矢島國雄編，博物館教育論 新しい博物館教育を描きだす，ぎょうせい，2012．
梶本久夫監修，ユニバーサルデザインの考え方-建築・都市・プロダクトデザイン，丸善，2002．
金子一夫「美術の方法論の理解を目的とする鑑賞教育（3）-及びその大学授業における実践-」
　茨城大学教育学部紀要（人文・社会科学，芸術），47号，1998，pp. 54-55．
金子賢治，現代陶芸の造形思考，阿部出版，2001．
カラーユニバーサルデザイン機構，カラーユニバーサルデザイン，ハート出版，2009．
元興寺文化研究所，元興寺禅室屋根裏探検，2010．
北岡明佳，錯視入門，朝倉書店，2010．
こどもの城，うつる，うごく"映像遊び"探検隊，中央法規，1997．
小林泰三，誤解だらけの日本美術，光文社新書，2015，pp. 14-62．
小松 誠監修，陶磁-発想と手法-，武蔵野美術大学出版局，2009．
齋藤亜矢，ヒトはなぜ絵を描くのか-芸術認知科学への招待，岩波科学ライブラリー，2014．
桜井茂男，学習意欲の心理学，誠信書房，2009．
佐善 圭編著，造形のじかん，愛智出版，2015．
吹田文明，誰でもできるプロの技現代木版画技法，阿部出版，2005．
染川香澄・吹田恭子，ハンズ・オンは楽しい，工作舎，1996．
辻 泰秀編著，幼児造形の研究 保育内容「造形表現」，萌文書林，2014．
東京国立博物館・読売新聞社編集，大琳派展 継承と変奏，読売新聞社，2008，pp. 32-38．
中川 聰監修，日経デザイン編集 ユニバーサルデザインの教科書 第3版，日経BP社，2015．
中川 聰，グラフィックデザイナーのためのユニバーサルデザイン実践テクニック51，ワークスコーポレーション，2011．
ハニーカット B.・スティッケルズ T.，錯視芸術図鑑：世界の傑作200点，創元社，2014．
ハニーカット B.，錯視芸術図鑑2：古典から最新作まで191点，創元社，2015．
林 泣童，母と子のたのしい草木ぞめ，さ・え・ら書房，1986．
福田隆眞・福本謹一・茂木一司編著，美術科教育の基礎知識 第四版，建帛社，2010．
益田朋幸・喜多崎親，西洋美術用語辞典，岩波書店，2005．
宮川愛太郎，陶磁器釉薬，共立出版，1965．
宮脇 理監修，ベーシック造形技法，建帛社，2006，pp. 158-159．
村田浩子，子どもと楽しむ染め時間！-つくって四季を感じよう-，かもがわ出版，2011．
矢部良明編，角川日本陶磁大辞典，角川学芸出版，2011．
山木朝彦・仲野泰生・菅 彰，美術鑑賞宣言，日本文教出版，2003．
吉岡幸雄監修，よしおか工房に学ぶはじめての植物染め，紫紅社，2011．
若元澄男編集，重要用語300の基礎知識⑨ 図画工作・美術科重要用語300の基礎知識，明治図書，2000．

佐原 理，HOW TO USE EVO CAM インタラクティブサウンドデザイン，2015．
　https://youtu.be/3Pypk49qvu8
佐原 理，10分でWebAppで白黒写真をカラーにする方法
　https://www.youtube.com/watch?v=H4wk-iH5MWg
佐原 理，Photoshopで白黒写真をカラー化する　https://youtu.be/16wPaMDLekU
佐原 理，15分でできる Adobe Photoshop　https://youtu.be/ra6vOZDpxUg
マンソン B.，「写真修復を通じて人々の人生に触れる」TED talks　http://b.hatena.ne.jp/entry/www.ted.com/talks/becci_manson_re_touching_lives_through_photos?language=ja
Norman McLaren, Pas de Deux, 1968.　http://youtu.be/H-uwuH_Qix4
The Creators Project, Universal Everything, Made by Ilumans, 2012.
　http://thecreatorsproject.vicc.com/matt-pyke/made-by-humans
Volkswagen, The Funtheory, 2009.　http://www.thefuntheory.com
http://www.aiga.org/symbol-sign/
http://www.ecomo.or.jp/barrierfree/pictogram/picto_top.html

索　引

英　字

fat over lean……………………… 45
DTP ……………………………… 98
LED ライト……………………… 159

あ

アート…………………………… 162
アートイベント………………… 198
アート・ゲーム………… 171, 180, 186
アートツール・キャラバン
　（ATC）……………………… 194
アイコン………………………… 94
アイヌ文様……………………… 90
アクリル画……………………… 40
アニメーションづくり………… 114
アハ体験………………………… 163
アルファベット………………… 93
アンラーニング………………… 194

い

イサム・ノグチ………………… 184
板作り…………………………… 63
一点透視図法…………………… 173
色鉛筆…………………………… 34
色　紙…………………………… 89
色水遊び………………………… 39
インスタレーション …… 196, 200, 202
インタラクティブ……………… 113

え・お

エスキース……………………… 23
絵手紙…………………………… 42
絵　本…………………………… 100
凹　版…………………………… 46
オーケストレーション………… 7
おしゃれなかぶりもの………… 135
音を設置する…………………… 112

か

カード…………………………… 187
カードゲーム…………………… 181
カービング……………………… 70
ガイド・シート………………… 185
カオス…………………………… 143
傘　袋…………………………… 151
可塑性…………………………… 58
型込め…………………………… 63
形の原理………………………… 4
カッターナイフ………………… 133
紙粘土…………………………… 64
紙の造形………………………… 80
紙版画…………………………… 48
紙ひも…………………………… 136
カメラ・オブスキュラ………… 117
ガラス…………………………… 158
カルタ…………………………… 181
玩具づくり……………………… 143
鑑賞プロセス…………… 172, 178, 192

き・く

金　属…………………………… 84
空間造形………………………… 87
グラデーション………………… 34
クレヨン………………………… 36
クロッキー……………………… 33

け・こ

計画的偶然性…………………… 125
ゲルニカ………………………… 169
現代美術………………………… 177
工芸的造形論…………………… 149
工　作…………………………… 124
孔　版……………………………46, 54
ゴッホ…………………………… 167
コマ撮り動画…………………… 122
コラージュ……………………… 100
コラボレーション……………… 197
混合技法………………………… 22
コンテ…………………………… 37
コンピュータグラフィックス… 120

さ・し

磁　器…………………………… 144
自己を見つめる……………17, 18, 20
自然環境………………………… 200
自然素材………………………128, 201
下　絵…………………………… 23
児童館…………………………… 192
地場産業………………………… 204
焼　成…………………………… 145
小　刀…………………………… 133
触覚型…………………………… 20
シルクスクリーン版画………… 55
白黒写真………………………… 118
新聞紙…………………………… 104
心　棒…………………………… 68
シンボルマーク………………… 94
シンメトリー…………………… 134

す

水彩色鉛筆……………………… 35
水彩画…………………………… 41
水中翼船づくり………………… 141
スクラッチ……………………… 28
スクリブル……………………… 12
スタンピング…………………… 31
スチレン版画…………………… 56
ステンシル……………………… 54
ストリング……………………… 31
スパッタリング………………… 28
墨………………………………… 27
3D ソフト……………………… 120

せ・そ

石　彫…………………………… 74
炻　器…………………………… 144
石　膏…………………………… 76
セルフガイド…………………… 184
染　色…………………………… 156
線の追究………………………… 21
染　料…………………………… 156
創作の原理……………………… 4
装　飾…………………………… 102

た

タイル…………………………… 103

索 引

対 話 ……………………… 182
多文化共生社会 ……………… 91
だまし絵 ……………………… 96

ち

地域の教育力 ………………… 204
地域連携 ……………………… 199
抽象彫刻 ……………………… 71
抽象表現 ……………………… 25
超軽量紙粘土 ………………… 64
彫 刻 ………………………… 66
彫 造 ………………………… 72
チルドレンズミュージアム …… 192
チンパンジー ………………… 2

つ・て

土粘土 …………………… 59, 60
つなぐ ……………………… 106
積 む ……………………… 106
デカルコマニー ………… 28, 55
デザイン …………………… 110
デッサン …………………… 17
手捻り ………………… 63, 146
テラコッタ ………………… 62
伝統工芸 …………………… 204
伝統的工芸品 ……………… 174
電熱カッター ……………… 83

と

陶 器 ……………………… 144
銅版画 ……………………… 52
土 器 ……………………… 144
特別な意味 ………………… 8
凸 版 ……………………… 46
どべ ………………………… 61
ドライポイント …………… 52
ドリッピング ………… 24, 27, 28
トロンプルイユ …………… 96

な

泣く女 ……………………… 168
名古屋仏壇 ………………… 174
名古屋友禅 ………………… 175
並べる ……………………… 106

は

ハサミ ……………………… 132

パ ス ………………………… 36
パズル版画 …………………… 57
バチック ……………………… 30
発泡スチロール ………… 82, 154
パブリックアート ……… 86, 165
ハンズ・オン ………………… 192
反転学習 ……………………… 118

ひ

ピカソ ………………………… 168
ピクトグラム ………………… 94
美術鑑賞 ……………………… 160
美術館教育普及活動 ………… 190
人を描く ……………………… 18
ビニール袋 …………………… 150
ヒノキ材 ……………………… 140
ひも作り ……………………… 63
ピューター …………………… 85
表 現 ………………………… 14
表現主義 ……………………… 19
平 版 …………………… 46, 54
広 重 ………………………… 172
ピンホール現象 ……………… 117

ふ

ファシリテーター …………… 194
ファッションショー ………… 105
フィンガーペインティング …… 26
風 神 ………………………… 171
仏 像 ………………………… 180
プラスチック ………………… 152
フラッシュカード …………… 181
フロッタージュ ……… 30, 32, 50

へ・ほ

ベルグソン …………………… 6
ホイジンガ …………………… 6
北 斎 ………………………… 172
ポスター ……………………… 98
ホモ・ピクトル ……………… 2
ポリゴン ……………………… 121
ポロック ……………………… 24

ま・み

マーブリング ………………… 31
蒔 絵 ………………………… 175
マケット ……………………… 82

三河仏壇 ……………………… 175
ミクストメディア …………… 22
見立て ………………………… 88
見つめる ……………………… 17
未来派 ………………………… 116

め・も

メゾチント …………………… 52
木 育 ………………………… 130
木版画 ………………………… 50
文字デザイン ………………… 92
モダンテクニック …………… 100
木 琴 ………………………… 130
木 工 ………………………… 138
モデリング …………………… 70
モネ …………………………… 167
モノプリント ………………… 55

ゆ・よ

釉 薬 ………………………… 144
油彩画 ………………………… 44
ユニバーサルデザイン ……… 108
用 具 ………………………… 126
用と美 ………………………… 149

ら・り・れ

雷 神 ………………………… 170
立体的な構成 ………………… 106
立体表現 ……………………… 68
リンゴで喜怒哀楽 …………… 14
琳 派 ………………………… 170
レリーフ ……………………… 78
連携活動 ……………………… 188
連携授業 ……………………… 189

ろ

ローウェンフェルド ……… 4, 38
ローリング …………………… 31
ロクロ ………………………… 147

わ

ワークショップ ………… 192, 194
輪積み ………………………… 63

編著者		執筆分担
辻　　泰秀 (つじ　やすひで)	岐阜大学教育学部　教授	2-5, 2-8, 3-2, 3-6, 4-11, 5-8, 7-6, 7-16, 8-4, 8-5, 8-14, 9-9

著者（五十音順）

有田　洋子 (ありた　ようこ)	島根大学教育学部　准教授	8-6, 8-7, 8-11
池永　真義 (いけなが　しんぎ)	至学館大学健康科学部　准教授	2-11, 2-12, 5-1, 8-10
井坂健一郎 (いさかけんいちろう)	山梨大学大学院総合研究部教育学域　教授	2-3, 2-6, 2-15, 9-8
磯部　錦司 (いそべ　きんじ)	椙山女学園大学教育学部　教授	2-7, 5-9, 9-7
江村　和彦 (えむら　かずひこ)	日本福祉大学子ども発達学部　准教授	2-14, 4-1, 5-12, 7-3, 7-5
大泉　義一 (おおいずみ　よしいち)	横浜国立大学教育人間科学部　准教授	1-3, 7-1, 9-4
緒方　信行 (おがた　のぶゆき)	熊本大学教育学部　教授	1-5, 4-6, 4-13
加藤　克俊 (かとう　かつとし)	豊橋創造大学短期大学部　講師	7-8, 7-14
栗原　慶 (くりはら　けい)	鳴門教育大学大学院学校教育研究科　准教授	7-11, 7-12, 7-13
小島　雅生 (こじま　まさき)	東海学園大学教育学部　准教授	4-4, 4-14, 4-15
齋藤　亜矢 (さいとう　あや)	京都造形芸術大学文明哲学研究所　准教授	1-1, 2-2, 8-2
佐々木雅浩 (ささき　まさひろ)	愛知教育大学教育学部　准教授	7-18
佐善　圭 (さぜん　けい)	岡崎女子大学子ども教育学部　教授	4-3, 4-7, 4-9
佐原　理 (さはら　おさむ)	徳島大学大学院総合科学部　准教授	5-13, 6-2, 6-3
渋谷　寿 (しぶや　ひさし)	名古屋女子大学文学部　教授	7-9, 7-10, 9-3
白井　嘉尚 (しらい　よしひさ)	静岡大学教育学部　教授	2-4, 2-17, 3-4
永江　智尚 (ながえ　ともひさ)	愛知教育大学教育学部　講師	4-5, 4-8, 4-10
名達　英詔 (なだち　ひであき)	北海道教育大学教育学部旭川校　教授	1-2, 7-2, 9-6
西岡　仁也 (にしおか　よしや)	筑波技術大学産業技術学部　助教	5-4, 5-5, 5-11
勅使河原君江 (てしがわらきみえ)	神戸大学発達科学部　講師	3-3, 9-1, 9-2
花輪　大輔 (はなわ　だいすけ)	北海道教育大学教育学部札幌校　准教授	5-2, 6-5, 8-1
葉山　亮三 (はやま　りょうぞう)	会津大学短期大学部　講師	5-12, 8-9, 9-5
樋口　一成 (ひぐち　かずなり)	愛知教育大学教育学部　教授	7-7, 8-8
日野　陽子 (ひの　ようこ)	京都教育大学教育学部　准教授	2-13, 8-12, 8-13
藤原　逸樹 (ふじわら　いつき)	安田女子大学教育学部　教授	2-16, 4-2, 8-3
堀　祥子 (ほり　さちこ)	名古屋女子大学文学部　講師	2-9, 3-1, 7-17
水谷　誠孝 (みずたに　のぶたか)	名古屋学芸大学ヒューマンケア学部　講師	2-10, 3-5
矢野　真 (やの　まこと)	京都女子大学発達教育学部　教授	4-12, 7-4, 7-15
山田　芳明 (やまだ　よしあき)	鳴門教育大学大学院学校教育研究科　准教授	1-4, 2-1, 5-10
山本　政幸 (やまもと　まさゆき)	岐阜大学教育学部　准教授	5-3, 5-6, 5-7, 6-1, 6-4

図画工作・基礎造形 ―美術教育の内容―

2016年（平成28年）4月25日　初版発行

編著者　辻　　泰　秀
発行者　筑　紫　恒　男
発行所　株式会社 建帛社 KENPAKUSHA

〒112-0011 東京都文京区千石4丁目2番15号
　　　　　TEL（03）3944-2611
　　　　　FAX（03）3946-4377
　　　　　http://www.kenpakusha.co.jp/

ISBN 978-4-7679-5043-3　C3037　　　　壯光舎印刷／常川製本
Ⓒ辻　泰秀ほか，2016.　　　　　　　　　Printed in Japan
（定価はカバーに表示してあります）

本書の複製権・翻訳権・上映権・公衆送信権等は株式会社建帛社が保有します。
JCOPY〈(社)出版者著作権管理機構　委託出版物〉
本書の無断複写は著作権法上での例外を除き禁じられています。複写される
場合は，そのつど事前に，(社)出版者著作権管理機構（TEL03-3513-6969,
FAX03-3513-6979, e-mail：info@jcopy.or.jp）の許諾を得て下さい。